U0717558

狐狸与刺猬

中国
知识分子
十论

许纪霖 著

江苏人民出版社

图书在版编目（CIP）数据

狐狸与刺猬：中国知识分子十论 / 许纪霖著.
— 南京：江苏人民出版社，2025. 8.（2025. 9 重印）—（思库文丛·学术馆）. -- ISBN 978 - 7 - 214 - 30728 - 6

Ⅰ. D663.5

中国国家版本馆 CIP 数据核字第 2025SB8881 号

书　　　名	狐狸与刺猬:中国知识分子十论
著　　　者	许纪霖
责 任 编 辑	朱晓莹
装 帧 设 计	周伟伟
责 任 监 制	王　娟
出 版 发 行	江苏人民出版社
地　　　址	南京市湖南路 1 号 A 楼,邮编:210009
照　　　排	江苏凤凰制版有限公司
印　　　刷	南京爱德印刷有限公司
开　　　本	890 毫米×1240 毫米　1/32
印　　　张	10.875　插页 4
字　　　数	180 千字
版　　　次	2025 年 8 月第 1 版
印　　　次	2025 年 9 月第 2 次印刷
标 准 书 号	ISBN 978 - 7 - 214 - 30728 - 6
定　　　价	78.00 元

（江苏人民出版社图书凡印装错误可向承印厂调换）

目 录

自序   1

01 —— 知识分子死亡了吗?   1

一 历史语境中的知识分子   2

二 知识分子的语用学定义   7

三 近二十年来中国知识分子的心路历程   12

四 重建知识分子的"公共性"   20

五 体制内部的公众知识分子   26

六 知识人与道德人   29

02 —— 公众知识分子如何可能   39

一 90 年代中国:专业和媒体知识分子的出现   42

二 90 年代前期知识界的讨论与重建公共性的努力   47

三 普遍知识分子的虚妄性   59

四 特殊知识分子是否可能?   75

五 一种从特殊到普遍的公众知识分子理想类型   82

03 —— 20 世纪中国的六代知识分子   95

04 —— 重建社会重心:近代中国的知识分子社会   105

一 从"士绅社会"到"知识分子社会"   108

二 "知识分子社会"的公共网络:学校、社团与传媒   119

三 为何重建社会重心失败?   141

05 —— 近代中国知识分子的分化与迭代 159

一 从精神世界考察知识分子的"前与后" 160

二 近代中国知识分子的心路历程 165

三 近代中国知识分子的三次世代更替 180

四 从晚清到民国知识分子的四次分化 186

06 —— 帝都与魔都:近代中国的城市知识分子 191

一 城市的"权力的文化网络"与资产阶级 193

二 知识分子与城市社会:一元化的上海与二元化的北京 207

三 镶嵌于城市"权力的文化网络"的上海知识精英 222

07 —— 新媒体的迭代更替与知识分子的边缘化 237

08 —— 人生当如大象 251

09 —— "我是十九世纪之子" 267

10 —— 另一种理想主义 289

附录 —— 在刺猬与狐狸之间:我的知识分子研究之路 303

自　序

　　西方哲学中有一个著名的"忒修斯之船"悖论。忒修斯是古希腊神话中的英雄,他乘坐一艘船从克里特岛返回雅典,并成功杀死牛头怪米诺陶洛斯。这艘船被雅典人保存下来作为纪念。随着时间的推移,船上的木板逐渐腐烂,雅典人便用新的木板替换掉旧的木板。最终,船上的所有木板都被换了一遍。古希腊哲学家普鲁塔克就提出了一个悖论:这条换了所有木板的船,还是不是原来的那条忒修斯之船?

　　我的这本书,似乎也陷入了这个悖论。最初的版本于2003年由复旦大学出版社出版,在读书界产生了很大的影响,受到许多年轻学生的喜爱,因此有幸在2005年获得了首届中国国家图书馆文津图书奖。2015年我对本书进行修订,由复旦大学出版社推出了修订版。十年过去了,江苏人民出版社拟再版本书,希望我对篇目结构作一些调整。这就是现在读者朋友们看到的新编版。

这第三个版本,与初版比较,置换了 60％的篇目,那么,问题来了,它还是那艘"忒修斯之船"吗?

我想,哪怕所有的篇目都被置换了,有一点是不变的,那就是原书中洋溢的知识分子精神气质。"忒修斯之船"之所以为"忒修斯之船",不在于部分之和,也不在于每一块木板的"原汁原味",而在于其内在的结构框架与独特的风格韵味。

在这个意义上,我可以负责地告诉大家:这第三个版本,依然保持了作为首届文津图书奖获奖图书的精神气质。

与初版比较,我增加了若干篇从晚清到当代关于知识分子整体研究的文章,希望读者们对近代以还 180 年来中国知识分子的心路历程,有一个整体的鸟瞰。同时保留了三篇知识分子个案的研究:鲁迅、王元化和史铁生。这三位不同时代的中国知识分子,可以说是三代知识分子的典范,他们的思想、情感和生命实践,对年轻一代知识分子无疑是标杆性的人生启示。

与初版问世的二十多年前比较,今天的中国,公众知识分子的影响力有所减弱,不再像过去那样处于时代的中心位置,他们所依赖的公共领域也面临新的变化和挑战。以短视频为媒介的自媒体和社交媒体迭代了以文字为中心的报纸杂志,"网红"替代知识分子占据了这个时代公共媒体的"C 位"。

知识分子过去常被视为社会舞台的中心人物,但如今他们所受到的关注度逐渐降低,甚至有了被边缘化的倾向。这个变化差不多是从博客时代开始的。博客时代出现了一批活跃于网络的职业写手,他们比传统知识分子写得更好、更犀利。到了微博时代,最有影响力的意见领袖通常都不是知识分子,而是影视明星、企业家,各行各业的人都有,偏偏很少有知识分子,几乎没有一个知识分子的粉丝量超过一千万。而今天,新的知识形态比如付费音频出现,在得到、喜马拉雅、B站、抖音、微信视频号与公众号等平台上最有流量的大佬,也都不是传统意义上的知识分子。其中一些甚至是被主流学界所不屑的人物,但是他们在那个空间里游刃有余,更能契合时代的需求,影响力也更大。

从这个意义上来说,知识分子是自己的掘墓人。他们在民主社会的构建过程中发挥了重要作用,但民主反过来稀释了其话语权。知识分子的存在,取决于知识是被垄断的稀缺品。知识分子曾经垄断发言权,报纸、杂志都具有某种垄断性,而网络给了每个人平等的发言权。只要表达足够巧妙出彩,就能获得流量。当然,也可以说,知识分子所做的工作不只是要影响当下,而且是要为人类智慧的传承做一些更长期性的工作,但就影响力而言,那最灿烂的一页已经翻过去了。

在这样一个网红的时代,知识分子何为?

鲁迅先生尽管内心充满了虚无与绝望,依然不离不弃,依附于大地,执著于现在。他不对未来负责,也与过去一刀两断,他的心中只有当下。在一个祛魅的时代,各种古老的神魅与眼花缭乱的主义已经失去了光彩,价值的冲突使得不再有绝对的存在。不再有上帝,不再有天国。当信徒所依恃的"信念伦理"陨落之际,另一种对现在担当、对此刻负责的"责任伦理"成为严肃生活的价值尺度。

王元化先生有所为,有所不为。他为思想而来,又为思想而去。他是一个精神的存在。人活着要有尊严,死的时候也要有尊严。正如他所说:"我是一个用笔工作的人,我最向往的就是尽一个中国知识分子的责任。留下一点不媚时、不曲学阿世而对人有益的东西。我也愿意在任何环境下都能做到不降志、不辱身、不追赶时髦,也不回避危险。"

史铁生在一个虚无主义流行的时代,一方面超越传统的理想主义,另一方面又坚定地与价值虚无主义划清界限。他看透生活以后再热爱生活,这是一种过程论的理想主义。

生命的意义、价值的确证，不在于最终的目的，而是在追求理想的过程之中。人生是荒谬的，生命中也充满了各种苦难和不确定，但人生的真实意义恰恰在于，像加缪笔下的西西弗斯那样，直面荒谬，积极地反抗命运，最终以此证明生命存在的价值。

这是一面：坚守知识分子的本位。然而，还有另一面，则是与时代和解，降维启蒙。

传统的启蒙者通常都是居高临下的，认为自己代表着黑暗中的一束光，是燃灯者；而被启蒙者就像是柏拉图所说的"洞穴人"，还在黑暗中摸索，看到的都是幻象，"唯有我掌握了真理"。而现在的年轻人更喜欢用"分享"这个词，"分享"体现的是一种平等的姿态。所以我说，今天的启蒙者首先要放下居高临下的架子，因为你根本不了解你的启蒙对象。当你不了解的时候，你可能讲得满头大汗，甚至得意洋洋，但实际上是鸡同鸭讲，一切都很虚妄。你自以为和他们是同代人，但其实不然，他们是被新的网络文化所塑造的一代人，当你对这些文化缺乏了解的时候，启蒙不过是自说自话。

所以，我现在慎言启蒙。我竭尽所能地去了解年轻人的想法，了解网络文化，比如会去看《奇葩说》、刷抖音、了解杨超越现象，关注年轻人感兴趣的内容。我放下身段去了解和认知，然后试图和他们对话，和他们分享我们这代人的故事，告诉他们曾经也有另一种活法，这种活法可能是他们所缺少的。如果能对他们有所启示，或许可以为他们增加一个人生选项。

我不相信他们是铁板一块的。人类一代代传承下来，除了有断层以外，毕竟还有继承。我了解断层在哪里，但是我要告诉他们，总有一些精神和智慧会被继承下来，而我们要做的，恰恰是让那些值得被继承的精神与他们的世界接轨。不是强硬地灌输给他们，而是想办法和他们的代际特征相融合。

所谓慎言启蒙，不是要取消启蒙，而是要调整启蒙的方式和启蒙者的姿态。简单地说，就是放下身段。哈贝马斯一直强调，启蒙永远在路上，是一个进行时。它没有终结，哪天它终结了，它就死了。启蒙本身就是一种精神，这种精神就是我所说的"青春精神"。我对启蒙态度的转变与我的经历和性格有关，因为我在大学当老师，会不断地和学生交流，去了解他们关心什么。我是狐狸型的性格，我的好奇心甚至超过我的学生。网络我也玩得不比他们差，甚至比他们还领先。我总是试图了解和跟上这个时代。

关心时代的大问题需要一种情怀，但现在有这种情怀的年轻人很少。过去，我在大学开讲座，基本上都会座无虚席,但是现在要坐满也不太容易,因为学生们追逐的焦点不再是知识分子。不过,今天在企业界和职场人士当中,反而有越来越多的人对知识感兴趣。这些人的主体是"70 后"和"80 后",他们大多已经实现了财富自由,对文化、历史和现实政策都颇为关注,毕竟他们在读书时代受到过启蒙的影响。我也明白,每个人都有自己的一块领地,不要老想着大一统。

二十多年前,我在论述哈贝马斯启蒙思想的时候,曾豪情万丈地以"启蒙死了,启蒙万岁!"作结,今天我还是想这样说。死亡的是传统的启蒙方式,但启蒙精神不死——只要愚昧存在,启蒙就有意义。如果要让更多的人,特别是年轻人接受启蒙、理解启蒙,恐怕需要改变的是启蒙者自身,对启蒙的内容重新问题化,让启蒙的姿态更接地气,与时俱进。假如你无法改变启蒙的对象,那就改变你自己吧!

当你面对年轻一代说话的时候,不能再像过去一样认为他们是你的启蒙对象。老的这一代这几年还在说需要第二次启蒙,他们总是在幻想压抑机制消失以后,类似 80 年代的"文艺复兴"会重新出现,这基本上是一种幻觉。技术条件改变了,即使各种压抑机制消失了,年轻人就会跟着你跑吗?依然不会。即使是启蒙,我认为也可能是一种"降维启蒙"。

　　启蒙话语预设了人分为先知先觉、后知后觉、不知不觉。启蒙的对象是知识大众，属于后知后觉，而启蒙者自以为是先知先觉，掌握了真理。法国启蒙运动的知识分子在当时大都是文人作家，他们替代了教会的传教士，但像传教士一样传播的是普遍的正义，所以他们有一种道德和知识上的优越感，面对"后知后觉者"以各种方式布道和启蒙，这种姿态是自上而下的。我觉得20世纪八九十年代老一代启蒙者就是这样的。但是这种姿态到了今天，面对"后浪"时已完全失效。他们不再信这个，先不说你讲得对不对，这个姿态他们就不接受。

　　我说的"降维启蒙"这个概念，意思是作为启蒙者首先需要反思，不要以为自己全知全能、无所不能。尼布尔说，人性当中的骄傲有四种形式，其中和知识分子有关的是知识的骄傲和道德的骄傲。若是不对这两种傲慢加以反思的话，就完全没有办法和今天的"后浪"青年交流，更不要说启蒙了。他们或许会表面应付你，但绝对不会真心认同，这种姿态他们就接受不了。

　　B站的"文化网红"罗翔为我们树立了"降维启蒙"的典范。罗翔传授的不仅是刑法学的技术性知识，更重要的是背后的坚定信念：人是最高贵的，人的生命和尊严是最高贵的，实定法的所有规则最后都要遵从这个最高价值——这是罗翔最吸引人的地方。罗翔在几次采访中都对知识分子的知识骄傲和道德骄傲有真诚的反思，从自己身上发现了人的有限性。他的谦卑与虔诚是最打动人的。他的讲述方法也独具风格，用"后浪"青年特别喜欢的抑扬顿挫的语调讲故事，通过故事阐明道理。从感性升华到知性，充满了智慧。

启蒙者运用的多是理性，其实情感的力量更强大。在《奇葩说》的导师中，我最欣赏蔡康永。他特别擅长用感性的语言，结合具体的生活情景和故事，与大家分享该如何尊重人、该如何做得更好。这种情感化的叙述方式，是我们这群理性的启蒙知识分子所缺乏的。蔡康永不是靠逻辑，而是靠感性的生活逻辑、情感逻辑来打动人，这也是一种很好的启蒙。启蒙不应仅仅被理解为理性的，它还可以借助情感的力量。理性是打动大脑的，而情感是直指人心的。就这一点而言，罗翔是把理性和情感结合得最好的，不仅有理性，还有情感，而真正打动人的，正是情感的力量。"90后"青年中固然有些人渴望理性，但他们更多的是情感动物。按理说在这方面作家有特长，但今天的作家们在公共空间似乎是失位和失语的，他们施展影响力的舞台不够大。我所期待的是，舞台的一部分恐怕应该由作家来表现。

启蒙需要一种新的姿态、新的方式。这种姿态不应是高高在上，而应是要"跌到尘埃里"，然后放平心态、降低身份，跟年轻一代平等对话。不要老是觉得自己是对的，他们是错的。我这两年学到一个词叫"分享"。"分享"意味着平等地将自己的想法"同步"给别人，而我们过去总说"开导""教育"。相比之下，"分享""同步"这些词更亲切、更平等。年轻一代对现实世界的感受、对现实生活的经验以及接地气的程度，往往远超老的一代。老的一代人实际上和这个时代已经不太合拍了，特别是长期生活在大学象牙塔中的人。如果要讨论现实问题，就必须走出象牙塔，需要走出校园去感受一下这个社会。比如，去知乎、B站那些"90后"出没的地方去直接感受一下。如果没有这种平等的姿态，而永远是高高在上，那一定是"悬浮"在另外一个世界的。哪怕你讲得再精彩，再自得其乐，"90后"也根本上觉得你是在隔靴搔痒。接受你的听众也几乎只会是一批和你差不多的人，或者是被你启蒙过的一批人。

所以"降维"是一种姿态，这个维度未必是下降的维度，也可能是二次元世界甚至是代表未来的维度，关键是要用年轻人喜闻乐见的语言与之沟通，这种表达并非媚俗。我一直认为，在不同的场域，就应该有不同的文化。大学要有大学的文化，大学文化不应该媚俗。如今流行各种大学毕业典礼演讲，使用了太多的网络语言。假如去哔哩哔哩演讲,我觉得这样非常好,但在大学毕业典礼如此隆重的场合,就要坚守大学自身的文化,呈现出精英文化的典雅。在多元社会之中,大学要有自己的坚守,最可怕的是同一种文化主宰一切,主宰任何场域。

然而,一旦离开大学这个场域,进入"后浪"的场域,就要用他们喜闻乐见的方式来与他们对话和分享,最重要的是与他们的生活经验、他们的知识体系和文本方式接轨。这不是放弃自我。在今天这个市场,越想媚俗、越想讨好"后浪",反而越不成功。只有守住自我,但又用某种合适的方式和"后浪"达到"妥协"与"和解",展现另类的声音,在市场里面才反而有它独特的能量,因为市场欢迎的永远是稀缺的资源、稀缺的商品、稀缺的声音。所以反市场的声音反而更易于市场化。比如,作为活跃于公共领域的知识分子,美国哲学家乔姆斯基的立场一贯是反市场和反体制的,但他的影响力反而特别大。这个声音在市场里面是稀缺的,然而市场需要各种各样的声音形成"对冲",而知识分子所提供的就是一种"对冲"的声音。只要你不是单纯为了流量而追逐流量,这种"对冲"的声音就是有市场的。即使在流量为王的时代,只要你守住自己,依然可以在自我和流量之间保持一个适度的平衡。

本次再版,本书新增了主标题《狐狸与刺猬》,在此略作说明。英国大思想家以赛亚·伯林曾引用古希腊一位诗人的话："狐狸有多知，刺猬有一知"，并以此自况是狐狸型学者。刺猬是有系统的内敛型学者，而狐狸是拥有广泛知识兴趣的发散性思想家。我自己的学术风格，是介乎于二者之间，简单地说，是以刺猬为体，以狐狸为用，在刺猬与狐狸之间保持适当的张力；以学术领域的刺猬之道，在公共空间发挥狐狸的功用。是为书名的内涵。

最后，我要感谢江苏人民出版社，给了我这样一个新编《中国知识分子十论》的机会。近二十年来，我与江苏人民出版社多次合作，成果颇丰。其中，《知识分子论丛》入选CSSCI来源辑刊，我的个人文集《回归公共空间》亦由该社出版。希望这一次的再度携手，依然能够得到读者朋友们的喜爱，在这样一个高度不确定的年代，发出一点点萤火虫之光。

2025 年早春于沪上樱园

01

知识分子死亡了吗？

从 80 年代文化热开始,知识分子问题一直成为中国知识界经久不息的热烈话题。到 90 年代中后期,随着在中国市场社会的全面建立,知识分子地位的边缘化,特别是后现代思潮的出现,一部分学者宣称知识分子已经死亡了。如何看待这一问题,显然需要我们对知识分子的规范和经验意义上的性质,以及当代中国知识分子的心路历程和所面临的问题,作一个全面的回顾。

一　历史语境中的知识分子

究竟何为"知识分子"?任何一个有生命力、在学界能够长时期被作为研究对象的概念,如理性、文化、社会主义、自由主义等,都具有十分复杂的内涵,不可能用一两句话概括得清楚。任何一种定义都只是一种知性的认识,即将对象中某一组特征与性质抽象和概括出来,但这样做无法涵盖对象的全部复杂的内涵。"知识分子"这一概念也是这样。它不是一个纯粹的理论问题,必须放在一个历史的语境里才能加以讨论。正如维特根斯坦所言,一个词的确切意义只能在具体的语境里才能呈现出来。所以我觉得有必要先回到历史中,对"知识分子"一词作一个词源的追溯和脉络的梳理。

知识分子(intelligentsia)一词最早来源于俄文интеллигенция,它出现在19世纪的俄国。当时,较之西方还很落后的俄国社会里有这么一批人,他们本身属于上流社会,但接受的是西方教育,具有西方的知识背景。以这样一种精神态度来观察俄国当时落后的专制制度,他们便觉得自己所处的社会极为丑恶、不合理,产生了一种对现行秩序的强烈的疏离感和背叛意识。这样一个与主流社会有着疏离感、具有强烈的批判精神特别是道德批判意识的群体,当时就被称为知识分子群体。俄国的知识分子不是一个职业性的阶层,而是一个精神性的群体,这批人甚至有可能来自不同的阶层,有些可能是军官,有些可能是教师,有些可能什么都不是,但他们在精神气质上则有着共通之处。这是西方"知识分子"的一个源头。从这个起源我们可以看到,知识分子在语用学的意义上具有强烈的现实与道德的批判精神,并且与一种文化的疏离感联系在一起。

知识分子(intellectual)的第二个来源是在一个多世纪

以前的法国。1894 年法国发生了著名的德雷福斯事件。德雷福斯（Alfred Dreyfus）是一名上尉，因其犹太人的身份而遭受诬陷，这引起了一批具有正义感与社会良知的人士的义愤，其中就包括左拉、雨果等文人。他们站出来为德雷福斯辩护，于 1898 年 1 月 23 日在法国《震旦报》（L'Aurore）上发表了一篇题为《知识分子宣言》的文章。后来这批为社会的正义辩护、批判社会不公的人士就被他们的敌对者蔑视地称为"知识分子"。从法国的源头来看，知识分子一词实际上一开始是贬义的。但是它同样用来指代一群受过教育、拥有批判意识和社会良知的人士。19 世纪法国的知识分子主要都是自由职业者，包括一批文人、作家，他们在精神气质上有点像波西米亚人，经常聚在咖啡馆里高谈阔论。就像哈贝马斯所描绘的，当时他们形成了一个"公共领域"。"公共领域"的主体就是这些知识分子，因为他们在咖啡馆里讨论的主要是社会和政治公共议题。这样的知识分子用葛兰西的观念区分，属于"传统的"知识分子，他们是完全独立的，除了自己的良知之外，没有任何的阶级背景。这与后来阶级化、党派化的"有机的"知识分子很不相同。

因此，现代意义的知识分子，是指以独立的身份、借助知识和精神的力量，对社会表现出强烈的公共关怀，体现出一种公共良知、有社会参与意识的一群文化人。这是"知识分子"一词在词源学上的原意。在这个意义上,知识分子与一般的技术专家、技术官僚以及职业性学者是很不相同的。

知识分子是一个外来的、源自西方的概念。但这里讲的"西方"其实是一个很笼统的概念。随着我们对西方的历史、文化的深入了解,可以发现西方的知识分子并不是一个整体性的东西。虽然他们都有基督教的文化背景,分享古希腊、罗马的文化传统,但到了现代,西方不同国家的知识分子呈现出不同的面貌。

法国的知识分子依然保持着左拉时代的传统。法国的知识界一直是左派的天下,他们常常为理想、信仰和各种各样的乌托邦信念而奋斗,富有一种浪漫主义的情怀,正如托克维尔在《美国的民主》中所说的,法国人喜欢追求政治方面的一般观念。他们很强调自由的积极方面。最代表法国知识分子的,不是理性的、自由主义的雷蒙·阿隆,而是激进的、充满情感力量的保罗·萨特。无论在历史上,还是当代,法国总是左翼知识分子最适合的温床,滋养了从卢梭一直到现代的萨特、福柯、利奥塔和德里达。

比较而言,英国的知识分子不是在大街上,而是大都在牛津和剑桥里面,主要是一群学院派的知识分子。从历史上看,由于英国新教改革比较成功,知识分子同宗教、政治的关系就不像法国那么紧张,所以他们也更多地具有一种保守、妥协的性格,更习惯在经验主义、自由主义的传统上,在体制内部寻求变革的道路。他们也有批判性,但往往是温和的、试错式的,而不是反体制的。罗素在英国知识分子中算是最激进的,但比较起法国的萨特来,还是温和得多。

德国的知识分子,从历史角度而言他们更多地具有国家主义的气质,这是因为他们受狂飙运动的浪漫主义和民族主义影响比较大。即使讲自由,他们也与英法的知识分子有所不同:既不是英国式的"消极的自由",追求自由的、外在的、不受强制的那一面;也不像法国知识分子那样,强调政治参与,追求"积极的自由"。德国知识分子更强调"内心的自由",即通过逻辑的哲学思辨,达到内心的超越。他们与现实的关系是十分矛盾的,也很复杂。德国知识分子的这一传统与他们所处的政治专制主义环境有关,凡是处于专制统治下,又无力直接向权力反抗的,通常都会退回到内心,在抽象的形而上或历史的层面,追求超越的自由。这种自由在现实层面而言,多少是想象性的,犹如中国的庄子。

而俄国的知识分子,由于他们有一个东正教的背景,更具有沉重的道德紧张感。同时他们又处于东西文化冲突的交汇点上,东方文化与西欧文化的碰撞也直接呈现在他们身上。俄罗斯广袤土地上的苦难与西方化的上流社会的腐败,使得许多俄国知识分子产生道德上的原罪感,催生出绵延不绝的民粹主义。俄国知识分子内心始终有各种各样的紧张感:道德的、政治的、文化的,其紧张的渊源有上层与下层的冲突,也有东西方文化的冲突。这样的紧张感至今还没有消除。

当我们将西方知识分子置于一定的历史语境来看的时候,就可以发现他们完全不是整体性的、一元化的,而是有着各自的"个性"。这对于我们反思中国知识分子问题很有帮助,可以获得一种多元的参照资源。

二　知识分子的语用学定义

知识分子虽然是一个近代才出现的词,但无论在中国还是西方的历史中,其渊源和前身早已存在。帕森斯认为,知识分子的崛起,事实上同两个因素休戚相关:一是文字的出现。只有当一个民族或一种文化出现了书面文字时,才需要一类特别的人来掌握文字符号,负责进行记录和书写。因为文字在当时是极少数人才能掌握的符号,具有神圣性,受到大众的崇拜,因此这群懂得文字书写的人便逐渐形成一个特殊阶层,这便是知识分子的雏形。而这些人最早是从巫师、婆罗门以及僧侣等角色当中分离出来的。另一因素是哲学的突破。雅斯贝尔斯指出过人类历史上有一个

"轴心时代",在公元前 800 年至公元前 200 年这个"轴心时代",世界各大文明,包括古希腊、中国、印度,几乎都出现了人的自我意识的觉醒,这一现象被称为"哲学的突破"。知识分子作为一种文化主体的最终形成,是和哲学的突破密切相关的。只有在哲学突破以后,知识分子才获得了自身存在性,即以一种体系的方式获得了思想的形式。

不过我们也应该看到,即使在那时候,知识分子作为一个阶层,无论在社会意义上还是思想意义上,远远还不是一个自明的社会群体。从古代到中世纪,知识分子实际上都依附在另外一些系统之中。如中国古代的"士",就是依附在皇权体制下,成为"士大夫"。而在西方漫长的中世纪,知识分子的功能实际上是由教士来承担的,在宗教的系统里面求发展。欧洲的教士和中国的士大夫,都是知识分子的前身,而不是现代意义上的知识分子。知识分子的真正独立,还是近代以后的事情。但所有国家和民族的知识分子,无疑都有其历史上的文化传统和精神谱系。不可能存在一种没有传统、横空出世的知识分子。不同文化背景下的知识分子之所以有区别,与他们各自不同的历史传统密切相关。

回过头来讨论知识分子的定义,我们应该知道,任何一种定义都只能是功能性的,而不可能是实质性的。从语用学的意义出发,要看置于什么样的结构中来运用。从一般的常识来说,知识分子首先是有知识的,是所谓的"脑力劳动者"。过去中国教育不普及,一般受过中等教育的就算知识分子。如今教育普及了,人事部门又将受过大专以上教育的算作知识分子。这是从教育背景上划分。但常识不一定是可靠的,它只是世俗社会中某些约定俗成的东西。教育背景只能证明某人是知识分子出身,而不一定是知识分子。

一般的社会学家通常从职业或知识分工角度界定知识分子。一个最著名的定义是美国社会学家席尔斯所下的:知识分子就是在社会中那些频繁地运用一般抽象符号去表达他们对人生、社会、自然和宇宙理解的人。也就是说,知识分子无非是创造或传播抽象的价值符号的一群人。根据这一定义,知识分子包括大学的教授、研究院的人文专家、传媒从业人员、出版社的编辑以及作家、自由撰稿人等。在一般的社会学意义上,这一划分具有较广泛的适应性和语用功能。

然而,即使从职业角度出发,也存在问题。所谓的现代知识分工的建立,还是近一个世纪的事情。最早的知识分子通常是业余的或半业余的,是自由职业者。最早的知识分子就像知识社会学的创始人卡尔·曼海姆(Karl Mannheim)所说的,是"自由漂浮者",是一个完全没有根基的社会阶层,既可以独立于任何阶级,也可以服务于任何阶级。在曼海姆看来,知识分子具有同质和异质两重性。同质性是指他们具有共同的知识背景,而异质性是指他们的政治观念主张可以完全不同,可以归属于截然对立的阶级阵营。如果知识分子像是一根"毛"的话,早期的知识分子不一定需要"皮",它可以在天空中自由地飘荡。葛兰西将这种知识分子看作是"传统的"知识分子。

然而,随着社会和知识的分工越来越细密,随着知识体制的强化和扩张,当代的知识分子也越来越职业化,不是进入正式知识体制中的大学、研究院,就是成为商业机制中的签约作家,成为体制里面的人物。他们不再像波希米亚人那样四处漂游,而是逐渐有机化,开始依附于一定的"皮"之上。社会利益的多元化和利益冲突的尖锐化,又使得许多知识分子乐意充当某个阶级或利益集团的"代言人",与社会有了某种固定的精神或物质利益上的有机联系,这也就是葛兰西所说的"有机的"知识分子。

在这种背景下,帕森斯的学生、美国社会学家艾尔文·古德纳(Alvin Gouldner)在 1979 年出版了《知识分子的未来与新阶级的兴起》一书,将知识分子归在一个所谓的"文化资产阶级"名下,他们拥有共同的文化资本,分享共同的文化背景(批判性话语文化),也拥有同样的生产关系(话语的生产和分配),并认为这个阶级正在成为社会中的新的统治者。新阶级首先具有文化资本,拥有共同的教育背景;其次拥有共同的话语规则,其规则在于:交谈者之间的最后评判不取决于交谈者的身份、权力或权威,不受情境影响,即所谓的情景无涉性,而是一种普遍主义的科学精神。古德纳用"文化资本"的概念分析知识分子,这可能受到了法国思想家布迪厄的影响。按照布迪厄的看法,知识分子正是那样一批掌握了文化这种象征资本的人,他们拥有权力,并且因为拥有文化资本而享有某种特权。但对于那些拥有政治和经济权力的人来说,知识分子又是被统治者,深受权力和金钱的压迫,是统治阶级中的被统治者。

当代知识分子在知识体制(这样的知识体制是受到国家权力和法律认定的,因而也是国家体制的一部分,虽然是边缘的一部分)的保障下,在科学的意识形态下,取得了足以获得话语霸权的文化资本,他们因而也越来越保守化,不再具有当年自由漂浮者那种独立的、尖锐的批判性。知识分子的专业化,使得他们丧失了对社会公共问题的深刻关怀,而知识分子的有机化,又使得他们丧失了超越性的公共良知。在这样的情形下,一些西方思想家对什么是知识分子的界定,变得愈加狭窄。仅仅从事抽象符号生产或传播的人不一定是知识分子,拥有文化资本的人也不一定是知识分子。真正的知识分子不再是职业性的,而是精神性的。按照刘易斯·科塞(Lewis Coser)的说法,即使是大学的文科教授也不一定是知识分子,知识分子必须是"为了思想而不是靠了思想而生活的人"。这一思想通常是批判性的,对现实社会有一种清醒的警惕。法兰克福学派的思想家们,就主张知识分子"应该是每一时代的批判性良知"。他们不满当代知识分子普遍地学院化、专家化、有机化,普遍地丧失对社会公共问题的思想关怀,怀恋"传统的"知识分子的精神气质。美国著名学者萨义德在其著作《知识分子论》中,按照知识分子"传统的"历史形象,将知识分子理解为精神上的流亡者和边缘人,是真正的业余者,是对权势说真话的人。然而,像萨义德所描述的这种知识分子,在当代社会是越来越稀缺了。

对知识分子的一般规范和历史演化有一个基本的了解,将有助于我们对当代中国知识分子问题的理解。

三　近二十年来中国知识分子的心路历程

当代中国的知识分子问题,是在 20 世纪 80 年代中期被提出来的。它与当时的一场"文化热"——现在被称为新启蒙运动——是分不开的。80年代最先出现的是思想解放运动,但那基本上还是一场体制内部的运动。即使当时走在思想解放运动最前列的人,仍没有产生知识分子的自我意识,或者说还缺乏自明性。知识分子的自明性是与文化的自明性联系在一起的。思想解放运动的核心问题是体制变革问题。在体制变革这样一个范畴里面,知识分子始终不是一个最重要的角色。到了80年代中期,随着新启蒙运动的兴起,对中国文化的反思与检讨逐渐展开,文化作为一个中心的问题被凸显出来。作为文化承担者的知识分子,其相关问题也相应地变得更加突出。

当时在对文化的反省过程中,很自然地涉及了对文化的主体——知识分子自身的反省。对知识分子的反思,也是以当时"文化热"的反思方式,即到更古老的文化传统中寻找根源的方式进行的。在这前后一段时间,国内思想界有一大批人都对知识分子问题产生了兴趣,1988年夏天还在北戴河召开了首届中国知识分子学术研讨会。

在80年代的语境下,"知识分子热"的核心实际上是一个"重返中心"的问题。知识分子在社会政治生活中的地位和作用一度有所下降,到80年代中国现代化重新起步以后,知识分子认为自己是社会改革的精英,负有引导现代化发展的重大使命,"天将降大任于是人也"。于是当时人们最热衷的话题是中国知识分子的使命感、知识分子在现代化变革中的功能，等等。当时的"知识分子热"并不是独立的，它是整个新启蒙运动的一个有机部分，因此也更多的是从文化和历史反思的角度来看知识分子的问题。当文化在整个变革中被赋予一个绝对的中心地位、改革问题被化约为文化问题的时候，知识分子自然会产生一种在现在看来多少有些虚妄的"精英的"自我认同。在 80 年代，知识分子的确成为某种意义上的"文化英雄"，受人欢迎、引人注目。一时风头之劲，比起现在的传媒明星恐怕有过之而无不及。而且，今天的明星是很世俗的，而当时的"文化英雄"却带有一种神圣化的理想光环。

虽然当时的知识分子开始对自身的许多问题进行反思，但这一反思基本停留在体制内部知识分子如何被政治边缘化，以及怎样重返中心等问题，对西方知识分子的理解和阐释也有化约主义的倾向，将之看成是整体化、一元化的，并且想象成是西方社会生活中的主体。这些学理上的肤浅和化约主义也是新启蒙运动的一种通病。

尽管如此，作为一场严肃的思想讨论，"知识分子热"还是保存下来一些正面的思想成果。其中最重要的，是知识分子的自由意识和独立人格。这一诉求在 80 年代的思想界成为一种普遍的共识。大家觉得知识分子最后丧失了中心地位的原因,无论是历史的角度还是当时现实的角度,就在于知识分子过分依附于政治权力,依附于政治意识形态,最后失去了独立性。如何重建知识分子的独立性,便成为知识分子共同关怀的问题。这一关怀在90年代被继承下来,在"顾准热"和"陈寅恪热"中被进一步发扬光大。

这一独立意识的关怀便催生了我所称的"思想界"。在"文化热"之前,中国除了专业的学术界,只有理论界,即便是思想解放运动,也是在理论界展开的。但理论界与权力中心、与主流意识形态靠得太近,是对主流意识形态的话语霸权的争夺。从新启蒙运动开始,知识分子便慢慢地从体制中心向体制边缘发展、向民间发展,开始建构起一个民间的思想界。民间思想界的建构与知识分子的独立意识,与他们试图在权力系统之外建立一个独立的思想文化系统是分不开的。我们今天可以反思80年代知识分子的精英意识以及文化化约论,但从历史的角度看,当时这样一种从权力中心分离出来的文化建构,随着社会变革的发展,将会越来越呈现出其重大的意义。从某种程度上说,甚至有点类似1905年科举制度的废除。如果说1905年科举制的废除从体制上使得中国传统的士大夫与皇权制度彻底分离,最后演变成现代知识分子,那么,新启蒙运动就是另一次有关知识分子的"社会革命",它使得中国知识分子从原来的全能主义(totalism)体制中分离出来,开始建构真正属于自己的民间。这一空间虽然从发生学上说与国家建制存在着千丝万缕的联系,但毕竟是朝着哈贝马斯所说的公共领域的方向发展。这一变化的意义,我们今天可能还无法完全看清楚,但随着时间的推移将越来越明显。试想一下,当初科举制废除的时候,大多数士大夫还以为不过是晋身方式的变化,又有多少人能够预料到将由此带来整个局面的改变?历史上凡是真正重大的事件,在其发生的时候,都是不太引人注目的。

90 年代以后,由于外在环境和知识结构的变化,知识分子所面临的挑战与 80 年代有很大的区别,据我的观察,主要表现在三个方面:

首先是知识分子公共性的丧失。在新启蒙运动中知识分子讨论问题的中心是围绕着思想和文化进行的,这些思想文化问题与当时的经济政治改革紧密相关,因此或多或少带有某种功利性的、泛政治的意识形态化色彩。而从 90 年代初开始,一部分知识分子开始有了一种学术的自觉:不仅认为知识分子需要从政治系统里面分离出来,而且认为对于知识分子来说,更重要的是承担一种学术的功能,从知识里面来建构文化最基本的东西。他们对 80 年代知识分子那种"以天下为己任"的态度是有反省的,认为这是十分虚妄的,是一种浮躁空虚的表现,是缺乏岗位意识的体现。随着90年代初的国学热以及重建学术规范的讨论,一大批知识分子开始学院化,进入了现代的知识体制。他们似乎不再自承是公共的知识分子,更愿意成为现代知识体制里面的学者,甚至是某一知识领域的专家。而90年代知识体制和教育体制的日益完善、世俗社会的功利主义、工具理性大规模侵入学界,也强有力地诱导着大批学人放弃公共关怀,在体制内部求个人的发展。在这样的情况下,很多知识分子不再具有公共性,而只是某个知识领域的专家,甚至是缺乏人文关怀的技术性专家。这是对知识分子的第一个挑战。

第二个方面是知识分子的再度边缘化。20世纪90年代,中国经济驶入快车道,整个社会加速世俗化。市场社会的出现,使得知识分子再一次被边缘化。如果说过去的知识分子边缘化是发生在政治层面的话,那么这一波的边缘化更多的是体现在社会意义上。其实,政治层面的边缘化还没有威胁到知识分子的要害,因为即使是一个受迫害的悲剧人物,他也始终处在舞台的中心,有时受迫害、受侮辱者反而更能激起整个社会的同情。正如法国思想家雷蒙·阿隆所言,"就知识分子而言,迫害比漠视更好受"。但在

1992 年以后，整个社会高度发散化，社会阶层发生了很大变迁，出现了真正意义上的多元化，整个社会不再有中心。更确切地说，政治与意识形态第一次不再占据社会的中心，经济上升为中心问题。此时知识分子在社会意义上被彻底地边缘化了。他不再处于整个舞台的中央，舞台中心被另外一批人所占据，譬如腰缠万贯的富翁、暴发户等新体制下的既得利益者，以及在公共传媒和演艺圈大出风头的各类明星。从某种意义来说，这对知识分子是一个更为严重的挑战。1994 年开始的人文精神讨论虽然不是直接针对边缘化问题，但显然与此问题有关。在新的社会环境中，知识分子如何安身立命，他的位置究竟在哪里？人文精神的发起者们当时内心很清楚，他们不一定能改变这个社会，但必须为自己寻找到精神的和现实的位置，这也是知识分子的安身立命所在。

第三个挑战在理论上也许是更致命的，那就是"后现代"的崛起。中国的后现代文化的拥护者们借用西方后现代主义的理论，特别是福柯和利奥塔的理论，断然宣布中国已经进入后现代社会，在后现代社会里面知识分子已经死亡。这个问题其实是和前面一个问题紧密联系在一起的，知识分子退居边缘，传统意义上的知识分子已经整个地失去了他们存在的合法性。因为传统意义上的知识分子所赖以存在的,是一整套共同的元话语,比如像利奥塔所说的关于革命的神话和真理的神话这些"宏大叙事"。但在后现代的多元的、破碎的语境之中,公共信仰的元话语已经不复存在,也不需要存在,那么知识分子也就丧失了其存在的意义。这就从根本上提出这样一个问题:知识分子是否已经死亡?

从上述三个方面我们可以看到,传统意义上的知识分子已经受到全面挑战。第一波的挑战是从知识体制的内部来瓦解知识分子原有的基础,把知识分子改造为服从于日趋细化的知识分工的技术型专家;第二波挑战则从社会体制上使知识分子不再处于整个社会的中心,而只是社会中众多分子中边缘的一员而已;而第三波挑战更是从话语的方式上完全颠覆了知识分子原来存在的所有自明性和合法性。我们今天讨论知识分子的问题,首先要追问的是知识分子究竟有没有死亡? 如果没有死亡的话,那么将以怎样的一种方式存在? 如果已经死亡的话,又应该以怎样的一种方式复兴? 新的问题必须有新的回应方式,如果仅仅用80 年代那样一种思路和理念让知识分子起死回生,只是一厢情愿的幻想。

四　重建知识分子的"公共性"

　　关于"知识分子死亡"的问题，是法国后现代思想家让-弗朗索瓦·利奥塔提出来的。他认为知识分子往往将自己放在人、人类或人民的位置上，认同于一个普遍价值的主体，习惯于针对社会每一个人发言。然而，他们所赖以建构的一套整体性的元话语到了后现代社会已经完全解体了，目前这个社会已经不断地趋于多元化、局部化，知识分子作为传统意义上对社会全体所承诺的整体性话语的承担者，其角色已经不复存在。从这个意义上来说，知识分子已经死亡了。

　　不过，英国思想家鲍曼对这一问题有一个很好的回应。他用两种隐喻来表达知识分子在现代社会与后现代社会的不同功能。他认为知识分子在现代社会是"立法者"，意思是说在现代社会整个知识一体化，没有完全分化。而知识分子所掌握的这套客观化知识，主要是一套客观的、中立的、程序性的陈述和规则。它在现代社会，拥有仲裁的权威性。也就是说，只有程序性的规则才能保证获得客观的真理和有效的道德判断。因为这样的程序性规则具有普遍的有效性，所以运用它们所产生的结果也具有了普遍的有效性。因此知识分子一旦掌握了这套客观的知识,就能够超越其他阶层,成为知识的仲裁者。在鲍曼看来,在现代社会作为"立法者"的知识分子,其地位无可替代。借用布迪厄的说法,实际上知识分子是控制了"文化资本"这样一个稀缺资源。也就是在这个意义上产生了福柯所说的话语霸权,话语本身成为一种权力。

　　然而到后现代社会,鲍曼指出由于整个社会开始多元化,使得整个知识系统也开始解体了,不再有一个统一的知识场。整个社会的知识场被分解为一个个彼此独立、彼此孤立的共同体。这些共同体各自有各自的知识范式和知识传统,彼此之间甚至是不可通约的。鲍曼指出知识分子在后现代社会只有在自己的共同体内部才能扮演"立法者"的角色,超出共同体之外便不再是普遍有效的"立法者"。这样,知识分子的功能实际上发生了变化,成为一个"阐释者"。"阐释者"的角色就是将自己共同体内部的知识翻译、阐释为其他共同体成员能够理解的知识。知识分子实际上不再具有"立法者"所具有的那种普遍的、神圣的、至高无上的性质,而仅仅只是一个阻止意义在交流过程中被扭曲的"阐释者"。鲍曼特别指出,现代社会的核心概念是"理性""真理"等这样一些立法者所借以合法化的普遍有效的概念,但到了后现代社会被"共同体"这一概念所替代。不同的共同体实际上是不同的文化传统和生活模式。分属不同共同体的知识分子，在最基本的价值观上也可能存在巨大差异，甚至是对立的。

利奥塔和鲍曼所描述的不再有整体性话语的后现代情境，实际上已经在上世纪 90 年代的中国出现。90 年代与 80 年代在知识方式上的区别是，80 年代虽然有各种各样的争论和意识形态的分歧，但这些分歧者背后的知识背景、思想预设和价值倾向基本是一致的，他们背后还存在共同的思想平台，那就是所谓的启蒙话语；但是到了 90 年代以后，这个同一性已经不存在了，我们看到的是各种各样的、越来越不可通约的共同体的话语，其中有"国学的""启蒙的""后现代的"，或者"保守主义的""自由主义的""新左翼"的，等等，遑论其中还有各种各样更小的共同体以及更小的不同的知识传统。我们可以看到，整个中国到了 20 世纪末的确出现了这样一个情况，就是在知识话语上，一个统一的中国思想界和知识界已经荡然无存了。

世俗社会不像政治社会那样，靠意识形态来整合社会，相反的是，意识形态的文化整合功能在世俗社会正在逐渐衰弱。且不说知识分子赖以生存的客观化的知识已经解体，即使在整个社会里面，知识分子"立法者"这样一种本来是自明的身份现在也受到了挑战与质疑。社会已经不再需要"立法者"，从这个意义上可以说，传统意义上作为"立法者"构建元话语的知识分子的确已经死亡，而且无法再死而复生了。

这样一个事实既不令人悲观，也不那么令人乐观，我们今天要追问和讨论的，只能是这样一个问题：我们将在什么样的意义上重建知识分子的合法性？我个人理解，知识分子合法性的重建，最主要的问题在于重建"公共性"，换句话说，是在多元化的社会中，如何做一个公众知识分子。

原来意义上的知识分子的"死亡"，从某种意义上来说，反而更加突出了知识分子存在的合理性。到了当代社会，有一个问题正在日益突出，那就是所谓的"公共性"丧失的问题。一个分崩离析的社会，完全是由各种局部的共同体构成的社会，并不是一个多元的社会。真正的多元化虽然不一定有元话语，但共同体之间、局部之间一定是有交流的，彼此是可以对话的。通过这样一种对话，一种互动，建构起一种最基本的对话规则和伦理规则。这些规则也许不一定是实质意义上的，但是它在形式意义上必须具有其有效性。而这样一种话语的、伦理的和社会意义上的普遍有效的规则与规范，不是由某一个人所制定的。也就是说，既不是由权力者来制定，也不是由资本家来制定，更不是由哪个文化先知制定的,它是通过不同的共同体之间知识的竞争和对话而自然形成的。它不是通过一种人为的签订契约的方式来形成,而完全是约定俗成。这就像人的语言是在人的交往中自然形成的一样。实际上当多元化的社会出现以后,能够构成我们所谓"公共性"的内容是需要不同共同体通过彼此之间不断对话、不断互动来实现的。中国有各种各样不同的声音,正像巴赫金所说的"众声喧哗",世界上几乎所有的声音都在华夏大地上得到了回响。我们不缺任何声音,从最极端的到最中庸的,从"左"的到"右"的,而缺的却是可以在各种声音之间进行沟通的东西——互相对话的最基本的规则。这就是说,知识分子仍然还是一个"立法者",而始终没能成为一个"阐释者"。因为他们只会在共同体内部发言,他们还习惯如 80 年代那样扮演一个"立法者"角色,还不习惯与其他不同的共同体进行对话,把自己共同体的语言翻译为一种"公共的"语言。这就是为什么知识分子如今日益丧失"公共性"的重要原因。然而我们今天谈论知识分子必定是站在一个公共的意义上,而不是在某个共同体的内部来谈论,这就是目前公众知识分子问题的一个方面。

另一个原因是所谓知识体制的问题。到了 90 年代以后,知识体制越来越趋向健全。由于知识体制受到了国家体制的支持和保护，因此具有较强的知识生产与再生产能力。但是这样一种学院内部的知识体制，实际上生产的只是一种专业的、技术化的知识，而不是一种批判的、公共的知识。的确就像在人文精神的讨论中有识之士指出的那样，当代知识分子已经越来越不成为知识分子，而只是一名学者，更确切地说是有一技之长的学者，而非知识博雅的通人。不少人在专业领域内部堪称一流，甚至是世界一流的专家，但是只要跨出自己专业知识领域半步，就完全是一个知识的"白痴"。80 年代的知识界确有一种浅尝辄止、游谈无根的倾向，但 90 年代的知识界在纠偏的同时，也呈现出另一种倾向。如今的中国知识分子不再拥有 80 年代知识分子宽阔的胸怀和饱满的激情，不再怀有普遍的公共关怀。诚如萨义德所言，知识分子越来越专业化，他们缺乏对自身知识体系的反思能力，仅仅适合做一些对已有知识体系的添补性工作，丧失了创新的能力。姑且不谈知识分子在知识之外还要承担的一些职责，比如对社会的道德义务和政治义务，即便从与社会的联系来说，90 年代的知识分子在知识体制的挤压下越来越局部化、专业化、学院化了，同社会的关系日趋淡薄，越来越分离。这也是"公共性"丧失的重要原因。

五　体制内部的公众知识分子

随着知识体制的日趋完善，当代知识分子不得不生存于知识体制的内部，这几乎是一个全球性的现象。既然"传统的"知识分子不可复生，那么是否有可能在现代知识体制内部做一个公众知识分子呢？

萨义德 1994 年出版了在英国广播公司的演讲录《知识分子论》，他在书中强烈批评了所谓的专业知识分子。他认为知识分子本质上是业余的：真正的知识分子不是为某种利益而存在，而永远是为了某种兴趣而存在。他把业余性看作是知识分子的根本属性。业余知识分子首先意味着他们的动力来自兴趣、普遍的关怀，而不是利益和专业化。萨义德虽然教授英美文学，但他自认经常被各种献身的热忱所激励。知识分子永远是批判性的，对权势持反抗态度，他本人就很激进。而专业的知识分子总是遵从知识的体制，缺乏背叛的反抗精神，甚至将知识作为稻粱谋。

然而，当代的知识分子，包括萨义德本人，自身却面临着一个尴尬的困境。葛兰西曾经区分过两种知识分子："有机的"知识分子和"传统的"知识分子。前者是指作为体制内有机组成部分的那些知识分子，他们为体制制造意识形态。而后者是指社会中那些游离于体制外的知识分子，包括那些自由文人、作家、艺术家等，类似曼海姆所说的"自由漂浮者"。萨义德心目中理想的知识分子就是像 19 世纪的雨果、左拉等德雷福斯事件中的知识分子，以及美国 20 世纪初格林威治村的那些自由的、完全不依附于任何体制的知识分子。萨氏认为到 1968 年前还有那种知识分子，比如萨特、阿隆、加缪、波伏娃等，这些知识分子还具有"传统知识分子"的余韵，但现在他们已经消失殆尽了，几乎所有的知识分子都在学院内部，成为知识体制的一部分，连他自己也不例外。萨义德本人就是哥伦比亚大学的教授，是研究欧美文学的权威。与萨义德相仿的还有一位乔姆斯基，他是麻省理工学院的教授，语言学的权威。萨义德和乔姆斯基一同被公认为美国知识分子中的牛虻，具有强烈的批判精神，堪称学院中的异类。他们之所以受到注意，被视为知识分子良知的象征，除了他们展现出的道德勇气外，首先就是因为他们都是大学教授，是专家，而且是某一领域的权威，因此最后才拥有发言资格。也就是说他们自身的合法性是知识体制内部提供的，当然，仅凭知识体制内部的这些条件并不能构成充分条件。作为一个公众知识分子，还必须拥有对公共事务的关怀，具备道德上的良知。如果缺少了知识权威这一必要条件，萨义德和乔姆斯基就无法获得社会的承认。这就是当代知识分子的一个悖论。所有的知识分子都被有机化、体制化和专业化了。既然知识分子话语的合法性是由知识体制来提供的,这就意味着只能在知识体制内部寻求成为公众知识分子的途径。

在这个问题上,萨义德与其说为我们提供了一种话语的借鉴,毋宁说是他的实践为我们提供了一种启示。萨义德虽然再三强调知识分子的业余性,抨击其专业性,但是他所说的专业知识分子,其实是指那种完全失去公共关怀,只是把专业作为谋生的手段,而一离开狭窄的专业领域便显出惊人无知的专家。他坚持的业余性指的是知识分子必须永远保持那份公共的关怀,像席尔斯所说的,知识分子永远是神圣性的,对于普遍的、神圣性的问题永远感兴趣,而且试图作出自己的解答。虽然,在当代社会也许已不可能再有统一的、普遍主义的解答,有的只可能是多元的阐述,即便如此,知识分子也将永远对这些问题感兴趣,保持着一份超出专业之外的业余关怀。萨义德本人的实践就为我们提供了一个在知识体制内部成为一名公众知识分子的良好范本。

对于公众知识分子来说,专业知识也是极为重要的。从功利的意义上说,在专业成就上获得了某种文化资本,就意味着他们在社会上获得了话语的某种权力;而就知识的意义上来说,具有深厚的专业知识(而非狭隘的专长),实际上也为他们就公共关怀发言提供了重要的知识依据。公共问题既然没有一个普遍有效的真理,那么各种人都可以对某一问题发言。这种不同的多元回应,势必要借助不同的知识传统和专业知识。专业的知识对于公众知识分子而言,并不是累赘,而是原初的出发点。作为公众知识分子来说,既然要对公共问题发言,他的知识就不能仅仅是专业的。专业与业余的知识分子的冲突并没有想象中那么大,完全可以在两者之间建构起一种内在的关联。当然,这两者间会有一定的紧张关系,但对于一个公众知识分子来说,如果能保持一种合理张力的话,他完全有可能在自己的知识结构里面作出合理的安排,成为知识体制内部的公众知识分子。

六 知识人与道德人

作为一个公众知识分子,仍然有可能是两种存在的方式,或者是作为德性的存在,或者是作为知性的存在。这里涉及的背后的问题在于:当你作为一个公众知识分子来发言的时候,你背后的依据是什么?凭什么别人要相信你的话?

这个问题很复杂。知识分子话语背后所谓的合法性依据,虽然需要道德的支撑,却不能完全建构在道德的自我肯定的意义上。良知和德性,并不是只有知识分子才具备。无论从历史的角度还是现实的角度来看,我们都没有任何先验的和经验的理由来证明知识分子必定比其他人,比如工人、农民、白领甚至小痞子等,更具有道德上的优先性,倒过来反而可以找到一些相反的例子。可能的情况是,知识分子比一般人更热衷于讨论道德的话语,所以给人感觉知识分子首先是一个道德的存在、德性的存在。但是我认为这样一种存在并没有其自身的理由。道德首先不是一个话语,而是一种实践。德性不是以一种话语的方式存在,而是以一种实践的人格的方式存在的。19 世纪的俄国知识分子今天让我们感动的,主要不是道德的话语,而是道德的实践。那些十二月党人以及他们的妻子,在面对专制压迫时,是以集体或个体的具体道德实践为整个民族提供了人格的表率,这是一种真正的道德源泉。专门研究道德伦理的北大教授何怀宏说过,道德只能表现在一个很具体的事情上,而不是在所谓的整体性上。今天许多以知识分子自命的人,他们恰恰与 19 世纪的俄国知识分子相反,谈论得太多太多,实践得太少太少。他们习惯于唱道德高调,以此来实践他们的道德理想,以掩盖自身人格上的弱点,虽然这种弱点也许是一般人都具有的。这势必会产生中国历史上儒家道德理想主义的普遍问题，那就是虚伪，最终使得这样一种道德高调愈加不可信，难怪知识分子被不少人视作伪君子。王朔在这个意义上嘲笑知识分子，他称自己为"真小人"，挖苦知识分子是"伪君子"，虽然话很尖刻，但并不是一点没有其道理。任何一种道德的话语力量都来源于其背后的个体实践。哈维尔如果不是七七宪章的签署人，他的声音就会变得很苍白。道德永远是一种实践伦理，而不是高谈阔论的对象。

知识分子首先是一个知识人，而非单纯的道德人，他应该以一种知性的方式而存在。道德和良心人人都可以拥有。有时候，关于道德底线、伦理底线的一些最基本的原则，比如不剥夺无辜者的生命、讲信用、同情弱者等，它起源于内心最简单的良知，起源于人类交往的最初约定，起源于多年来的文化传统。但知识就不一样了，如果说公众知识分子对于社会拥有话语的合法性，那是因为他们拥有知识。知识是知识分子赖以存在、证实自己的最根本的理由，是其他非知识分子所不具备的。

在当前社会的语境下，知识分子应该是这样：当他对社会公共问题发表意见时，首先他是专家，他在社会某方面具有一定的知识权威性，比如生态学家在生态问题上就具有权威性。当然不是说只有生态学专家才有发言资格，非专家就没有，但作为公众知识分子，你总是要具备若干相关的知识，这才具备对与生态相关的各种问题发言的基本资格。其他社会阶层也能发言，但他们往往是根据自身的利益需求参与社会公共事务。而知识分子不一样，他个人也许与这一公共问题没有丝毫的利益关联，但他必须从公共立场出发，依据自己超越性的知识背景，对公共问题发表意见。公众知识分子的职业道德要求他们在针对公共问题发言时，不能基于个体或群体的利益需求，而是应该从知识的良知和理性出发，作出自己的事实分析和价值判断。如果掺杂了个人利益，他们就只是作为自利性的社会成员发言，而非超越性的公众知识分子。

知识在其发生学上有其"价值的先见"，在进入社会运用或与体制结合时也会产生话语权力，但作为其规范的存在形式，也就是卡尔·波普所说的"世界3"形态时，知识是客观的、中立的、无价值的。知识分子正是凭借这种"世界3"的知识，而建立起了自己的合法性。中国的知识分子一直不缺少所谓德性的东西，特别是道德的话语，但就是缺少王小波所反复指出的那种真正可靠的知识。在后现代语境下，虽然被一致公认可靠的知识、那种保证产生可靠知识的元规则不存在了，知识越来越局部化、部落化、封建化、共同体化，但即使是共同体的知识，在其内部也是一种客观的知识,而不是价值。从其他共同体来看,它可能是一种价值,但如果经过多元的阐释、对话和沟通,最后进入公共领域,成为公共话语,那么它也将成为公共的知识资源。要重建公众知识分子的合法性,我们首先要重构我们的知识。金耀基先生说得很好,知识分子如果是社会的眼睛与良心,就不仅要依靠自己热烈的 Heart(良心),而且应该运用自己冷静的 Head(头脑、理智)。知识分子必须有理性,这是最基本的东西。

雷蒙·阿隆曾经谈到三种知识分子的批判方式:一种是技术化的批判(Technical Criticism),类似于英国知识分子的做法,承认既有体制,然后在体制内进行一种理性的、试错式的改良。另一种是道德的批判(Moral Criticism),从应然的角度批判实然,用应该是怎么样的来批判实际的、不合理的东西,但常常忽视如何使批判转变成可操作的具体方案。最后一种是意识形态和历史的批判(Ideological or Historical Criticism),那是一种整体主义的批判,用一种所谓未来社会的模式,以及历史发展的某种决定性的东西来批判现有社会的不合理,而且把所有的问题都归结为当前社会制度的缺陷,并推导出一个整体性的革命模式。到了90 年代的今天,第三种批判方式——意识形态和历史的批判方式在知识界里声音已经相当微弱了。但是第二种批判我们现在还是经常耳闻。不是说社会不需要道德的批判，道德上的缺陷有时需要道德的批判来拯救，但是知识分子在行使自己的道德批判的时候，更重要的是要拿出自己的道德实践与人格。作为知识分子的批判，最重要的还是技术化的批判。对技术化的理解，按照哈贝马斯的批判策略，就是承认现有建制是合理的，然后再用建制所承诺的目标来批判现实，从而改善这个建制。当然哈贝马斯所处的语境跟我们当前的语境不一样。他处于一个自由的、开放的建制中，而我们所处的语境与他这个建制还有距离。即便如此，我们也应该更多地在已有的建制里面来讨论问题和进行试错式的改革。当讨论建制的改革的时候，道德往往是苍白的，相反那些技术化的批判虽然不那么高调，却反而更有力量，技术化能够带来某种超越道德的理性，而理性的力量实际上来源于知识。

谈到知识，对于公众知识分子来说，它究竟是一种学术的形态，还是思想的形态？90年代的中国知识界曾有一场思想和学术的争论。有一个说法是，80年代重思想，90年代重学术。其实，思想和学术并非是截然对立的两极，水火不相容。绝大多数的人都会同意最好的东西是王元化先生所说的"有学术的思想"和"有思想的学术"。一种最好的知识，学术与思想是兼容的。不过，"有学术的思想"和"有思想的学术"两者在形式上还是有区别的。"有学术的思想"指的是一种以思想成果形式表现出来的知识,但其背后有深厚的学理背景,比如顾准的那些笔记、书信就属于"有学术的思想",它的直接形态不是学术,也不一定能进入学术史,但肯定是一流的思想成果,是 20 世纪中国思想史的一部分。之所以如此,与顾准有深厚的学理资源有关。他对古希腊的思想和城邦制度有深入的研究,而古希腊是现代西方的源头,理解了古希腊,就理解了现代西方所有问题的历史源头。

而"有思想的学术",可以以陈寅恪的著述为例。就他的知识成果来说,基本上都是学术形式的,陈寅恪无法写入思想史,但 20 世纪中国学术史肯定缺不了他。陈寅恪的学术背后有着一般人所忽略的思想关怀,那种深刻的历史意识,那种文化遗民的忧患意识。前几年有"顾准热"与"陈寅恪热"。这两种"热"有其各自的积极意义,但也有其各自的偏差。最典型的莫过于对陈寅恪的误解了。作为一代宗师,陈寅恪的史学成就是毋庸置疑的。然而,在史学界,却有不少人仅仅在诸如精通多少国外语啦、史料如何熟悉啦、考证本领如何了得啦这类史学功夫上崇拜陈寅恪,独独忽略了大师之所以伟大,不仅在于上述这些工匠之技,更重要的乃是对历史有大识见,有自己独特的问题意识。一个思想力稍为弱一些的学者是产生不了深刻的问题意识的，更不用说那些一叶障目的专家了。

顾准与陈寅恪作为道德的典范，无疑是 20 世纪中国道德层面上杰出知识分子的代表，他们在道德实践上首先是一流的、顶尖的，尤其是顾准。大家之所以敬佩顾准，首先是因为他的道德实践。顾准本人很少谈论道德，我们翻遍《顾准文集》，没有发现任何道德的高调，只有对传统理想主义的冷静反省。他个人的高尚道德不是通过高调门实现的，而是以悲壮的身体力行实现的。他之所以被公认为思想界的先知，超越他所处的年代，首先是因为他是一个知识人。他的道德的勇气最大部分来自他清明的理性。顾准对古希腊以来西方的历史、对整个西方思想史作出的理性的反省，最后促使他义无反顾地抛弃传统理想主义，走向自由主义的经验主义。

学术和思想作为知性的存在，可能最后的表现形式不一样，但在最高境界上是无法分离的。知识分子在当代可以扮演两种角色：一是学者，二是思想者。作为一个学者的时候，知识分子生产的是"学术产品"，这就需要像陈寅恪那样是"有思想的学术"。学术不仅来源于专业的知识，而且来自深刻的公共关怀和忧患意识。只有当拥有了博大的公共关怀，才会有扩大知识背景的需求，才会将专业的学术建

构在一个广阔的知识背景上，用博兰尼的话说，建构在一个
很深厚的"支援意识"上。这样最终才可能拿出"有思想的
学术"。而作为一个思想者，在思考公共问题的时候，也只
有像顾准那样，能够在自己的专业学术领域有深刻扎实的
研究，思想才不会流于简单、浮躁和哗众取宠，不是拍脑袋
拍出来、靠修辞的华丽或道德的煽情鼓捣出来的东西，而最
终成为真正的"有学术的思想"。

在当代中国，有太多的所谓的"思想者"，甚至"思想
家"，他们几乎是现代传媒时代的产物。传媒的特点就是希
望声音永远是高调的、煽情的、表演性的、与众不同的，它不
需要理性的、温和的思想。温和的理性在媒体平台上就像
在公共广场上一样，永远不是极端的、偏激的浪漫激情的对
手。有些所谓的"思想者"或"思想家"，为了迎合传媒、吸引
公众，成为很可笑的"文化思想明星"。他们不在学理上像
顾准那样下功夫，而是在修辞上努力，起劲地煽情、作秀、唱
高调。虽然他们的"思想"在追逐时髦的人看来很尖锐、很
独特，但是在真正有思想的人看来，会发现在那些华丽的辞
藻和机智的修辞背后，实际上是一个空荡的灵魂、一个苍白
的手势，纵然能够泛起一时的摩登泡沫，但很快便会成为过
眼云烟，像大浪淘沙般消失得无影无踪。

关于知识分子的研究在今天的中国仍然还只是一个开

始,那将是一个没有句号的探讨。知识分子永远是最不安分的,总是不愿被某个固定的模式禁锢,即使他们已被定位在社会体制的某一环节上,仍然没有安身立命之感,总是要不断地寻求着突破与更合理的归宿。在灵魂深处,他们总是漂浮的,自由地漂浮着。传统知识分子死亡了,但知识分子的精神却是不死的,只要这种自由的、批判的、超越的精神不死,知识分子就将获得永恒,尽管其存在方式会一代一代地发生蜕变。

02

公众知识分子如何可能

公众知识分子(public intellectual)是 20 世纪八九十年代国际知识界讨论得很热的一个话题,然而在中国知识界,关于这一主题的讨论似乎直到 90 年代末才逐渐浮现。为什么会有所谓的公众知识分子? 一般认为,拉塞尔·雅各比(Russell Jacoby)在 1987 年出版的《最后的知识分子》一书中,最早提出了公众知识分子的问题。在他看来,以前的知识分子通常具有公共性,他们是为有教养的读者写作的。然而,在美国,20 世纪 20 年代出生的一代却成了最后的公众知识分子。大学普及的时代来临之后,公众知识分子被科学专家、大学教授所替代,后者仅仅为专业读者写作,随着公众知识分子的消亡,公共文化和公共生活因此也衰落了。[1] 这意味着,知识分子的公共性之所以成为一个问题,与学院化、专业化时代的出现直接有关。当知识分子的主

---

[1] 雅各比(Russell Jacoby):《最后的知识分子》,洪洁译,江苏人民出版社 2002 年版。

体不再是自由身份的作家、艺术家,而是技术专家和大学教授时,他们的公共性就发生了问题。

为了研究这一问题,我们首先要明确,公众知识分子中的"公众"究竟何指? 我以为,其中有三个含义:第一是面向(to)公众发言的;第二是为了(for)公众而思考的,即从公共立场和公共利益,而非从私人立场、个人利益出发;第三是所涉及的(about)通常是公共社会中的公共事务或重大问题。公共性所拥有的上述三个内涵,与知识分子的自我理解密切相关。然而,本来属于知识分子本质特征的公共性,在我们这个时代却受到了质疑。知识分子身份上的专业化分工和知识上的后现代思潮,使得过去我们所习以为常的知识分子公共性质出现了问题。在一个专业化和后现代社会中,如何重建知识分子的公共性? 这个问题不再是自明的,需要重新加以讨论和论证。

公众知识分子的问题不仅是西方的,也是中国的,中国自90年代以后也出现了类似欧美70年代以后所出现的专业化知识体制和后现代文化思潮。在这篇文章中,我将首先分析90年代中国所出现的专业知识分子和媒体知识分子两种主流现象,然后在90年代中国知识界几次重要的有关重建知识分子的公共性的讨论中,提炼出三种公众知识分子的理想类型:传统知识分子(traditional intellectual)、有机知识分子（organic intellectual）和特殊知识分子（specific intellectual），并进而从规范层面详细讨论他们各自的知识背景和有限性，最后以布迪厄的理论为背景，分析在一个专业化时代里，建构一种特殊走向普遍的公众知识分子理想类型的可能性。

一 90年代中国：专业和媒体知识分子的出现

在欧洲和美国，知识分子在60年代的文化运动中大大出了一把风头，然而70年代以后，随着大学的日益普及化和文化的商业化，知识分子被一一吸纳进现代知识的分工体制和资本主义文化生产商业体制，公众知识分子在整体上消亡了。类似的情形在20世纪末的中国似乎重演了一次，而且被浓缩在短短的20年之内。

80年代的中国，是知识分子的公共文化和公共生活最活跃的年代。70年代末、80年代初的思想解放运动和80年代中后期的"文化热"（后来被称为继"五四"以后的一场"新启蒙运动"）中，涌现出一批社会知名度极高、拥有大量公众读者的公众知识分子，他们中有作家、科学家、哲学家、历史学家、文学家、人文学者，乃至体制内部高级的意识形态官员。虽然有这些身份上的区分，但他们所谈论的话题无一不具有公共性且跨领域,从国家的政治生活到中西文化比较、科学的启蒙,等等。这些公众知识分子在大学演讲、在报纸和杂志上发表文章,出版的书籍常常畅销全国,动辄几万、十几万册,成为影响全国公共舆论的重量级公众人物。以这些公众知识分子为核心,80 年代的中国出现了一个公共的文化空间。这一空间以若干著名的公共杂志为舆论平台,如北京的《读书》《走向未来》《文化:中国与世界》,上海的《文汇月刊》《书林》,以及武汉的《青年论坛》等。同时,它还以若干著名的知识分子群体作为网络的纽带,包括以"走向未来"为代表的科学派知识分子、以"文化:中国与世界"为代表的人文派知识分子,以及以中国文化书院为代表的文化融合派知识分子。以思想领袖、杂志和群体为核心,以全国数以千百万的知识公众为基础,80 年代的公共文化生活空前活跃,进而形成了一个有公共讨论话题、共同知识背景和密切交往网络的统一文化场域。而且,这一场域类似于哈贝马斯(Jürgen Habermas)所描绘的公共领域,具有公共批判的性质。

90 年代以后,情况发生了变化。外部的客观环境发生改变,使得公共空间的范围有所收缩,曾经较为活跃的知识分子人物、杂志和群体,多数都逐渐淡出了公众的视野。特别是 90 年代中期之后,随着市场社会的出现和国外局势的变化，知识界内部发生了严重的思想分歧，这些分歧不仅是观念上的，也是知识结构和人际关系上的。到 90 年代末，一个统一的公共知识界荡然无存，公共文化生活发生了严重的断裂。

90 年代中国公共文化的消失，除了上述因素之外，更重要的乃在于同欧美 70 年代以后一样，出现了知识体制的专业化和文化生产的商业化这两大趋势。

知识体制的专业化是从 90 年代中期逐渐开始的。随着国家对教育产业的投入加大，大学这些年不仅在学生人数和教学规模上大大扩张，而且在管理方式上也逐渐靠拢企业化的科层管理模式，知识按照严格的学科分工建制进行生产和流通，并且以一套严格的学科规范对教授的知识成果进行专业评估。国家体制的资本扩张和利润诱惑，吸引了一大批 80 年代在公共空间活动的知识分子重新回到知识体制内部寻租。但在学院生活内部，他们不再可能像过去那样可以按照自身的兴趣爱好思考、写作和发表，只能在学科专业标准的规训之下，生产高度专业化的知识产品，并且按照学科的等级评价制度，步步追逐更高、更多的文化资本和专业权威。这种学院化的专业趋势，形成了知识分子内部与外部的双重断裂。在其内部，原先统一的知识场域被分割成一个个细微的蜂窝状专业领地，不同学科之间的知识者不再有共同的语言、共同的论域和共同的知识旨趣。在其外部,由于专业知识分子改变了写作姿态,面向学院,背对公众,他们与大众读者的有机联系因此也断裂了,重新成为一个封闭的、孤芳自赏的阶层。

那么,知识体制之外的知识分子又如何呢? 90 年代中期以后的市场扩张,使得文化的生产像其他消费品的生产一样,被强制性地纳入了市场的轨道,过去知识分子或者为神圣的使命,或者为表达自我而写作,如今市场只要求作者按照文化消费者的欲望而生产,并且按照市场的规则进行文化商品的流通和分配。90 年代以后,伴随着公共文化空间的萎缩,消费文化的市场却大大扩张了,文化公众闲暇时间的增加和消费能力的提高,需要出版业、报业和休闲杂志行业提供更多的文化消费产品。于是,在以媒体为中心的文化市场诞生巨大需求的基础上,诞生了一群媒体知识分子,这些知识分子的身份是多种多样的:作家、艺术家、技术专家、人文学者等。虽然看起来与过去的公众知识分子没有什么区别,似乎也是面对公众,除了大量令人厌烦的插科打诨之外,有时候谈论的似乎也是一些严肃的公众话题,但媒体知识分子与公众知识分子的区别在于,即使在讨论公共话题的时候,他们所遵循的,也不是自己所理解的公共立场,而是隐蔽的市场逻辑,即使在诉诸批判的时候,也带有暧昧的商业动机，以迎合市场追求刺激的激烈偏好。关于这一点，我们在下一节讨论普遍知识分子的时候，还将结合个案详细分析。

上述知识专业化和文化市场化这两种趋向，表面上看来一个远离市场，另一个贴近市场，似乎表现出两极化的倾向，但究其背后，都为同一个世俗化的工具理性法则所支配。在知识生产领域，知识本来所具有的超越性被切断了，它们不再向整个世界和社会提供意义，知识被切割成一块块自洽的领域，彼此之间再也没有什么联系，因而也就失去了价值的关联，如果说有什么意义的话，只是在一个具体的目的/工具关系链中才能显示出来，甚至在最富于意义内涵的人文学科，知识也被技术化和专门化。而这种对知识的技术化理解，造就了一大批技术专家。这些技术专家一方面封闭在学院生活中，另一方面其中的一部分人也应邀频频在媒体亮相，讨论所谓的公共事务问题。但他们与以往的公众知识分子的区别在于：由于技术专家不再持有超越的价值和乌托邦的理念，他们的"公共性"也因此而不再具有批判的反思，而是习惯于从技术的层面检讨和讨论公共事务中的不足。政治问题行政化，公共问题技术化，所有的问题似乎都可以通过专业性很强的工具理性方式加以解决。

在国家体制与市场逻辑的奇妙结合下,90 年代的中国一方面是严肃的、批判的公共空间的真实消亡,另一方面却是虚假的公共生活的空前繁荣:遵循商业逻辑的媒体知识分子活跃其间的公众消费文化的膨胀和以技术专家面貌出现的专业知识分子为主宰的媒体盛况。在技术专家和媒体明星的二重唱中,形成了以技术化和商业化为主调的世俗意识形态。

二 90 年代前期知识界的讨论与重建公共性的努力

90 年代中国公众知识分子的消失,不仅是知识专业化和文化商业化的结果,在相当大程度上,也与中国知识分子反思 80 年代、在新的环境之下理性的自觉选择有关。知识分子永远是敏感的,永远比时代领先一步,预见到时代将出现的大变化。社会结构所出现的上述变化,严格说来是 90 年代中期以后的事情,而早在 90 年代前期知识分子中的几次重要讨论中,可以看到,中国知识分子退出公共空间,进入专业领域,并非是策略性的转移,而是带有理性反思色彩的战略性退却。

最早发生在知识界的,是学术史和学术规范的讨论。1991 年 1 月,北京的一批知识分子发起了名为"学术史研究"的学术座谈会,座谈纪要后来发表在当年创刊的民间刊物《学人》杂志上。这场讨论的背景在于,当时知识分子普遍地陷入彷徨境地,大家都在苦苦思考应该做什么,能够做什么? 一部分知识分子通过反思 80 年代公共文化生活,提出了返回学术界、重建学术规范的主张。《学人》杂志的主编之一陈平原当时有一段很有代表性的意见,他认为:80 年代虽然是一个"充满激情和想象的年代",但那时的公共知识界也存在一些问题,主要表现为学风"浮躁"与"空疏","介绍多而研究少,构想大而实绩小"。在他看来,"90 年代或许更需要自我约束的学术规范,借助于一系列没有多少诗意的程序化操作,努力将前此产生的'思想火花'转化为学术成果。这种日益专业化的趋势,对许多缺乏必要的学术训练、单凭常识和灵感提问题的学者,将会是个严峻的考验"①。从《学人》开始,随后由内地知识分子编辑、香港出版的民间刊物《中国书评》杂志呼应,在知识界内部出现了一场学术规范的讨论。这场讨论所涉及的背景和探讨的领域非常广泛,但从知识分子的自我理解这一角度而言,显然与80 年代相比发生了很大的变化:知识分子的安身立命之处

---

① 陈平原:《学术史研究随想》,《学人》丛刊第 1 辑,江苏文艺出版社 1991 年版,第 3 页。

不再是庙堂或广场，而是有自己的岗位，即自己的专业领域。这就是陈思和所说的"岗位意识"。①

不过，对于这批曾经在 80 年代公共文化中很活跃的知识分子来说，专业岗位之于他们，不是像上述学院化体制内部那些俗儒那样，仅仅是一个谋生的饭碗，更重要的是寄托了某种无可替代的人生价值和专业旨趣。80 年代的中国知识分子充满着一种马克斯·韦伯（Max Weber）所说的天职感（calling），或者用中国的话说叫作使命感，怀有忧患意识，对国家和民众的福祉抱有关怀之情，时刻准备着为启迪民众、为民族的振兴贡献力量。但到了 90 年代，这样的天职感被韦伯所说的另外一种志业感（vocation）所替代。从天职感到志业感，是从神魅的时代到解魅的时代在知识分子心灵中引起的巨大变化。在神圣轰然倒塌的世俗化时代，原来充满了意义的目的论宇宙观彻底解体，世界被割裂成一个个孤零零的机械碎片。在这样的彷徨、孤独之下，知识分子要想重新获得生命的意义，不再有统一的标准，只能在各自所从事的专业之中，寻找专业所提供的独特价值。这些价值彼此之间不可通约，但对于每一个专业人员而言，都

①　参见陈思和：《知识分子在现代社会转型期的三种价值取向》，《上海文化》杂志创刊号，1993 年。

具有某种"非此不可"的志业感。① 80年代一部分公众知识分子，在重新反思知识分子的使命之后，正是怀着这样的志业感，退回学院，潜心于专业研究。这样的战略退却发生在90年代前期，其间他们忍受了商业大潮对学院冲击所产生的寂寞感和失落感，靠着单纯的志业精神撑过90年代中期知识分子边缘化、贫困化的艰难岁月。他们与90年代后期所出现的那批在教育体制里面进行知识寻租、追逐文化利润的俗儒们，完全不可同日而语。

继学术史和学术规范讨论之后，从1993年开始，在知识界内部又发生了一场规模更大、主题更加广泛的人文精神大讨论。如果说，前一次讨论是知识分子主动反思80年代学风的话，那么，人文精神的大讨论则与市场社会骤然崛起、知识分子边缘化相关。1992年，邓小平南方谈话以后，市场经济在中国掀起狂飙，随着社会世俗化风气的蔓延，大众的消费文化也取代知识分子的精英文化占据了公共舞台。在80年代，由于社会的变革集中于意识形态领域，公众知识分子一直处于公众视线的中心，但在1992年之后，

---

① 关于志业感，参见马克斯·韦伯：《以学术为业》，载《学术与政治》，冯克利译，生活·读书·新知三联书店1998年版。钱永祥对韦伯的志业感内涵的紧张有深入的分析，参见钱永祥：《纵欲与虚无之上：现代情境里的政治伦理》，生活·读书·新知三联书店2002年版。

在强烈的市场经济冲击下，社会迅速"除魅"，远离意识形态，知识分子一夜之间被边缘化。最早敏感地注意到这一问题的，是北京的陈平原和上海的王晓明。他们在 1993 年分别从精英文化的衰落和文学失去人文关怀的角度发表文章，提出了这一问题。不过，两个人代表了不同的姿态：陈平原在《近百年中国精英文化的失落》一文中，延续学术史研究的立场，意识到精英文化的衰落是难以扭转的历史大趋势，知识分子唯有退回学术，甘居边缘；王晓明则力图承担起危机，重新提倡人文精神，以新的姿态回到公共领域，①并在次年联络其他上海知识分子在《读书》杂志上共同发起了人文精神大讨论。这次讨论的议题非常宽泛，其中最重要的主题之一，是当知识分子被商品社会边缘化之后，如何理解自我与社会的关系。蔡翔在讨论中特别注意到了 90年代以后作为启蒙者的知识分子与作为被启蒙者的人民大众的疏离："大众为一种自发的经济兴趣所左右，追求着官能的满足，拒绝了知识分子的'谆谆教诲'，下课的钟声已经敲响，知识分子的'导师'身份已经自行消解。"②在他们看来，由于中国开始的急速世俗化，知识分子好不容易刚刚确

---

① 参见王晓明等：《旷野上的废墟：文学和人文精神的危机》，《上海文学》杂志，1993 年第 6 期。

② 蔡翔、许纪霖等：《道统、学统与政统》，《读书》杂志，1994 年第 5 期。

立的生存中心和理想信念被世俗无情地颠覆、嘲弄。他们
所赖以自我确认的那些神圣使命、悲壮意识、终极理想顷刻
之间失去了意义。因此，不得不"从追问知识分子精英意识
的虚妄性重新自我定位"。① 不过，反思也好，寻求也好，作
为人文精神的提倡者来说，都是力图重新建立知识分子的
公共性，重新担当社会的指导责任。不过，在这个时候，"人
文精神"作为一个神圣的词汇，虽然没有人公然站出来反
对，但对人文精神是否可以作为知识分子的自我理解和价
值立场，却大有反对的声音。更重要的是，即使在人文精神
知识分子中间，对于究竟什么是人文精神，也是莫衷一是，
分歧众多。这表明，到了 90 年代，维持公众知识分子共同
态度的那个实质性目标和理念已经不复存在，不仅知识分
子与民众之间有了严重的疏离，而且在知识共同体内部也
失去了 80 年代那种"态度的同一性"，价值立场开始出现分
歧。即使知识分子试图以一种宽泛的人文精神来概括它，
也无法在具体的内容上达成共识。为了避免大家在什么是
人文精神这一问题上争论不休，许纪霖当时将人文精神从
否定的意义上加以理解，认为对于人文精神，我们只能共同
确认它不是什么，至于其肯定的意义，只能是一种类似"人

① 蔡翔、许纪霖等：《道统、学统与政统》。

是目的"这种康德式的形式化道德律令,在不同的文化价值和历史语境中可以有不同的具体内涵和解释,①试图通过形式化的规范方式,在知识共同体内部价值日益分歧的新情形下,重建公众知识分子基本共识。

不过,在这场大讨论中,已经有两位北京知识分子张颐武和陈晓明敏感地注意到所谓的人文精神,不过是一种知识的叙事,一种利奥塔所说的宏大叙事(grand narrative)而已,用他们的话说,那是所谓"后新时期"的最后神话。② 似乎是为了与人文精神讨论打擂台,两位被称为"张后主"和"陈后主"的知识分子在 1994 年发起了一场关于后现代和后殖民文化的讨论。他们所要做的工作恰恰与人文精神知识分子相反,不是重建一套公众知识分子共同的价值话语,而是从后现代和后殖民的批判理论出发,拆解公众知识分子所凭借的最后一个堡垒:公共话语的虚妄性。在他们看来,五四以来,中国的知识分子建构了一套以现代性为中心的宏大叙事,这一叙事又是以西方话语为参照。中国知识分子凭借这套外来的现代性话语,以启蒙者和代言人自居,支配着现代性的知识/权力运作。到 20 世纪 90

---

① 许纪霖:《人文精神的多元意义》,上海《文汇报》,1995 年 12 月 17 日。
② 参见陈晓明:《人文关怀:一种知识与叙事》,《上海文化》杂志,1994 年第 5 期;张颐武:《人文精神:最后的神话》,河北《作家报》,1995 年 5 月 6 日。

年代，中国进入了所谓的"后新时期"，也就是后现代社会，出现了社会的市场化、审美的泛俗化和文化价值多元化三股大潮流，这意味着以西方为参照的现代性已经破产，以宏大叙事为凭借的知识分子也因此宣告死亡。[①] 在 90 年代中期出现的这股后学思潮，在其影响和声势上远远不及人文精神的诉求，其后学学理也相当粗俗，论述多为独断，并热衷于建构代替现代性的另一种宏大叙事，所谓的"中华性"。[②] 不过，它的确开启了 90 年代中国知识界后现代的先河，自此以后，以利奥塔、福柯和德里达为代表的法国后现代理论通过系统的翻译和研究，如潮水般涌入中国，在知识界蔚成大观。90 年代中期以后，对启蒙运动以来理性主义的批判和反思，形成了一股强大的热流。启蒙理想和理性主义被颠覆，从话语的根基上解构了传统公众知识分子的立身依据。

这样，后现代话语与学科专业化，到 90 年代就逐渐成为中国知识分子群体中占据主流的知识现象，这其中有知识分子经历思想反思后的自觉选择，也有国家体制和文化

[①] 参见张颐武：《现代性的终结：一个无法回避的课题》，《战略与管理》，1994 年第 4 期；陈晓明等：《后现代：文化的扩张与错位》，《上海文学》1994 年第 3 期；张法等：《从"现代性"到"中华性"》，《文艺争鸣》，1994 年第 2 期。

[②] 张法、张颐武、王一川：《从"现代性"到"中华性"》，《文艺争鸣》，1994 年第 2 期。

商业化外部环境的配合和制约，到 90 年代末，知识分子公共性的丧失，遂成为一个无可争辩的客观事实。

面对知识的专业化和文化的商业化以及后现代思潮的几路夹击，知识分子群体内部发生了急剧的分化。一部分知识分子退出公共空间和公共话语，而另一部分知识分子则试图以各种方式重建公共性，恢复知识的生活与公共生活的有机联系。不过，随着 90 年代知识分子的急剧分化，①即使是在公众知识分子中间，对如何重建公共性也产生了严重的分歧。这些分歧主要涉及对知识分子使命的自我理解和所依据的背景，大致来说，可以分为三种类型。

第一类公众知识分子主要是人文精神派知识分子。这一类型的知识分子坚定地相信知识分子代表着普遍的真理、良知、正义，知识分子应该为这些神圣的价值而呼喊、奋斗和干预社会。他们特别强调，虽然对人文精神的实践是个人的，但其背后有确定不移的"超个人的普遍原则"和"超个人的社会公理"。那是容不得虚无主义和犬儒主义的。人文精神不仅是一种关怀，而且与实践不可分割，它本身体现为人文实践的自觉性。②

---

① 参见许纪霖：《启蒙的命运：二十年来的中国思想界》。
② 参见张汝伦、王晓明等：《人文精神：是否可能和如何可能》，《读书》杂志，1994 年第 3 期。

在对抗社会的商业化上,以学者为主体的人文精神知识分子还是属于比较温和的,相形之下,与人文精神派同时出现的,以作家"二张"(张承志和张炜)为代表的道德理想主义派,则表现出异常激进的反抗姿态。这是第二类公众知识分子。在社会世俗化大潮面前,"二张"以"抵抗投降"的高调出现,他们以"精神圣徒"自称,宣布要高举鲁迅先生的反抗和不妥协的旗帜,代表社会底层或边缘的被压迫的民众和弱者,"向长久脱离民众、甚至时时背叛人民的中国知识界挑战","对体制化的学术和文学冲决或反抗"。为了反抗,甚至不惜赞美暴力的合理性。①

第三类公众知识分子出现得稍晚,大约在 90 年代中后期,是以汪晖为代表的"批判知识分子"。与前述后现代、后殖民思潮一样,汪晖也是从质疑启蒙思想的普世化现代性出发进行反思的,但他拥有前者所不具备的西方学理基础和思考深度。他既忧虑学院化体制下知识分子失去了与公共生活的有机联系,又注意到市场化下公共领域为商业逻辑操控的普遍现实。在他看来,唯有揭示社会日常生活中被遮蔽的权力关系,才是知识分子最重要的职责。为了拒

---

① 参见张承志:《无援的思想》,华艺出版社 1995 年版;张炜:《忧愤的归途》,华艺出版社 1995 年版。

绝知识界为他们所作的"新左派"命名,汪晖以"批判知识分子"的方式来自我理解他所代表的这些知识分子的特征:"批判的思想群体的共同特点是致力于揭示经济与政治之间的关系,揭示知识分子群体所习惯的思想方式和观念与这个不平等的发展进程的内在的关系。"①

这三类知识分子不是个别的经验现象,可以说他们分别代表了三种经典的知识分子理想类型:传统知识分子、有机知识分子和特殊知识分子。传统知识分子与有机知识分子是葛兰西对知识分子所作的经典区分。传统知识分子的自我理解通常是独立的、自治的,超越于一切社会利益和集团之上,代表着社会一般的普遍的真理、正义和理想;而有机知识分子则是和阶级一起被创造出来,与一定的社会体制或利益集团存在着某种有机的思想联系,他们自觉地代表着某一个阶级,作为阶级或阶层的代言人出现。② 而所谓的特殊知识分子,是福柯所创造的概念,对应着所谓的普遍知识分子(universal intellectual)。在他看来,无论是传统知识分子,还是有机知识分子,都属于普遍知识分子,即相信

---

① 参见汪晖:《死火重温》,人民文学出版社 2000 年版,序言、第 343—345、430—432 页。
② 参见葛兰西:《狱中札记》,曹雷雨等译,中国社会科学出版社 2000 年版,第 1—4 页。

有一种普遍的真理和知识的存在，并且热衷于扮演先知般的预言家，指导人民该往什么方向走。而特殊知识分子刚好与之相反，他并不预言、承诺某种社会目标，只是从自己所处的特殊位置，通过专业分析的方式，揭示所谓的真理与权力的不可分割，拆解社会隐蔽的权力关系，因而批判、而且是具体的批判，而不是建构尤其是整体的建构，就成为特殊知识分子的自我理解方式。① 在90年代的中国公众知识分子之中，人文精神知识分子更多地表现出传统知识分子的特点，道德理想主义者是一种有机知识分子的类型，而批判知识分子则比较接近福柯式的特殊知识分子。②

为了使问题的讨论不仅仅局限于90年代的具体的中国语境和经验层面，而能够从一个更高、比较抽象的规范层面深入讨论问题，接下来我将从普遍知识分子（包括传统知识分子和有机知识分子）和特殊知识分子这两个理想类型的知性层面，来展开对知识分子的公共性如何可能的研究，并且将提出一种新的公众知识分子理想类型的可能性。

---

① 参见福柯：《权力的眼睛》，严锋译，上海人民出版社1997年版，第48、72、147页。
② 当我在这里将汪晖所代表的批判知识分子解释为福柯式的特殊知识分子的时候，只是在揭示不平等的权力关系这一批判的层面而言，而忽略了他们之间的重要不同：福柯所理解的特殊知识分子拒绝任何社会整体的目标，而中国的批判知识分子是把"社会公正和平等权利作为自己的社会目标"并且为之而诉诸批判的。参见汪晖：《死火重温》，序言第8页。

三 普遍知识分子的虚妄性

什么是普遍知识分子？利奥塔在著名的《知识分子的坟墓》一文中，这样描绘知识分子：

> "知识分子"更像是把自己放在人、人类、民族、人民、无产阶级、生物或其他类似存在的位置上的思想家。也就是说，这些思想家认同于被赋予了普遍价值的一个主体，以便从这一观点来描述和分析一种情形或状况，并指出应该做什么，使这一主体能够实现自我，或至少使它在自我实现上有所进展。这种"知识分子"针对每个个人发言，因为每个个人都是这一存在处或胚胎。根据同样的原则，他们针对个人并起源于个人。"知识分子"的这一责任和普遍主体的（共有）概念是不可分开的。只有它才能赋予伏尔泰、左拉、佩基、萨特（限于法国范围而言）他们曾被给予的那种权威。①

所谓的普遍知识分子正是利奥塔所说的那些知识分子。普遍知识分子中，有两种类型：传统知识分子与有机知

---

① 利奥塔：《知识分子的坟墓》，载《后现代性与公正游戏》，谈瀛洲译，上海人民出版社 1997 年版，第 116—117 页。

识分子。我们先来分析传统知识分子。

现代知识分子的最初类型是传统型的:他们通常是自由职业者,不依附于任何体制,不管是商业体制、知识体制,还是国家体制。他们在身份上是自由漂浮的,具有波希米亚人的气质。更重要的是,传统知识分子相信自己代表了普遍的理性、正义和理想。法国作家左拉(Emile Zola)正是传统知识分子的典型。在著名的德雷福斯事件中,左拉以一篇《我控诉》拍案而起,宣告了现代知识分子的诞生。在知识分子的集体请愿中,他们不仅仅是为德雷福斯个人的清白而抗议,而是为捍卫社会整体的真理和正义而战斗。"知识分子自认为有资格以他们专家的身份来为这样的事业进行辩护。"[①]正如布迪厄所说:"人文权威和科学权威在左拉的'我控诉'以及支持他的请愿活动这样的政治行动中得到了支持。这种新的政治干预的模式,扩大了构成知识分子身份的'纯洁'和'入世'的概念。这些干预行动产生了纯洁政治,正好构成国家理性的反题。"[②]

---

① 让-弗朗索瓦·西里奈利(Jean-Francois Sirinelli):《知识分子与法兰西激情》,刘云虹译,江苏人民出版社2001年版,第8页。
② 布迪厄:《倡导普遍性的法团主义:现代世界中的知识分子角色》,赵晓力译,载贺照田主编:《学术思想评论》第5辑,辽宁大学出版社1999年版,第174页。

　　传统知识分子是现代知识分子的原生形态,就像一个人的童年性格决定了其一生的命运一样,传统知识分子也为知识分子带来了自由、敏感、富有正义感和社会批判勇气的精神气质。这些都是知识分子家族的共同徽章。这样的气质在任何社会中都是一面高高飘扬的旗帜。问题在于:知识分子有没有可能以传统的方式在当今这样一个知识被高度专业化、文化被商业操纵和元话语被解构的后现代社会中继续存在?

　　传统知识分子在当代面临的第一个挑战是其所赖以存在的社会空间发生了变化。在现代化社会的早期,作为国家体制一部分的大学还没有像今天这样扩张无边,文化也远远没有像今天这样被商业机制垄断,因而社会的公共文化生活还是完整的,知识分子可以以自由职业者如自由作家、自由艺术家的身份生存和活动,他们的心灵是自由的,可以为文学而文学,为艺术而艺术。然而,当国家体制和资本主义商业体制作为系统性的力量,扩张到自由的公共文化空间,受控于权力和金钱的当代社会,传统知识分子所赖以生存的最后一块净土沦陷了,生活世界被系统世界殖民化,自由的翅膀被折断,不是寄生在学院体制,就是以签约化的方式在资本主义文化企业或媒体中讨生活。在这样的情形下,是否还有自由职业知识分子那样纯洁的心灵和自由的精神呢？

卡尔·曼海姆在研究知识分子的时候，谈到知识分子拥有两种不同的知识：日常经验的知识和秘传（esoteric）知识。他说：

> 在简单文化中，这两种类型的知识常常汇聚为一种。由部落垄断的技艺常常构建了养生秘密的主题，这种技艺本身却是日常生活的一个部分，巫术的来源和基础是秘传的，也常常进入到私人活动的日常循环中去。而日益复杂的社会却倾向于将日常知识与秘传知识分离开来，同时也拉大了掌握这两种知识的群体的距离。①

以日常经验知识和秘传知识为背景，当代知识分子形成了学院知识分子和媒体知识分子两大类型。学院知识分子为专业知识的规训所控制，而媒体知识分子受制于媒体和出版业的市场逻辑。在当代中国，这两类知识分子，又有所谓（知识）体制内和（知识）体制外知识分子的称呼。这一区别和命名，是体制外知识分子的发明，并非为体制内知识分子所接受，因为这不仅仅是某种事实的描述，还

---

① 曼海姆：《知识阶层问题：对其过去和现在角色的研究》，载《卡尔·曼海姆精粹》，徐彬译，南京大学出版社 2002 年版，第 183 页。

暗含着某种价值的评价。在体制外知识分子看来,体制内的同行们已经失去了知识分子公共批判的精神,为学院的专业逻辑所摆布,而他们依然像当年的左拉、雨果那样,是自由漂浮的自由职业者,体制外蕴藏着丰富的反抗资源,所谓的民间是知识分子批判精神的温床。这一结论前半部分固然不错,学院知识分子的确有失去公共性和批判性的可能和趋势,但所谓的民间是否就意味着自由、反思和批判呢?传统知识分子是否还有可能在体制外继续生存呢?

就像我们在前文所指出的,在当代社会,资本主义的市场原则隐秘地控制着大小媒体和出版业的文化生产和流通,即使是那些所谓的民间刊物、民间出版机构,也没有例外。资本的这一控制是软性的,看不见的,以市场调节的方式进行。当严肃的知识分子退入学院,公共空间就为一批所谓的媒体知识分子占领了,如同布迪厄所指出的,他们或者是媒体从业人员,或者是以卖稿为生的自由职业者,既不像左拉那样有作家的身份和智慧,也不像萨特有哲学上的专业建树,"他们要求电视为他们扬名,而在过去,只有终身的,而且往往总是默默无闻的研究和工作才能使他们获得声誉。哲学人只保留了知识分子作用的外部表象——而这些人既无批判意识,也无专业才能和道德信念,却在现时的一切问题上表态,因此几乎总是与现存秩序合拍"。①

　　媒体与文化工业还有更厉害的一招,就是它容许并且鼓励异端,特别是知识分子的批判,因为这些极端的声音,在一个政治权威主义的时代是市场的稀缺商品,有超额利润的空间。虽然风险很大,但高风险必有高利润,资本的所有者为了博取潜在的暴利,愿意铤而走险。在这样的商业原则支配之下,异端的声音受到资本的不断鼓励被释放出来,而且越是趋于偏激、极端,就越是受到市场的鼓励,会赢得所谓的收视率、点击率、出版印数,通过资本主义的投入-产出的会计制度,化为实实在在的商业利润。而为市场所无形操控的民间知识分子,也会在不知不觉中失去批判的自我立场,从理性的批判滑向迎合市场对稀缺资源的特殊需求,一味取悦于观众的观赏偏好,声调越来越偏激,越来越激愤,语不惊人死不休。所谓的知识分子批判,变成一个煽情的演员手势、一种矫揉造作的舞台造型、一连串博取掌声的夸张修辞。而所谓的正义、良知和真理,在这样的市场作秀闹剧中,变为虚张声势的图腾和得心应手的道具——

---

① 布尔迪厄、汉斯·哈克:《自由交流》,桂裕芳译,生活·读书·新知三联书店 1996 年版,第51页。

这样的媒体知识分子,与左拉所代表的传统知识分子,在精神气质上相距何其遥远!如同海涅所感叹的:我播下的是龙种,收获的却是跳蚤。

传统知识分子之所以敢于对抗国家理性,乃是因为在他们的内心,相信自己掌握并且代表了更高的理性——人类的理性,这一理性是整体的,具有终极性的价值和依据。在启蒙时代,当知识还没有分化,而人类又普遍陷入蒙昧状态的时候,人类理性的确起到过很大的解放作用。然而,到了现代社会,随着社会的分化,知识也日益分化,各种知识之上是否还存在、或者说是否还有必要存在一种形而上学的整体知识?这一点如今已经遭到了普遍的质疑。利奥塔在《后现代状态:关于知识的报告》中证明了所谓的元话语——整体性知识的虚妄性,当整体性知识所造就的两套宏大叙事——关于真理的叙事和革命的叙事被颠覆之后,知识分子所赖以存在的知识论依据就被釜底抽薪,失去了立足之地。① 在这样的情况下,假如知识分子依然执著地相信,自己掌握了真理的万能钥匙,可以凭此谈论或批判一切现存之物,就显得格外的虚弱和空洞。

---

① 利奥塔:《后现代状态:关于知识的报告》,车槿山译,生活·读书·新知三联书店 1997 年版。

已故的中国作家王小波以热爱知识和理性而著称,但他最讨厌的是中国知识分子自以为代表了无所不在的真理,夸夸其谈,误国误民。他在其杂文自选集的序言中,开篇就讲了一个故事,说自己年轻时读萧伯纳的剧本《芭芭拉少校》,有场戏给他印象极深:工业巨头见到多年不见的儿子,问他对什么有兴趣。儿子在科学、文艺、法律一切方面皆无所长,但他说自己学会了一样本领,即善于明辨是非。父亲听完嘲笑儿子说,这件事连科学家、政治家、哲学家都感到犯难,而你什么都不会,倒是专职于明辨是非?王小波说,他看了这段戏之后,痛下决心,这辈子干什么都可以,就是不能做一个一无所能、就只能明辨是非的人。① 王小波是敏感的,在他写这段话的时候,已经是 90 年代中期。彼时,他看到了太多的业余知识分子,明明没有什么研究和思考,却整天忙于出镜,在媒体上夸夸其谈,对一切问题都敢于发表意见,善于发表意见。这样的学术文化明星,在中国和西方都不少见,已然成为媒体商业时代的一种普遍现象。波斯纳(Richard Posner)在所著《公共知识分子:衰落之研究》一书中,对那些在各类媒体频频曝光的知识分子进行了细致的分析和无情的抨击。他指出,这些知识分子为公众提

---

① 王小波:《我的精神家园》,文化艺术出版社 1997 年版,自序第 1 页。

供的是信用品，在公共消费市场是需要事后检验的。然而，如今公众知识分子发表公共言论，却不必为其是否拥有信用而负责。于是，在公共领域的讨论中就呈现出这样一种现象：公共越来越多，知识越来越少。①

在左拉生活的时代，社会还没有像今天这样复杂，知识也没有像今天那样分化，因此传统知识分子多是通才，可以跨越不同的领域针对社会而发言。然而，如今时代的各种社会问题已经异常复杂，人文的因素与技术的因素掺杂在一起，假如没有一定的专业知识，仅仅凭形而上的普遍知识实施批判，在公共事务的消费市场上，很难与那些维护现存秩序的技术专家竞争。后者可以用种种复杂的技术方式遮蔽事实，作出辩护。曾经无所不能的传统知识分子，在技术专家面前，往往是一无所能，无法让公众相信他们所言具有足够的公信力。

不过，也有一些传统知识分子反驳说：很多社会问题，不要搞得那样复杂，只要凭简单的生活常识，只要凭心中的良知，就能够分清是非！对此，王小波辛辣地说："一个只会明辨是非的人总是凭胸中的浩然正气，然后加上一句：难道

---

① Richard Posner,*Public Intellectuals：A Study of Deline*，Harvard University Press,2001.

这不是不言而喻的吗？任何受过一点科学训练的人都知道，这世界上简直找不到什么不言而喻的事。"①常识并非是客观的存在，它是多少年历史传统的积累；常识并不是永远可靠的，现实生活的复杂性，已经不是过去生活智慧之积累而成的常识所能轻易应对。常识只能在一个发展缓慢的社会中发挥合法性功能，如同过去的传统社会一般。而当今世界变化之快，很多问题远远超出常识的解释半径之外。即使是常识管用的地方，由于各人所经历的经验不一样，他们所拥有的常识经验也不同。谁也不可能拥有对常识的最终解释权，一切只能取决于公共领域中公众之间的理性讨论。知识分子不能仅仅凭常识而发言，公众的交往理性是比个人的常识更可靠的东西。

至于说到良知，那是属于道德范围的判断。道德也像常识一样，并非是那样不言而喻的。道德判断分为价值和规范两个层面，前者回答什么是好的、有价值的，后者回答什么是正当的、正义的。由于现代社会是一个价值多元的社会，在关于什么是好、什么是有价值的人生这一问题上，已经没有统一的答案，一个自由主义的社会，只能在价值问题上保持中立，对所有合理的价值予以宽容。至于涉及社

① 王小波：《我的精神家园》，自序第 3 页。

会公共正义的问题,那是由不得相对主义的,知识分子当然应该站出来说话,就像当年的左拉那样。不过,公共正义属于罗尔斯(John Rawls)所说的公共理性范畴,它并不为知识分子所独占,而是为所有公民所拥有。当左拉奋起反抗国家理性的时候,他所表现的,与其说是一个知识分子的职责,不如说是一个公民的职责——公民所捍卫的,是比具体的国家理性更抽象但也因此更高的公共理性,它内含着自由、平等、公平这些最高的人类价值。我们没有理由说,唯有知识分子拥有这样的政治道德感,而一般的公民缺乏基本的道德直觉。那是精英主义者的可笑狂妄。在许多次历史的关键时刻,我们往往会看到一般的人民大众,在正义的道德实践上不仅不比知识精英们差,而且往往表现得更勇敢、更无畏。作为一个知识分子,社会所需要他做的,不仅仅是公民的道德实践,而且是理性的反思,反思一切不合理的秩序与权力关系,并且作出有说服力的批判。这样的批判无法建立在一般的、普遍的知识或良知基础上,必须以特定的专业作为自己反思的起点。关于这一点,我们在最后一节将详细讨论。

在普遍知识分子群体之中,除了传统知识分子之外,还有另外一种有机知识分子。他们与传统知识分子有很多共同的地方,都相信有普遍的真理或正义存在,认为知识分子可以面对所有的人发言。但如果说知识分子确信自己是自由的、超脱的,可以超越于一切阶级之上,代表着社会一般的公共利益的话,那么,有机知识分子则认为在一个阶级分化的社会中,知识分子总是与各种利益集团无法分离,总是代表着某一个阶级或阶层的声音,所以有机知识分子应该看清哪个阶级代表着历史的未来,承担着世界拯救者的使命,并且自觉地充当这个先进阶级的代言人。或者说,知识分子应该永远站在底层受压迫的民众一边,为底层民众的反抗压迫而呼吁呐喊。在某种意义上说,第二次世界大战以后的萨特,就是属于这样的有机知识分子。他相信,个人虽然是绝对自由的,但相互之间的竞争,使得每个人又是孤独的,陷入所谓的"惰性实践"。个体为了克服孤独和惰性实践,只有靠统一于一个意志之下、朝着同一个目标的运动。他试图将个人的自由同无产阶级的解放、底层民众的反抗融合起来。①

不过,有机知识分子这样的代言人意识正如布迪厄所指出的,是一种虚幻的神话,这样的神话将知识分子看成是某个"普遍阶级"的同路人。但这种所谓"普遍阶级",对知

---

① 参见陈宣良:《萨特:幽暗与通明之间》,载周国平主编:《诗人哲学家》,上海人民出版社 1987 年版,第 399—402 页。

识分子来说不过是一具稻草人而已。因为实际上不是"普遍阶级"指定了知识分子,而是知识分子指定了"普遍阶级",知识分子依然将自己看成是普遍性的最终裁决者。①利奥塔也表达了类似的看法,他批评萨特说:

> 在现实中已不再出现普遍的主体——受害者,让思想能够以它的名义提出一种同时是"世界的构想"(寻找名字)的控诉。萨特试图采纳"社会经济地位最低下"的阶层的观点以引导自己穿过各种不正义的迷宫,但归根结底,这一阶层不过是一个消极的、无名的、经验的存在。②

有机知识分子通常都会表现出民粹主义的倾向,将底层民众的道德感和正义感抽象地加以美化,但一谈到具体的民众,他们又表现出极端的鄙视和不信任,认为他们无法表达自己、代表自己,需要像自己这样的有机知识分子来为民众申张利益,发出声音。但在福柯看来,这样的矛盾背后事实上蕴含着某种压抑机制,有机知识分子暗中参与了阻止民众正当表达的权力机制。在经历了法国 1968 年的五

---

① 布迪厄:《倡导普遍性的法团主义:现代世界中的知识分子角色》,载贺照田主编:《学术思想评论》第 5 辑。
② 利奥塔:《知识分子的坟墓》,载《后现代性与公正游戏》。

月风暴以后,福柯颇有感慨地说,过去知识分子总是以为他们有义务向那些看不清真相的民众说话,以他们的名义表达真理、良知和雄辩。现在,知识分子发现群众并不需要通过他们来认识,他们能把自己认识得比知识分子更完美、更清晰,也表达得更好。相反的是,妨碍民众表达的,是一种自上而下的查禁权力,一种在社会网络中无所不在的权力。知识分子本身就是这权力系统的一部分,甚至连他们是"社会良心代言人"这一观念,也成为这一权力系统的一部分,因为它阻止了民众直接表达的正当意愿。因此,福柯认为,知识分子的真正作用不是为民众代言,而是与身临其中的权力形式作斗争,揭示知识话语与权力统治之间的隐蔽关系。①

有机知识分子之所以将希望寄托在某个阶级或底层民众身上,乃是相信他们代表了历史发展的总体目标。这样的历史主义继承了基督教的传统,以为未来是一个有价值的存在,历史是有目的的。为了这样一个历史的终极目的,整体的革命是需要的,哪怕革命要付出血腥和暴力的代价。萨特当年就为这种伴随着恐怖和暴力的革命合理性作出过

---

① 参见福柯:《知识分子与权力:福柯与德勒兹的对话》,载杜小真编选:《福柯集》,上海远东出版社 1998 年版。

辩护。但曾经是萨特亲密战友的加缪,以人道主义的存在主义立场批评萨特,他认为萨特的这种与革命携手的存在主义也是一种神化,"是对历史的神化,因为把历史看成是唯一的绝对。人不再信上帝,而是信历史"①。在加缪看来,有机知识分子所作的反抗只是一种"历史的反抗",是以革命的名义而进行的反抗,因为上帝不存在了,为了某种遥远的历史目的,一切都是容许的,包括谋杀、血腥和暴力。但加缪坚定地认为:世界的荒谬是不可能彻底消除的,上帝不存在,并不意味着一切都是容许的。真正的反抗者,也就是"形而上学的反抗",既是一个说"不"的人,也是从一开始行动就说"是"的人,他知道行动的边界在哪里。与尼采的虚无主义不一样,反抗最后要服从正义的法则。世界上唯一严肃的哲学问题是自杀,而唯一真正严肃的道德问题是谋杀。为了永远忠实于大地,我们只有选择正义和符合人道主义的反抗。②

　　在当代西方,像萨特那样寄希望于整体目标和宏大运

---

① 转引自:罗歇·格勒尼埃:《阳光与阴影——阿尔贝·加缪传》,顾嘉琛译,北京大学出版社1997年版,第164页。
② 参见加缪:《反抗者》,吕永真译,载柳鸣九、沈志明主编:《加缪全集》第3卷,河北教育出版社1998年版。

动的有机知识分子已经衰落，从事社会运动的知识分子开始与各种各样局部的、边缘的抗议运动相结合，比如女权运动、同性恋运动、保护生态运动，等等。这些新式的运动在表现形式上多样化，不再寻求统一的理论、法律和解决方法。不能创造持久的组织形式，也缺少一种能把各种团体和运动联合起来的统一的意识形态。① 有机知识分子后现代化了，与元话语与整体性目标失去了联系，变成为具体的、局部的利益和目标而奋斗的边缘运动人士。

无论是传统知识分子，还是有机知识分子，作为一个福柯意义上的普遍知识分子，他们都有一种强烈的天职感（calling）：听从理性、真理、正义、良知或阶级的召唤，为拯救人类整体命运的神圣使命而奋斗。只要有普遍知识分子存在，有普遍的理性和阶级意识存在，这样的社会依然不是完全世俗化的社会，依然带有世俗化的神魅。然而，当后现代终于来临，当专业统治驱逐了天职的神魅，代之以世俗的志业感（vocation）的时候，知识分子将何以自处？ 将以什么样的姿态参与公共？

于是，新的知识分子出场了。

---

① 参见博格斯：《知识分子与现代性的危机》，李俊、蔡海榕译，江苏人民出版社2002年版，第208—217页。

四 特殊知识分子是否可能?

"特殊知识分子"这一概念是福柯提出来的,相对于"普遍知识分子"而言。如果说普遍知识分子是一些喜好谈大问题的文人、作家的话,那么特殊知识分子只是一些专家、学者,他们关心的是在具体的领域中如何解构整体的权力。福柯本人就是特殊知识分子的一个典型。福柯首先并不认同自己是一个知识分子——那种普遍的、纯粹意义上的知识分子,他说,我从来没有碰到过知识分子,只遇到过许多谈论"知识分子"的人。知识分子根本不存在,在现实生活中,只有具体的知识分子,比如写小说的作家、绘画的画家、作曲的音乐家、教书的教授或经济领域的专家。这些人就是福柯所说的特殊知识分子。①

特殊知识分子首先是质疑普遍性的人。普遍知识分子的脑海里始终存在着一个神圣的普遍观念,希腊智者、犹太先知、罗马立法者这些形象在普遍知识分子那里挥之不去。但特殊知识分子嘲笑这些形象的虚妄,那统统都是意识形态的幻觉而已。普遍知识分子是为未来生存的,为

---

① 参见福柯:《哲学的生命》,载《权力的眼睛》,第 102 页。

了未来，可以牺牲今天。而特殊知识分子不相信未来，他们是为此时此刻而活着的人。① 与当下的那些俗儒不一样，特殊知识分子不是安于现状，在现存秩序下谋取可怜的生计，他们在某一点继承了普遍知识分子的历史传统，那就是批判性。

同样是对权力的批判，特殊知识分子的批判与普遍知识分子大不一样，后者相信自己是外在于现实权力系统的，自己所掌握的理性、真理和正义，是与权力相对的伟大力量。但在特殊知识分子看来，真理与权力不可分割，任何权力的背后都有一个关于真理的话语系统支撑着它，给予权力以合法化，而真理之所以是真理，也是因为在现实关系中体现了一种权力的关系。因此，作为知识与真理生产者的知识分子内在于权力之中，是权力的帮闲。②

那么，为权力内化了的知识分子如何从事批判的实践？福柯认为，真理是一只工具箱，专业的知识既可以作为权力的工具，也可以成为解放的知识，拆解权力系统的武器。由于知识是内在于权力之中的，所以，拥有特殊专业知识的知识分子，由于他在权力网络中占有重要的位置，他就有可能

---

① 参见福柯：《权力与性》，载《权力的眼睛》，第 48 页。
② 参见福柯：《权力的阐释》，载《权力的眼睛》，第 22—34 页。

披露为权力所需要的保密信息,揭示知识与权力的内部关系。知识分子对权力的批判,并非像普遍知识分子所理解的那样,存在于普遍意识之中,而是存在于他们自身的专业化中,专业化的知识赋予了他们批判的可能性。① 对于特殊知识分子的批判方式,福柯有一段很重要的说明:

> 知识分子的工作不是要改变他人的政治意愿,而是要通过自己专业领域的分析,一直不停地对设定为不言自明的公理提出疑问,动摇人们的心理习惯、他们的行为方式和思维方式,拆解熟悉的和被认可的事物,重新审查规则和制度,在此基础上重新问题化(以此来实现他的知识分子使命),并参与政治意愿的形成(完成他作为一个公民的角色)。②

从这里我们可以看到,特殊知识分子正是在元话语已经消解、知识专业化到来的后现代语境下浮出水面的。他以与普遍知识分子全然不同的批判姿态走向公共性。然而,我们不得不追问的是:特殊知识分子是否足以成为公众知识分子的理想类型?

特殊知识分子所从事的是个别的、局部的拆解权力的

---

① 参见福柯:《性与政治》,载杜小真编选:《福柯集》,第470页。
② 福柯:《对真理的关怀》,载《权力的眼睛》,第147页。

工作，这样的专业批判彼此之间有什么关联呢？假使说知识分子的批判是具体的，但社会的权力网络却是整体的，具体的、零碎的批判又如何解构得了整体的权力？对于这个问题，福柯有一个解释，他说，对权力的局部性反抗并不缺乏整体的意义："各人的特定活动一旦政治化——一个政治化点和另一政治化点的横向联系就会出现。这样一来，法官和精神病科医生，医生和社会工作者，实验室人员和社会学家就能通过交流和互相支持，在各自的岗位上参与知识分子的总体政治化进程。"① 福柯在这里展示的批判知识分子之间的联系是弱联系，他们之间既没有共同的价值目标，也没有公共的身份认同，更缺乏利益上的关联，无法形成一个批判的知识分子整体。我们很难设想，这种各自为战、散沙一盘的批判知识分子，可以对抗整体性的权力网络，足以构成对后者的颠覆性威胁。

福柯特别强调，特殊知识分子所致力的只是不断地批判，并不预设什么目标，也不想知道往什么方向走，明天将是什么，他们只关心此时此刻，关心解构权力本身。② 这样的话，特殊知识分子似乎只是为批判而批判，为解构而解

---

① 福柯：《真理与权力》(《福柯访谈录》)，载杜小真编选：《福柯集》，第442页。
② 参见福柯：《权力与性》，载《权力的眼睛》，第48页。

构。批判之后，解构之后，是否会是一个虚无主义的世界？福柯在著名的《什么是启蒙？》一文中，证明了康德所论证的启蒙精神就是一种批判的态度、批判的气质和批判的哲学生活，他说："在这个意义上，批判不是超越的，它的目标不是制造形而上学的可能性：它在构思上是谱系学的，在方法上是考古学的。"①的确，当康德说，启蒙就是"要有勇气运用你自己的理智"时，②蕴含着福柯所说的批判和否定的精神，但康德所说的启蒙同时还有肯定的意义，那就是对人的理性建构能力的肯定，特别是人的实践理性，可以实现道德的自我立法，捍卫人作为目的本身的存在和人之所以为人的尊严。康德的批判不是为批判而批判，在批判精神背后有这样明确的价值指向。然而，福柯仅仅获取了启蒙传统中的一半，而阉割了另外一半。这就使得福柯的批判缺乏任何积极的规范性意义。正如道格拉斯·凯尔纳（Douglas Kellner）所指出的那样："福柯始终拒绝提出现代性的主体模式与社会组织形式的替代物，拒绝发展一种能够据以批判统治并为个体与社会组织提供替代方案的规范性立场，

---

① 福柯：《什么是启蒙？》，汪晖译，载汪晖、陈燕谷主编：《文化与公共性》，生活·读书·新知三联书店 1998 年版。
② 康德：《答复这个问题："什么是启蒙运动？"》，载康德：《历史理性批判文集》，何兆武译，商务印书馆 1997 年版，第 22 页。

这些都削弱了他的著作的批判意义。"①

对于特殊知识分子来说,反抗的意义究竟在何处? 为了个体的自由,还是公共的正义? 就像否认其他普遍的价值一样,福柯也不承认有公共正义的存在。在与乔姆斯基(Noam Chomsky)的对话中,福柯认为:公正、人性这些体现人类本质的概念,是生成于我们文明内部,是我们的知识类型和哲学形式之中的概念,因而也是阶级体制中的一部分。"公正是权力的工具——用公正字眼来思考社会斗争,还不如用社会斗争词汇来关注公正。"②相比较而言,福柯并不反对自由,虽然他明确将自由作为批判和反抗所欲实现的目标,但他晚年时在自我伦理学的名义下发展出某种关于作为伦理主体的人的建构性理解。他认为,古希腊与基督教的伦理道德层面上的区别,后者是禁忌性的行为准则,要求自我约束和自我牺牲,而前者的重点是自我关切。自我的关切是为了抵抗规范化的规训,让自我有自由的发展,将人生当作"一件艺术品来创造"。而所谓的道德是自由的实践,自由必须在伦理中得以实践,也就是说,自由是福柯的

---

① 贝斯特、凯尔纳:《后现代理论:批判性的质疑》,张志斌译,中央编译出版社1999年版,第87—88页。
② 福柯:《论人性:公正与权力的对立》,载杜小真编选:《福柯集》,第244、249页。

自我伦理学的本体论条件。① 福柯这里说的自由显然继承
了尼采的思想传统,它纯粹是个体的,充满了差异、解放和
多元。特殊知识分子对权力所作的反抗,归根结底不是为
了实现社会的普遍目标,不追求任何共同的未来,也不预设
诸如理性这样的基础主义,反抗本身是无目的的,它只是为
了拆解无所不在的社会权力对自我关切、自我发展的禁锢,
让个人有可能按照自我的心愿,来自由地创造人生。然而,
个人自由之实现不可能超越具体的语境而存在,总是需要
相应的自由、平等和正义的制度机制,渴望自由、承诺自由
的人们必须回答:个人的自由如何可能? 我们如何为实现
个人自由而提供一个相应的社会条件? 正如加缪所说的,
反抗者不仅要会说不,还要会说是——对普遍正义的肯定,
这样的反抗才是有价值的。但福柯只愿意说不,而拒绝说
是,拒绝公共正义普遍价值的存在,这样,他对个人自由的
肯定就陷入了虚无主义的自我否定。哈贝马斯就是这样
批评福柯的:"福柯没有充分思索自己在方法论上的困境,
没有看到他的权力理论将会遇到与根植于主体哲学的人
文科学相同的命运。他的理论竭力超越那些伪科学而达

---

① 参见莫伟民:《主体的命运——福柯哲学思想研究》,第 5 章,上海三联书店
1996 年版。

到更严格的客观性，但也就因此而更无助地陷入一种当下主义（presentism）历史学的陷阱。他眼睁睁地看着自己被推向相对主义的自我否定，而不能对自身的言语的规范基础做出任何说明。"①

以福柯为代表的特殊知识分子凭借专业的力量，在反抗权力、解构不公正的社会秩序方面有其颠覆性的意义。然而，仅凭这些批判本身却无法建构一个替代性的公正社会，而且连社会的公共生活都有一并被瓦解和颠覆的可能。另一方面，特殊知识分子拒绝任何价值目标，又使得个人的反抗显得支离破碎，互相抵消，从而无法与整体性权力体系抗衡，失去了批判的有效性。因而，特殊知识分子就像普遍知识分子一样，在我们这个时代依然无法成为公众知识分子的理想类型。

五 一种从特殊到普遍的公众知识分子理想类型

讨论至此，我们似乎陷入了某种困境：在专业化和后现代时代中，普遍知识分子日益暴露出其虚妄性，而特殊知识

---

① Jürgen Habermas: *The Philosophical Discourse of Modernity*, MIT Press, 1990, p. 294. 中译参见哈贝马斯：《走出主体哲学的别一途径》，汪民安、陈永国、马海良编：《后现代性的哲学话语——从福柯到赛义德》，浙江人民出版社 2000 年版，第 366 页。

分子又无法扮演重建公共性的角色。那么，如何走出这一困境？我们承认：在一个后现代社会中，假使我们依然需要公共生活，那么，普遍的公共价值依然是不可缺少的；而仅仅从特殊领域进行反抗无法形成整体的力量，也无从重建社会的公共性。另一方面，知识的高度专业化使得知识分子如果仅仅凭借普遍的价值诉诸批判，又会显得空洞乏力，缺乏有效的力度——在这样的普遍与特殊的两难之中，我们有无可能走出困境，建构一种从特殊到普遍的公众知识分子理想类型？

　　在这里，我试图运用布迪厄的理论，提出一种从特殊走向普遍的公众知识分子理想类型。布迪厄在 1989 年发表过一篇文章，题为《倡导普遍性的法团主义：现代世界中的知识分子角色》(The Corporatism of the Universal: the role of intellectuals in the modern world)，详细讨论了当代世界中知识分子如何从特殊走向普遍，从捍卫知识的自主性，进而介入社会的问题。这一问题正是公众知识分子问题的核心所在。①

---

① 布迪厄本人并没有直接提出从特殊到普遍的知识分子理想类型，他所欣赏的乃是一种以社会学家为理想类型的科学知识分子。然而，在这里，当我们讨论公众知识分子，并面临着特殊与普遍之间两难困境的时候，布迪厄的理论事实上提供了一个超越二者的公众知识分子的理想类型。

一种从特殊到普遍的公众知识分子应该是如何的呢？布迪厄说，知识分子是一种悖论的或二维的存在，他既是纯文化的，又是入世的。一个文化的生产者，要成为知识分子，必须满足两个条件：

> 一方面，他们必须从属于一个知识上自主的、独立于宗教、政治、经济或其他势力的场域，并遵守这个场域的特定法则；另一方面，在超出他们知识领域的政治活动中，他们必须展示在这个领域的专门知识和权威。他们必须做专职的文化生产者，而不是政客。尽管自主和入世之间存在二律背反的对立，但仍有可能同时得到发展。①

作为公众知识分子，首先要捍卫知识上的自主性，这是走向公共生活、实现政治批判的根基所在。为什么自主性这样重要？布迪厄敏锐地注意到，在当今这个知识专业化的学院形态中，知识的生产、流通和分配已经被权力与金钱深入地控制了。资本主义的科层官僚制度，将学校也当作企业一样管理，要求文化生产者接受和采纳工作效率、工作节奏这样的规范，并且将这些规范作为衡量知识分子成就的普

---

① 布迪厄：《倡导普遍性的法团主义：现代世界中的知识分子角色》，载贺照田主编：《学术思想评论》第5辑。以下间接引自该文的，将不再一一注明。

遍标准。另一方面,学院作为国家体制的一部分,虽然使得文化生产者在国家庇护下,可以逃避直接的市场压力,却通过各种拨款或基金委员会给人文社会科学研究施加规范化的压力。于是,"日丹诺夫规律"出现了:"文化生产者在他的特定领域里越是没有作为,越是没有名气,他就越加需要外界的权力,也就越热衷于寻求外界的权力以抬高自己在本领域的身价。"①因此,知识分子争取自主性的斗争,首先是反抗这样一些机构及其代理人的斗争,反抗将外部的市场、权力和宗教意识形态原则引入到学科内部。特别在学院内部,知识分子必须学会利用国家把自己从国家中解放出来,必须学会获得国家保证给你的那一份,以坚持自己面对国家的独立。也就是说,在知识共同体内部,制定一种标准对话的规则,一种在机会均等的同行中进行纯粹而彻底的竞争的规则。这样的规则是自主的,是知识分子自我立法的规则,不屈从任何外界的市场或权力法则或掺和非知识的因素。

知识分子只有捍卫了知识上的自主性,才有可能从自主性出发,介入公共生活,成为公众知识分子。倒过来说,也只有通过参与政治,才有可能最终捍卫知识的自主性。

① 布尔迪厄、汉斯·哈克:《自由交流》,第72页。

布迪厄说："一方面，尤其要通过斗争确立知识分子的自主性，保证文化生产者有一个保持自主性（首先体现在知识活动成果的发表和评价形式中）的经济和社会条件，强化每一领域里最自主的生产者的位置；另一方面，要创造适宜的制度，让最自主的文化生产者不受象牙塔的诱惑，以使他们能够使用特定权威集体干预政治，为保障他们自己控制文化生产方式和知识合法性的最低目标而奋斗。"①

公共空间是一个充满竞争的场域，假如知识分子不去介入，被排除在公共讨论之外，就会有一大批人，比如新闻记者、技术官僚、公众意见调查者和营销顾问等，自我赋予"知识分子"的权威，活跃其间。技术专家治国论就是这样假借知识分子的权威，来控制公共舆论，操纵政治决策。当今这个时代，一方面是公众知识分子参与的匮乏，另一方面又是技术专家干预的过剩。技术专家与公众知识分子都参与政治，但二者之间有明显的区别。虽然他们都有专业背景，并且从专业出发介入公共问题的讨论，但技术专家的参与缺乏超越的眼光，他只是从纯粹的技术角度评估和衡量政策得失。技术专家是没有价值意识的，他将所有价值选

---

① 布迪厄：《倡导普遍性的法团主义：现代世界中的知识分子角色》，载贺照田主编：《学术思想评论》第 5 辑。

择的问题,都转化为一个技术性的改良问题,将所有政治问题,都理解为行政问题。而知识分子介入公共领域时,明显带有自己的价值立场,因此可以超越一般的现实或技术层面,以理性反思的姿态建构公共性的批判舆论。

在一个现代民主社会,介入公共领域的不仅有公众知识分子和技术专家,还有其他各种社会阶层和社会职业的公众。那么,公众知识分子与一般公众介入公共生活的方式有什么区别呢?公共领域里公共问题的讨论都要求公众们以理性的方式介入和参与,而且从自己所理解的公共利益出发来考虑问题。然而,作为知识分子,除此之外还有一个特殊的优势,即他可以从专业的角度内行地、深入地为公众分析问题症结之所在,以及社会应该采取什么样的价值立场。专业知识分子拥有专业方面的特殊文化资本,他对所讨论的问题有专业的或深入的研究,而且已经在本专业领域内部具有公认的权威性。不过,当专业知识仅仅局限于专业领域内部时,它并不具有知识的超越性,他仍然只是一个专业知识分子。知识分子一旦将这样的专业知识放到广阔的背景或社会背景加以考虑,阐释其内在的价值和意义,并以此为背景反思社会公共问题,这就从专业走向了公共,专业领域的权威就转变为公共领域的权威。在公共领域之中,虽然每一个人都是理性的,拥有平等讨论的权力和机会，但由于现代公共问题所涉及的专业知识比较复杂，公共生活依然需要这样的专业权威——权威的意见不是作为定论，而是为一般公众更深入地了解问题的性质、专业的资讯从而最终作出自己的理性选择，提供可能性条件。

钱永祥先生曾经以 1998 年台湾地区领导人选举中，"中央研究院"院长李远哲滥用学术权威、支持陈水扁当选的例子作出分析，指出学术权威可能转化为"道德权威"，而不承担相应的责任伦理。他认为，在现代社会中，公共讨论是通过非权威的方式，在差异之间形成共识的。因此，知识分子在进入公共领域时，要警惕用学术权威干预公共讨论，不能诉诸人格、身份、学术、专业、传统、信念等权威资源。①钱永祥指出的这一现象有其特殊针对性，当代社会中的确有太多的学术权威滥用社会公信力，在非自己专业领域、不熟悉的公共问题上发表意见，影响和左右舆论。然而，在这里，我想补充一点不同的看法：即使在公共领域的公共讨论中，专业的权威虽然不是唯一的，却是重要的。以专业的或相对于专业水准的研究为知识资源，并以这样的资源作为论据，参与公共讨论，这正是知识分子区别于一般公众介入

---

① 参见钱永祥的《学术权威如何善尽社会角色》和《略谈"公共型"知识分子》，载《纵欲与虚无之上：现代情境里的政治伦理》，第 385—394 页。

政治的独特方式。

我们可以举两个著名知识分子的例子。一个是美国核物理学家奥本海默（Robert Oppenheimer），另一个是德国哲学家哈贝马斯。奥本海默作为美国的"原子弹之父"，思考了核技术和核武器将给人类带来的道德灾难，他以其不容置疑的专业权威批判了人类对核技术的滥用，他发言的分量和影响是无人可代替的。而哈贝马斯作为一个对许多社会公共问题有深入研究和讨论的哲学家，在介入诸如科索沃危机、9·11事件等公共事件讨论时，他那些与众不同的具有反思性的观点得到了广泛的重视。哈贝马斯所凭借的不是所谓的一般知识或普遍道德，而是其深厚的哲学知识。他在谈到哲学对于当代公共生活有什么意义时指出，由于现代社会高度分化，其功能系统依赖于专门化的知识，而这些知识主要来自专家。那么，作为形而上的哲学有什么用呢？哈贝马斯说：哲学能满足人们对实践导向和生活意义的渴望，哲学家作为公众知识分子要比他们作为专家对现实具有更为广泛的影响力，有助于现代社会达到自我理解，对社会的整体和多方面作出特定的解释，并具有解决正义的或有序社会的基本问题。他特别指出：

> 在此我们感兴趣的是这样一群行动者，他们显得很突出，他们既未被要求也未被授权去干涉，而是主动

运用他们的专业能力,就共同关心的问题,提出多少是理由充分的看法。由于实现了这种颇有雄心的要求,即在各种情况下公正地考虑所有相关观点,平等地对待各方利益,他们就获得了一种权威,这些知识分子最多能够依赖的就是这样一种权威。①

哈贝马斯在这里所谈的,他自己以及奥本海默所表现出来的,正是布迪厄所描绘的一种新知识分子理想类型:从特殊走向普遍的公众知识分子。

这样的知识分子,按照布迪厄的说法,处在萨特式的普遍知识分子与福柯式的特殊知识分子之间。前者"对所有他们时代发生的问题,都有权利和义务,只依赖自己的理智的力量,采取一个立场",而后者"把自己的干预局限在一个特定知识和经验领域"。② 从特殊走向普遍的知识分子超越了非此即彼的选择,同时也超越了 80 年代在雅各比与阿兰·布鲁姆(Allan Bloom)之间关于知识分子如何自我理解的著名论争,前者将知识分子看作是介入公共生活、承担

---

① 哈贝马斯:《再论理论与实践——2002 年 4 月在华东师范大学的演讲》,薛巍等译,载《世纪中国》学术思想网站(www. cc. org. cn),上网日期 2002 年 10 月 18 日。
② 布迪厄:《倡导普遍性的法团主义:现代世界中的知识分子角色》,载贺照田主编:《学术思想评论》第 5 辑。

社会义务的激进知识分子,后者将知识分子理解为自律、沉思、独立地追求知识智慧的学院知识分子。[①] 而布迪厄所阐释的知识分子既是学院内部自主、自律、对专业有独特爱好的知识者,又是能够介入社会公共生活、承担公共责任的知识分子。

更重要的是,布迪厄所说的知识分子不是像福柯所理解的仅仅是各司批判之职的特殊知识分子,之所以从特殊走向普遍,乃是因为从各个专业走向公共空间的知识分子,彼此之间形成了一个普遍的整体。这样的整体,更确切地说,是一个松散的共同体,一个知识分子法团。按照布迪厄的设想,这一共同体或法团是通过国际互联网络连接在一起的,将采取"一个圆心无所不在又无处存在的圆"的形式,"其中所有地方都是中心,也就没有地方是中心"。这样,所有公众知识分子都可以借助这一国际网络,讨论国内和国际公共事务,并对所有建构良好的公共干预行动提供符号支援。

为什么知识分子必须形成这样一个松散的共同体,而不能像福柯所说的那样各自为战?这是因为知识分子所面对和所反抗的,乃是整体性的权力与整体性的市场,它们互

---

① 参见博格斯:《知识分子与现代性的危机》,第 146—147 页。

相纠缠，形成了一个庞大的、无所不在的系统网络。在整体性的权力与资本面前，个人是定然无法与之抗衡的。知识分子虽然内部在意识形态上四分五裂，但他们都面临着捍卫知识自主性、捍卫知识尊严的职责，知识分子有自己独特的整体利益，因而他们必须成为一个共同体，并以法团主义（Corporatism）的方式参与政治，介入公共生活。这样的法团主义"来自一种适于捍卫充分理解的共同利益的法团主义"，在公共空间实行知识分子的集体斗争，以争取共同体的共同利益。①

　　为什么知识分子能够形成一个共同体，其可能性何在？布迪厄强调这乃是因为知识分子拥有理性。他所说的理性不是哈贝马斯从理想情境抽象出来的先验的乌托邦，而是"存在于一定的历史条件中，存在于一定的对话和非暴力沟通的社会结构中"，②是一种语境化的理性。具体而言，是一套在知识的建构和交往历史、批判的社会实践中所形成的普遍规则，有点类似于古德纳所说的评论性的论说文化

---

① 布迪厄：《倡导普遍性的法团主义：现代世界中的知识分子角色》，载贺照田主编：《学术思想评论》第 5 辑。
② 布迪厄、华康德：《实践与反思》，李猛、李康译，中央编译出版社 1998 年版，第 248 页。

(culture of critical discourse)①。知识分子可以借助这套在长期的知识生产、交换和分配中形成的言说规则，在知识共同体内部进行交往和沟通。

布迪厄在《倡导普遍性的法团主义》一文中最后这样说：

> 这种由知识分子垄断的批判性反思，要求知识分子把对普遍性的追求和追求特殊存在状况之普遍幻想持续斗争联系起来，只有后者才能使对普遍性的追求成为可能。

在知识专业化和后现代时代，知识分子通过从特殊走向普遍，重新建构起自己的公共性。新的公共性基础不再是左拉、萨特式的普遍话语，也不限于福柯式的特殊领域，他从专业或具体的领域出发，实现对社会利益和整体意义的普遍化理解。从特殊走向普遍的视野来看，世界既不是由虚幻的意识形态所构成，也不是被后现代和技术专家分割得支离破碎；它从各个不同的特殊性批判立场出发，汇合成一个共同的、又是无中心的话语网络，正是这样的整体网络，建构起当下世界的完整意义和在权力与资本之外的第

---

① 参见古德纳：《知识分子的未来与新阶级的兴起》，顾昕译，桂冠图书公司1992年版，第41—44页。

三种力量：自主的和扩展的文化场域。正是在这样由具体而编织成整体的知识网络中，知识分子获得了自己公共性的基础。在当代中国，这样一种从特殊走向普遍的公众知识分子已不仅是一个观念形态的理想类型，在学院内部和公共生活空间，他们正在出现，而且越来越活跃。这是专业化时代的公众知识分子，正是他们将学院生活与公共空间连接起来，并赋予超越的批判性意义。从这个意义上来说，或许我们重新获得了一丝希望，传统的公众知识分子死亡了，在整体话语的废墟上，新的一代公众知识分子凤凰涅槃，走向新生。

03

20世纪中国的六代知识分子

历史,总是由知识分子书写的,然而,知识分子自身的历史,却常常无人书写。在 20 世纪 80 年代的文化热中,知识分子开始自我反思。反思的方法有多种,其中之一就是历史的反思,于是,知识分子开始有了自我的历史。

　　算起来,研究知识分子历史的,在 80 年代我算比较早的一个。我个人之所以对知识分子的历史发生研究的兴趣(而非人人都有的谈论兴趣),起因纯属偶然。1982 年我在华东师大毕业留校,系里分配给我的教学任务是中国民主党派史。中国的民主党派,在其成立之初,绝大多数都是自由知识分子的聚合。一部民主党派的历史,也不妨读作一部知识分子的历史。在当时文化热氛围的烘托下,我尝试以一种文化的视角来考察这些现代中国的知识分子,考察他们在一个大时代中从传统到现代的历史转型。当时,我采用了"知识分子独立人格"这样一个中心理念,而且将这一理念作为研究转型期知识分子的主要依据。

　　"知识分子独立人格"这一理念在当时的知识圈里得到

了相当普遍的回应,成为80年代中国知识分子自我反思的重要成果之一。不过,现在回过头来看,尽管这一理念在当时具有现实反思的充足理由,但其学理和历史上的论证依然是不充分的。何况,学术研究在起初可以为一种意识形态的热忱所引发,但其持久的生命力应该是自洽的、独立的,而不是作为意识形态的工具。这是知识分子人格独立的学术体现。而作为学术意义上的知识分子史,就不仅仅是一部独立人格的转型史,它还具有社会学、知识学等多种蕴涵,应该通过思想史、学术史、文学史、心态史、社会史等多学科的方法多元化地加以研究,而且是独立、冷静、与现实有距离的客观研究。

为了替以后的知识分子史研究打好基础,从90年代初开始,我暂别这一课题,从一个更宏观的背景——20世纪中国现代化的整体历史,来观察知识分子所凭借的时代背景和所面临的历史问题。同时,通过跨学科的广泛阅读,调整和优化自身的知识结构,以期在一个更广阔的历史/知识背景下来理解和解读中国知识分子的历史。这一调整到去年得以完成,我重新从宏观回到微观,回到自己原先的知识分子历史的研究,回到20世纪中国知识分子历史的课题。

在漫长的中国历史中,有过几个值得大书特书的大时代。所谓大时代,按照鲁迅的说法,"并不一定指可以由此得生,而也可以由此得死","不是死,就是生,这才是大时代"。对于知识分子来说,这样的大时代有四个:先秦、魏晋、明末清初和 20 世纪。在这些大时代中,整个社会面临着巨大的转型,知识分子的思想和人格不仅与政治环境发生激烈的冲突,而且自身也面临着巨大的矛盾。大时代的知识分子是最光彩的,也是最丑陋的;是最单纯的,也是最复杂的;是最勇敢的,也是最怯懦的。如今我们仍然置身于一个大时代之中,书写 20 世纪知识分子的历史,也就等于在书写我们自身。

不过,对于学术研究来说,20 世纪毕竟太宏观了。这短短的一百年间,发生了多少波澜曲折,其变化动荡的程度、周转复始的更替,几乎等于过去了十个世纪。20 世纪的中国知识分子,不是一代人,而是几代人。更确切地说,在整个 20 世纪中国,总共有六代知识分子。以 1949 年作为中界,可以分为前三代和后三代,即晚清一代、五四一代、后五四一代与十七年一代、"文革"一代和"后文革"一代。

无论是前三代还是后三代,都有自己的历史中轴,那就是五四和"文革"。对历史中轴的理解,成为区分前后三代知识分子的关键问题。五四运动和"文革",不仅是简单的历史事件,更是知识和心态的分水岭,以什么样的阅历和身份经历这两段历史,足以区分几代不同的知识分子。所谓的代沟,也往往通过重大的历史事件而得以明晰。

最初出现在 20 世纪中国舞台上的,是晚清一代知识分子:康有为、梁启超、严复、章太炎、蔡元培、王国维等人。他们大多出生于 1865—1880 年间,早年受过系统、良好的国学训练,有传统的功名,但为变法图强之故,已经十分重视西学的价值,但那些新知多是从东邻日本转手而来,常常显得一知半解。从骨子里来说,这一代人的思想模式不外乎"中体西用"。尽管如此,他们毕竟是跨世纪的一代,既是中国历史上最末一代士大夫,又是新知识、新思想、新时代的先驱。他们中的一些佼佼者,如"笔锋常带情感"的梁任公,影响了整整一代五四知识分子。

1915 年以后,新的一代知识分子崛起了。像鲁迅、胡适、陈独秀、李大钊、梁漱溟、陈寅恪、周作人这代人,大多出生于 1880—1895 年之间,是中国第一代现代意义上的知识分子。之所以说第一代,是因为他们不再走"学而优则仕"的传统士大夫老路,在新的社会结构中已经有了自己的独立职业,比如教授、报人、编辑、作家等。而且在知识结构上,他们虽然幼年也诵过四书五经,但基本是在不中不西、又中又西的洋学堂中得到的教育,后来又大都放洋日本或欧美留学,对西方文化有比较完整的、直接的认知。这是开创现代中国新知识范型的一代人,但在文化心态、道德模式等方面依然保存着中国传统的不少特点。

到 30、40 年代，又一代知识分子开始展露头角。用殷海光先生的话说，可以称之为"后五四"知识分子。这代人实际上分为前后两批，前一批出生于 1895—1910 年之间，他们在求学期间直接经历过五四运动的洗礼，是五四中的学生辈（五四知识分子属于师长辈），这代人大都有留学欧美的经历，受过很好的专业训练。如果说晚清与五四两代人在知识结构上都是通人，很难用一个什么家加以界定的话，那么后五四知识分子则是知识分工相当明确的专家，比如哲学家冯友兰、贺麟，历史学家傅斯年、顾颉刚，政治学家罗隆基，社会学家潘光旦、费孝通，文学家朱自清、闻一多、巴金、冰心等。前两代人是文化精英，主要靠社会影响出名，而这代人的声望主要局限在知识圈内。五四一代开创了新知识范型之后，后五四一代树立了一系列成功的范例，30—40 年代中国文学和学术的高峰主要归功于这代人的贡献。后五四一代中的后一批人出生要晚一些，基本在 1910—1930 年之间。他们在求学时期完整接受了五四以后新知识和新文化的熏陶，却在即将施展才华之际遭逢特殊历史时期，致使他们的事业发展在较长时间里受到了影响与延搁。直到 80 年代以后步入中晚年，他们才焕发出学术的青春。

1949 年以后，中国大陆的五四和后五四两代知识分子经历了思想改造和学术观点的转变。相当长一段时期内，占据主导地位的是"十七年一代"（1949—1966）知识分子。这代人出生于 1930—1945 年之间，其知识底色受到《联共（布）党史》影响极大，带有浓郁的意识形态色彩。这代人在马克思主义的框架中致力于学术研究，一直试图建立马克思主义的学术规范。但与上代人相似，他们的文学和学术发展空间受到了政治运动的冲击。对于这一切，其中的一些人在 1976 年以后有比较深刻的反思，开始在马克思主义的框架中吸取西方优秀的文化成果，是思想解放运动的主要参与者，直接影响了下一代人的思想成长。

到 80 年代中期"文化热"兴起，新一代知识分子崛起，这就是"文革"一代人。他们大多出生于 1945—1960 年之间，早年经历过"红卫兵"运动与上山下乡，通过自学和恢复高考的机会，具备了再度面向西方、兼容并蓄的文化目光。他们以西方最新的文学和学术成果为参照和比照，开始致力于新一轮的思想启蒙和知识范型的开拓。这代人的知识是开放、多元和博杂的，已逐渐成为知识界的中坚。

20 世纪中国最后一代知识分子是"后文革"一代。这代人出生在 1960 年以后，在他们的心灵之中，"文革"基本上没有留下什么烙印，对思想解放运动也印象不深。而"文革"一代知识分子担纲的"文化热"却赋予了他们早年的人格底蕴。幸运的是,无论是留学西洋,还是在国内攻读硕士、博士学位,这代人都受过系统的专业训练,是又一轮的专家型学者。在上两辈学者指导下,他们目前所做的新知识范型的阐释工作,已经有了一些令人刮目相看的成果。到 21 世纪,中国文学或学术假如有可能形成新一轮高峰的话,这代知识分子将是颇有希望的主角。

透过上述对 20 世纪中国六代知识分子极为粗略的描述,我们可以发现在前三代与后三代之中,有一种有趣的历史轮回现象,或者说某种可比拟性。以新知识结构为例,第一代是过渡,第二代是开拓,第三代是陈述。类似的可比拟性还体现在知识分子的安身立命方面。一般说来,知识分子的安身立命可以表现为三种不同的人生关怀:社会(政治)关怀、文化(价值)关怀和知识(专业)关怀。这是三种不同层面的人生关怀,有着由显到隐、由外向内、由入世到出世的区别。作为任何一代和任何一个知识分子,这三种关怀都是有可能而且有必要同时具备的。然而,因为社会环境、时代风气和士人心态的不同,不同时代的知识分子往往会侧重于某个层面。对于 20 世纪中国知识分子而言,大致来说,第一代(晚清和十七年两代人)更多的是社会关怀,他们处于一个社会结构转变的前夜,考虑的重心是如何实现社会政治体制变革,因此政治意识比较强烈。而第二代(五四和"文革"两代人)更多的是文化关怀,他们对文化价值和道德重建的关心要超过对社会政治本身的关心,因此特别重视文化启蒙的工作,五四新文化运动和"文化热"都产生于第二代,并非历史的偶合。而第三代(后五四与"后文革"两代人)相对来说知识的关怀更多一些,他们已经注意到文学或学术自身的独立价值,不是在意识形态或文化价值的意义上,而是在文学或知识自身的立场上思考各种问题,因此第三代在社会和文化上的贡献远远不及前辈,但其知识的贡献却不可限量。

六代知识分子的兴亡更替,几乎浓缩地折射了20世纪中国的全部历史。每代知识分子都是一个很大的研究课题,值得历史学家去书写。不过,我以为,目前真正进入"历史"的还只是前三代知识分子,而后三代知识分子仍然参与着当今的社会生活和文化生活,自身还继续处于流变之中。他们尚未构成"历史",仍是"当下"的一部分。后三代知识分子,远未到盖棺论定的时候,他们只是文化评论的对象,而非文学史、思想史、学术史或心态史的研究对象。历史研究,总是以研究者与研究对象之间存在一定的时空距离为前提的,而这样的前提,目前暂时只适用于前三代知识分子。

所以，作为一个史学中人，我的下一步工作，仍然将围绕着前三代知识分子展开。尤其是五四与后五四两代知识分子的心态史，成为我个人特别关注的课题。我觉得，文学史、思想史或学术史所处理的主要是研究对象所留下的文本，是对文本本身的解读。但一个知识分子更深层的东西，比如他的心态人格、行为模式、个人无意识（乃至集体无意识）又岂是文本自身所能解读得了的！这就需要心态史的方法加以阐释，将表层的文本表述与深层的心理意识、内在的思想活动与外部的行为方式综合起来研究，进而对知识分子的历史有一个更深层的理解，有一个现代的阐释。这样的工作既吸引人，也富于挑战性，我愿意继续尝试着做下去。

04

重建社会重心

近代中国的知识分子社会

在漫长两千年的古代历史之中,中国士大夫作为四民之首,曾经是社会与国家的中枢,在朝辅助帝王共治天下,在野作为地方精英领导民间社会。士大夫阶层成为最有影响、举足轻重的社会重心。那么,到了现代以后,当传统士大夫逐渐自我演变为现代知识分子以后,其社会政治影响究竟是上升了,还是下降了? 是继续成为社会的重心,还是被社会边缘化了? 关于这些问题,近年来学界有不少讨论。其中,最有影响的当数余英时先生的《中国知识分子的边缘化》一文,①他所提出的 20 世纪的中国知识分子不断被边缘化的看法,得到了相当多的认同和回应。② 余先生的看法固然有其道理,道出了 20 世纪中国知识分子

---

① 余英时:《中国知识分子的边缘化》,《二十一世纪》(香港),1991 年 8 月号。
② 关于知识分子的边缘化问题,比较有价值的进一步研究有王汎森:《近代知识分子自我形象的转变》,载王汎森:《中国近代思想与学术的系谱》,联经出版公司(台北)2003 年版;罗志田:《近代中国社会权势的转移:知识分子的边缘化与边缘知识分子的兴起》,载罗志田:《权势转移:近代中国的思想、社会与学术》,湖北人民出版社 1999 年版。

下行的一般趋势，不过，我们也要注意到，这一下行趋势，并非知识分子的全盘溃败。相反地，现代知识分子比较起传统士大夫，在文化上的影响力不仅没有下滑，反而有很大的提升。

张灏先生在《中国近代思想史的转型时代》一文中指出："现代知识分子就其人数而论，当然不能与传统士绅阶层相比，但他们对文化思想的影响力绝不下于士绅阶层。……转型时代的知识分子，在社会上他们是游离无根，在政治上，他们是边缘人物（余英时的话），在文化上，他们却是影响极大的精英阶层。所以要了解现代知识分子，一方面我们必须注意他们的政治边缘性和社会游离性，另一方面也要注意他们的文化核心地位。"[1]事实上，这两种趋势在历史上乃是同时发生的：一方面是社会政治地位的下降，另一方面是文化影响力的提高。为什么这两种看起来似乎是悖论性的现象会同时发生？个中又有什么样的内在关联？为什么掌握了舆论权力的中国知识分子，最后依然被边缘化？——这些问题，正是本文所要讨论的。

---

[1] 张灏：《中国近代思想史的转型时代》，张灏：《时代的探索》，联经出版公司（台北）2004年版，第43页。

一　从"士绅社会"到"知识分子社会"

传统的中国社会，是一个以士大夫为中心的"四民社会"。"四民社会"如梁漱溟先生所说，乃是一个伦理本位、职业分途的社会。① 士农工商这四大阶层，形成了以儒家价值为核心的社会分层。与欧洲中世纪的封建社会不同，四民社会的等级分层，是上下之间有流动的社会分层，作为社会中心的士大夫阶层，通过制度化的科举制度从社会中选拔精英，保证了精英来源的开放性和竞争性，也维持了社会文化秩序的整合和稳定。

士大夫阶层，在古代中国的政治体系中，是帝国王权制度与社会宗法制度相互联系的中枢和纽带。其表现为两个方面：其一，士大夫阶层所信奉的道统——儒家价值观，既是帝国官方的政治意识形态，也是宗法家族社会共同的文化传统；其二，士大夫阶层（亦称为士绅阶层）一身兼二任也，在朝廷辅助君王统治天下，在乡野为道德表率和地方精英领导民间。以士大夫阶层为重心，古代中国的社会与国

---

① 参见梁漱溟：《中国文化要义》（第5、8章），《梁漱溟全集》第三卷，山东人民出版社1990年版。

家浑然一体，表现出有机的整合。

明代以后，这一以士大夫为中心的四民社会慢慢发生了一些变化：随着江南经济的发展和繁荣，商人的地位开始上升，虽然还是在士之下，但已经在农工之上。到了晚清，由于镇压太平天国和抵抗外国列强的需要，出现了地方士绅领导的私家军，本来一直被压抑的军人集团在乱世之中脱颖而出，渐渐成为左右中国政局的重要力量。伴随着军人和商人地位的上升，士农的位置急剧滑坡，特别是士大夫的核心位置，受到了严峻的挑战。在激烈的社会大动荡之中，四民社会逐渐解体。

不仅四民社会解体了，而且士大夫阶层也被彻底颠覆了。其中最重要的事件，乃是1905年科举制度的废除。在传统的四民社会之中，士大夫虽然不是世袭的贵族，具有阶级的开放性和流动性，但士大夫具有法律和文化规定的各种特权和威权，是礼治社会的精英和领袖。晚清以来所发生的"三千年未有之变局"，对于士大夫而言，无疑是自春秋战国以后的第二次礼崩乐坏时代，其所赖以生存、发展的社会文化秩序处于不断的解体之中。而科举制度的废除，乃是士大夫与过去那个赖以安身立命的文化和制度发生断裂的转折点所在。传统的秩序崩盘了，新的秩序尚待建立，在这历史上的第二次礼崩乐坏时代,士大夫以自己的思想和实践参与瓦解着旧的秩序,同时又被旧秩序抛离到社会,再次成为流落民间的自由流动资源。

读书人成为社会的游士,并非自 1905 年以后起。事实上,在科举废除之前,科举规模的日益扩大已经造成了大量过剩的功名人士。① 清代洋务运动和军事地方化所带来的城市社会结构的变化,为这些无法在传统仕途上发展的读书人开辟了新的拓展空间,诸如买办、商人、出版家、律师、医生、幕僚、军人等职业。即使没有功名,通过这些职业,一个读书人也同样有可能跻身权力高层。报人出身的王韬、买办出身的郑观应和幕府出身的薛福成,都是成功的例子。而到了晚清,这种现象已经不再是个案,而是具有相当的普遍性。

晚清的知识分子游士化,与春秋战国时代不同的是,这次知识分子不是从宗法封建政治关系中,而是从帝国和家族秩序中游离出来,成为下移到民间的游士。卡尔·曼海姆指出:现代以后,"知识分子从'上流社会'中解放出

---

① 根据陈宝良的研究,由于明代生员人数的大幅度增加,而仕途依然狭窄,游士化倾向在明中叶以后就开始出现。不第秀才或者做塾师,或者当儒医,或者做幕僚,或者经商,或者成为通俗文化的创作者。参见陈宝良:《明代儒学生员与地方社会》,中国社会科学出版社 2005 年版,第 325—326、499 页。

来，发展成为或多或少与其他阶层相分离的阶层，以及从所有社会阶级中得到补充，导致了自由的智力和文化生活的惊人繁荣"①。虽然知识分子失去了国家所赋予的功名，失去了法律上的政治和社会特权，但他们依然不是普通的平民，而是特殊的平民，依然是社会的精英。在这礼崩乐坏的大时代里，他们充满了忧患意识，肩负着"以天下为己任"的使命感。梁启超在《新民说》中说："今日谈救国者，宜莫如养成国民能力之为急矣。虽然，国民者其所养之客体也，而必更有其能养之主体。……主体何在？不在强有力之当道，不在大多数之小民，而在既有思想之中等社会。"②

梁任公所说的"既有思想之中等社会"，指的就是从帝国和家族秩序中游离到民间的知识分子们所组成的社会。这些知识人，虽然成为职业各不相同的游士，但他们并非互相隔绝的一盘散沙，而是有着一个紧密联系的社会文化网络。这样的社会文化网络，我称之为"知识分子社会"(intel-

① 卡尔·曼海姆：《重建时代的人与社会：现代社会结构的研究》，张旅平译，生活·读书·新知三联书店 2002 年版，第 83 页。
② 梁启超：《新民说·论政治能力》，《梁启超全集》第二册，北京出版社 1999年版，第 732 页。

lectuals society)。①

　　"知识分子社会"大约在 19 世纪末、20 世纪初晚清年间出现，到民国初年发展成型，差不多在张灏先生所说的"转型时代"（1895—1925 年间）发展起来。如同中国的知识分子从传统士大夫自我演化而来那样，"知识分子社会"的产生并非平地起楼，而是与传统的"士绅社会"有着历史的血脉联系。所谓的"士绅社会"（gentry society）这一概念，最早由费正清提出，②按照卜正民（Timothy Brook）的描述，"士绅社会"是一个由获得功名的精英主宰的社会，它处于由地方行政官代表的公共事务领域与个人及其家族的私人领域之间。③ 士绅与士大夫，指的是同样一群人，他们在传统中国都是享有国家功名的读书人，有着共同的儒家价值观，共同的文化趣味和社会地位。当称他们是士大夫时，主要强调的是他们在帝国内部的官僚职能；而当称他们是士

---

① "intellectuals"，在中国一般翻译为知识分子。但余英时先生认为所谓"分子"在中国的语境中含有贬义，"把'人'变为'分子'会有意想不到的灾难性的后果"。他强烈主张用知识人代替知识分子（参见余英时：《士与中国文化》，上海人民出版社 2003 年版，新版序第 2 页）。不过，在中国的语境中，知识分子这一概念已经成为约定俗成的一般概念。本文为行文的方便，在谈到"intellectuals society"时使用"知识分子社会"，在谈到"intellectuals"时则使用"知识分子"，二者的内涵是同样的。
② 费正清：《费正清论中国》，正中书局（台北）1995 年版，第 104—106 页。
③ 卜正民：《为权力祈祷：佛教与晚明中国士绅社会的形成》，张华译，江苏人民出版社 2005 年版，第 21 页。

绅的时候，则更多指的是他们在乡村社会作为地方精英的
公共职责。概而言之，汉唐时代的儒生们走的是往政治上
发展的上行路线，更多地体现为帝国的士大夫；而宋明以后
由于佛教和理学的内在转向，士大夫们从单一的上行路线
转而下行，注重民间的教化职能，从士大夫变为士绅。虽然
这些士绅拥有科举考试所正式赋予的国家功名，但他们的
权威更多地来自民间，来自儒家文化传统所形成的威权。①
由于传统中国的政治权力只达到县一级，在地方权力与乡
村社会之间，有很大的权力真空，这一权力真空正是由地方
士绅们所填补，形成一个具有自治性质的"士绅社会"。瞿
同祖指出："士绅是与地方政府共同管理当地事务的地方精
英，与地方政府所具有的正式权力相比，他们属于非正式的
权力。……他们是唯一能合法地代表当地社群与官吏共商
地方事务参与政治过程的集团。这一特权从未扩展到其他
任何社群和组织。"②

　　宋明以后，在政治权力之外所出现的"士绅社会"，具有
三个显著的特点。其一，这一社会具有相当的自主性。作

---

① 关于士绅的威权论述，参见费孝通：《中国绅士》，惠海鸣译，中国社会科学
　出版社 2006 年版，第 14—19 页。
② 瞿同祖：《清代地方政府》，范忠信等译，法律出版社 2003 年版，第 282—
　283 页。

为"士绅社会"中的精英，士绅们是一个具有共同价值标准、文化趣味、社会身份和法律特权的社会阶层。[①] 他们自身通过科举、书院、讲学等方式结合成一个内部的关系网络，拥有共同的文化资本，垄断了古代中国的知识资源——在中国这样一个礼治社会之中，文化和知识是最重要的威权来源。其二，"士绅社会"与中国基层社会有着非常内在的密切结合，镶嵌在乡村的家族宗法关系和城市的地域、邻里关系之中，通过乡约、乡学、社仓、赈灾、调解以及举办各种公共事业，士绅在乡村的公共生活和私人生活中扮演了不可缺少的地方精英角色。而在明清时期，随着城市商业化的成熟，一批中上阶层的士绅移居城市，他们又在城市的公共生活中延续了乡村社会的精英角色，有些研究者将由这些士绅所主导的城市生活视作为中国式的"绅士管理型的公共领域"。[②] 其三，"士绅社会"虽然具有自主性格，在管理城乡基层社会之中也具有自治的性质，但并不意味着与国家权力完全分离。相反地，中国的"士绅社会"与欧洲的"市民社会"不同，士绅们与国家权力有着经常性的密切互动。不

[①] 参见周荣德：《中国社会的阶层与流动：一个社区中士绅身份的研究》，学林出版社 2000 年版。
[②] 参见罗威廉：《晚清帝国的"市民社会"问题》、玛丽·兰钦：《中国公共领域观察》，载黄宗智主编：《中国研究的范式问题讨论》，杨念群等译，社会科学文献出版社 2003 年版。

仅他们的士绅身份来自国家赋予的功名,而且作为国家与民众之间的中介性精英,在一些情况下是国家权力向基层展开的非正式的延伸,在另一些情况下,又是作为乡土利益的代表,与国家进行利益博弈的讨价还价者。①

到 19 世纪中叶,借助平定太平天国叛乱的机会,地方士绅的权力从地方性的社会文化事务,扩展到拥有全国影响的政治军事领域。随着朝廷中央权力的逐渐衰落,地方士绅在新政和自治的制度化名义下,进一步扩展权力的基础,终于在辛亥革命中成为最大的获利者。晚清时期是"士绅社会"权力扩张的顶峰,同时也因为其过于政治化而导致自我瓦解:一部分士大夫直接转化为政治权力的掌控者而失去民间的身份;另一部分士大夫则在新式的建制之下蜕变为新式的知识人。在清末民初之际,传统的"士绅社会"渐渐自我转型为一个"知识分子社会"。

"士绅社会"与"知识分子社会"的最大区别首先是其主角的不同:从传统的士绅易为现代的知识分子。何为传统士绅,何为现代知识分子? 自然我们可以这样区分:前者有功名,基本是传统教育出身,而后者接受的是新式教育,以学校的文凭代替了科举的功名。然而,从历史演化的角度

---

① 参见瞿同祖《清代地方政府》,第 326—330 页。

来说,二者之间并没有一条明晰的界限。大致而言,晚清一代读书人,如康有为、梁启超、谭嗣同、严复、章太炎等,是从士大夫到知识人过渡的一代。而到五四时期,陈独秀、胡适、鲁迅,再加上更年轻的傅斯年、顾颉刚、闻一多等,则是比较纯粹意义上的第一代知识分子了——尽管作为第一代,依然继承了传统士大夫的许多精神和文化遗产。[1]

比较起身份和文化背景的转换,"知识分子社会"与"士绅社会"更重要的区别在于其内部建制的变化。刘易斯·科塞说:"只有现代社会提供了制度化条件,使一个具有自我意识的知识分子群体得以产生。"[2]张灏先生在《中国近代思想史的转型时代》中指出:晚清以后,在城市社会之中,渐渐出现了使现代知识分子得以形成的制度性媒介,这就是学校、传媒和结社。张灏将这三者称之为基础建构(infrastructure),即"知识分子社会"得以凭借的三个基础性的公共网络。[3] 1890 年代以后,随着新式的学堂、传媒和社团的出现,出现了一个"知识分子社会"。这一"知识分子社会"居于国家(上层的国家权力)与社会(下层的市民社会)之

---

[1] 关于中国知识分子的代际演化,参见许纪霖:《20 世纪中国六代知识分子》,载《中国知识分子十论》,复旦大学出版社 2003 年版。
[2] 刘易斯·科塞:《理念人》,郭方等译,中央编译出版社 2001 年版,第 5 页。
[3] 张灏:《中国近代思想史的转型时代》,张灏:《时代的探索》,第 37—42 页。

间，其中的角色不再是传统士绅，而是现代知识分子，其职业和身份是多元的：教师、编辑、记者、出版人、自由撰稿人，等等。他们不再像士绅阶层那样有统一的意识形态，也不再有国家科举制度所认同的正式身份。但正是这些职业与身份多元的现代知识分子，共同形成了一个知识生产、流通的文化交往网络。

传统中国是一个以儒家德性为中心的礼治社会，传统士大夫之所以在政治和社会上有影响力，不仅因为他们是礼治秩序中的道德表率，还因为他们掌握了礼治背后道德价值的解释权。这些道德价值具有超越的意义，是天的意志之体现。天德赋予人间心灵秩序和政治秩序之正当性权威，但天之意志在中国通过"二重权威"的方式得以展现：一方面是帝国的王权，天子秉承天意实现政治的统治；另一方面具有内在善性的心灵也有可能直接与天命相通，为天地立心。[①] 中国的士大夫们通过个人的心性修养所拥有的，正是那种以天理为中心的道德解释权。

晚清以后，在西方科学思想的催化和中国思想传统内部发酵的双重因素之下，传统的天理观逐渐演变为科学的

---

① 关于"二重权威"的论述，参见张灏：《幽暗意识与民主传统》，联经出版公司（台北）1989 年版，第 45—53 页。

公理观，以道德为中心的规范知识逐步让位于以科学为中心的自然知识。① 而能够掌握、控制这一新的科学知识的生产、流动和消费整个过程的，正是从传统士大夫那里蜕变而来的现代知识分子。现代社会是一个以知识为中心的社会，知识取代宗教和道德成为社会正当性的来源，同时也成为政治、文化和社会权力的渊源。知识的再生产，就是权力的再生产，知识分子在生产知识的同时，也不断强化着他们的文化权力。

在整个知识的生产和流通过程之中，学校和传媒是两个最重要的核心环节。知识分子控制了传媒和学校这两项核心资源，使其在文化和舆论上的影响力在晚清之后显著增强，比较起传统知识分子，有过之而无不及。这些掌握了知识和舆论生产、流通权力的知识分子，本身又是组织化的，形成了各种知识分子的社团共同体。于是，借助学校、传媒和社团这三个重要的建制性网络，具有多种身份和职业的知识分子形成了一个替代传统"士绅社会"的"知识分子社会"。

---

① 关于中国思想史上从天理观到公理观的转变，参见汪晖：《现代中国思想的兴起》，生活·读书·新知三联书店 2003 年版，第 1395—1409 页；关于从规范知识到自然知识的变化，参见费孝通：《中国绅士》，第 34—44 页。

二 "知识分子社会"的公共网络:学校、社团与传媒

晚清的思想家们如梁启超、谭嗣同等,都将学堂、报纸和学会,看作是开发民智和社会改革的三个最重要的途径。① 虽然他们不曾意识到这是即将出现的"知识分子社会"的基础性建构,但已经将之视为新式士大夫得以施展社会影响的重要管道。梁启超、谭嗣同的想法并非移植于西方,也不是凭空产生,而是来自晚明的历史遗产。前面说过,宋明以后,士大夫的重心下移,从庙堂转移到民间,在基层形成了一个"士绅社会"。在"士绅社会"之中,各级士绅们通过各种方式互相串连,形成了多个区域性乃至全国性的交往网络。到明代时,士大夫的交往网络已经发展到了空前的规模。明季士大夫不仅书院林立,讲学成风,结社也蔚成规模。② 晚明的东林党、复社这些士大夫群体之所以对

① 早在 1896 年,梁启超在《变法通议》和《论报馆有益于国事》中,就详细讨论了学校、学会和报纸的重要性,谭嗣同在《湘报后叙(下)》中明确表达了同样的观点,认为觉醒士民之道有三:一是创学堂,改书院;二是学会;三是报纸。

② 参见谢国桢:《明清之际党社运动考》,中华书局 1982 年版;吕妙芬:《阳明学士人群体:历史、思想与实践》,台北"中央研究院"近代史研究所 2003 年版;小野和子:《明季党社考》,李庆、张荣湄译,上海古籍出版社 2006 年版;罗宗强:《明代后期士人心态研究》,南开大学出版社 2006 年版。

朝野拥有影响,乃是因为拥有书院、讲学和结社这些公共交往的网络。

鉴于晚明士林气焰过于嚣张,清廷统治者吸取教训,严禁士大夫结社、自由讲学和民间书院的活动,清代的士气归于沉寂。到了晚清,当内忧外患再度涌现,中央王权逐渐式微之时,康有为、梁启超、谭嗣同这些在野士大夫试图重新担当挽救危亡的使命。赋予他们思想灵感的,首先不是域外的新学,而是明代先人留下的历史遗产。

从功能的意义上说,学校、报纸和结社,既是现代中国的公共网络,也是中国特殊的公共领域。现代中国的公共领域,与以市民社会为基础、以资产阶级为基本成员的欧洲公共领域不一样,其在发生形态上基本与市民社会无涉,而主要与民族国家的建构、社会变革这些政治主题相关。它们从一开始就是以新式士大夫和知识分子为核心,跳过欧洲曾经有过的文学公共领域的过渡阶段,直接以政治内容作为建构的起点。公共空间的场景不是咖啡馆、酒吧、沙龙,而是报纸、学会和学校。在风格上缺乏文学式的优雅,带有政论式的急峻。① 而这一切,恰恰与明代士大夫的书

---

① 参见许纪霖:《近代中国的公共领域:形态、功能与自我理解》,《史林》,2003年第2期。

院、讲学和结社有着非常密切的历史和精神联系。现代中国"知识分子社会"的公共网络，只有放在中国的历史文化脉络之中，才能理解其特殊的发展形态。

首先来看学校。中国的文化重心在历史上曾经有多次迁移。在春秋战国时代，文化的重心在私学，先秦的诸子百家都有自己的私家学校，以吸引门生。到两汉时期，文化的重心转移到太学，五经博士与帝国的官僚政治有着紧密的结合。魏晋南北朝贵族门阀崛起以后，文化中心转移到了世族，在黑暗混乱的中世，那些世家大族保留了中国文化的燎原火种。① 唐宋以后科举制度确立，虽然科举吸引了芸芸学子，但许多有识之士痛感科举制度害人，无法培养出儒家所期望的有德性、又有经世能力的人才，他们将三代的学校理想化，并按照这样的理想开设书院。书院成为宋明时代的文化重心。然而书院再繁荣，其影响力也毕竟有限。它并没有被建制化，虽然是士大夫公共交往的网络，但并非国家正式体制的一部分。只要有科举，一般读书人就会舍书院、奔仕途而去。有清一代，书院堕落为科举的附庸，而文

---

① 关于魏晋时代士族与文化的关系，参见田余庆：《东晋门阀政治》，北京大学出版社 2005 年版，第 270—278 页；唐长孺：《东汉末期的大姓名士》，收入《魏晋南北朝史论拾遗》，中华书局 1983 年版。

化世家特别是江南的文化家族成为学术文化的重心。① 直到 1905 年科举制度废除以后，学校才最终替代科举，成为国家建制所承认的培养精英的正式机构。从此，学校的文凭，特别是海外留学获得的洋文凭，替代了科举的功名，成为通向政治、文化和社会各种精英身份的规范途径。

胡适在《领袖人才的来源》一文中说："在我们这个不幸的国家，千年来，差不多没有一个训练领袖人才的机关。贵族门阀是崩坏了，又没有一个高等教育的书院是有持久性的，也没有一种教育是训练'有为有守'的人才的。五千年的古国，没有一个三十年的大学！"②胡适的这段话道出了一个事实：从古代到现代，中国文化的重心有一个从家族到学校的大转移。无论是太学时代，还是科举时期，学在官府，衡量文化和精英的标准也在朝廷，士人的独立性有限，哪怕有儒家的精神道统，也只有少数人才扛得住。宋明士人如此重视书院，原因亦在此。六朝隋唐时期士人之所以比较有力量，文化灿烂，乃是有世家大族的支撑，明清时期尚能保持一点学脉，也与文化家族有关。

---

① 关于清代的文化家族与学术文化的关系，艾尔曼（Benjamin Elman）作了很好的研究，参见艾尔曼：《从理学到朴学：中华帝国晚期思想与社会变化面面观》，赵刚译，江苏人民出版社 1995 年版；《经学、政治和宗族：中华帝国晚期常州今文学派研究》，赵刚译，江苏人民出版社 1998 年版。
② 胡适：《领袖人才的来源》，《独立评论》，第 12 号，1932 年 8 月 7 日。

晚清以后，传统家族逐渐衰落，但书院挟着欧风美雨的威力摇身一变为现代的学校，成为文化生产的重心。1904年的"癸卯学制"和1912年的"壬子癸丑学制"两次学制的大改革，奠定了现代中国学校的基本建制，从此，知识分子改变了依附于王权政治的历史，开始有了真正属于自己的独立职业空间。新式知识分子的职业化，带来了两个悖论性的趋势。第一个趋势是学校使得知识分子无论在身份上，还是心态上都获得了独立，不再像过去那样依附于朝廷王权。这一次的独立不仅是精神上的独立，仅仅靠一脉道统支撑自己，而是有了一块实实在在的社会地盘，有了自己独立的建制化资源。读书人自魏晋南北朝以后，再一次疏离仕途，获得了相对于王权的自由。但这一次，凭借的不是门阀世家，而是学校——真正属于知识人自己的社会建构。儒家追求了两千年的学统，到了20世纪终于找到了学校这一肉身，精神的灵魂终于获得了安身立命之地。

在现代中国，不须说教会大学和私立大学，即使是国立大学，国家权力的干预亦相当有限，大学有相当的自主性。大学的自主性又基本掌握在教授手中。学校拥有自身的文化标准和精英选拔标准。由于学校掌握了知识生产的核心权力，又将这套文化标准推广到社会，通过对商业精英、政治精英、知识精英和技术精英的培养，以现代的学统为网络,建立起一个遍布全国的精英网络,从而拥有了现代社会独一无二的文化权力。

然而,独立又是一把双刃剑,它也带来了另外一个趋势:独立以后的知识分子越来越游离于社会。当学院里的知识分子追求隔离的智慧,以学术为志业的时候,也就将自我放逐于社会之外。学院里的知识分子,可以与乡村没有关系,与所在的城市没有联系,也可以与政治隔离。从这个意义上说,他们选择了一种自我的边缘化。不少成为象牙塔人的知识分子,当成为某个专业的专家学者之后,不必再有社会担当。特别在乱世之中,他们如同魏晋时代的名士一般,清谈学术以自得。到 1930 年代,以国立大学和教会大学为中心,逐渐形成了一个半封闭的文化贵族群体。

传统的精英网络是以宗法血缘和地域关系为核心的。到了现代社会,由于原来的宗法家族系统的解体,精英的地域流动和社会流动加速,精英的关系网络认同转而以共同的教育背景,特别是学校出身为中心。比较起同乡、同宗,校友间更有一种内在的凝聚力,共同的师承关系、共享的校园文化和人格教育,使得校友之间有着更多的共同语言和感情认同。虽然传统的血缘和地缘关系内在地镶嵌在现代学统关系之中,然而到 20 世纪 20 至 30 年代,一个以现代学统为中心的等级性精英网络已基本形成。

在一个非民主社会之中，精英是社会中处于支配性地位的人物。在传统中国，察举制度、九品中正制和科举制度先后成为国家建制中的精英选拔机制。而科举废除之后，虽然不再有类似科举那样规范的精英选拔制度，但社会逐渐形成了一些非制度性的共识，将海外留学生和国内名牌大学毕业生视为上流精英。科举社会摇身一变为文凭社会。

在等级性的文凭社会之中，处于核心地位的是留洋归来的留学生，其中欧美留学生处于金字塔尖，留日学生次之。处于第二层次的是国内名牌学府毕业生。第三层次则是一般的公立和私立大学出身的学生。最后一个层次是专科学校毕业生。其中，上一个层次的毕业生通常在下一个层次的学校任教，逐渐形成了一个层次鲜明的师生网络。这一以学统为中心的知识人网络，替代了传统的以科举和书院为核心的同年、同门关系网络，渗透到行政官僚、商业金融、知识生产和公共传媒各个系统之中，具有不可替代的文化权力。

中国两千年来以儒家为中心的文官政治传统，使得政治不得不借助文化象征符号，才能获得其合法性。中世的士族门阀，凭借的是世家大族本身所拥有的文化优势，近世转为官僚政治以后，科举出身又成为士大夫最重要的文化象征资源。晚清科举废除之后，文化象征资源便出自文凭和学问。五四时期少年中国学会的领袖之一曾琦曾说，从前鄙视学问的政党，"现在因受战后潮流的震动，也渐渐地知道'学问势力'不可侮了"①。在民国时期，虽然政权大多掌握在新旧军阀手中，但从中国政治传统来看，这种仰仗武力的掌权却未必拥有政治的正当性。除了张作霖等个别土匪出身的军阀之外，不少北洋军阀和国民党军阀对读书人还是相当尊重的，并争相延揽人才，以获得士林精英的好感。现代中国的大学，有点像战国时代齐国的稷下学宫。稷下学宫也是国立的，是齐宣王为了争取霸业而供养人才的场所。那些"不治而议论"的稷下先生们，一方面自由讲学，一方面自由议政。与秦的博士不一样，他们不是吏，而是师，与君王之间不是君臣关系，而是介于师友之间。② 同样，在民国头二三十年，由于权力中心像战国时期那样一直不稳定，各路政治势力纷纷礼贤下士，招徕人才。不要说政治势力，连杜月笙这样的地方青红帮头目，都注意私门养客，善待文人。特别是 1930 年代以后，国民政府用人逐渐改变过去任用私人的混乱局面，开始讲究学历和文凭，海外

---

① 曾琦：《留别少年中国学会同人》，《少年中国》，第 1 卷第 3 期，第 54 页。
② 参见余英时：《古代知识阶层的兴起与发展》，《士与中国文化》，上海人民出版社 1987 年版，第 56—67 页。

留学生和国内名牌学校出身的知识分子，在国民政府内部
所占比例越来越高。①

　　学校是"知识分子社会"的中心，经过近半个世纪从洋
学堂到现代大学的教育转型，到 1930 年代前后，中国逐渐
形成了一个半封闭的知识精英阶层。这一精英阶层的标志
是接受过国内外大学的高等教育，拥有现代大学的文凭。
之所以称为半封闭，乃是因为虽然从理论上来说，新式高等
教育对所有阶级开放，但由于其成本比传统的科举教育高
得多，一般的贫寒弟子难以承受。在传统科举中，由于考试
科目相对简单，对底层读书人未必构成致命的障碍。② 科举
从某种意义上说是反门第的，是门第的敌人。然而，晚清以后
兴起的新式教育增加了教育的成本，无论是声光化电，还是人
文博雅教育，无论是学费还是素质培养，成本都非常高。尤其
是出国游学或者进国内的名牌大学求学，通常只有家境比较

---

① 根据统计，民国初年国会议员及两大政党的重要党员和职员都是留学生，
　但留日者居多。而在国民党政府内阁官员中，留美的超过留日的。1948 年
　198 位国民党大员中，留美 34 人，留欧 22 人，留日 32 人。在学界，留学生
　也占了可观的比重。到 1936 年，中国专科以上学校教职员 44％是留学出
　身。参见王奇生：《中国留学生的历史轨迹：1872—1949》，湖北教育出版社
　1992 年版，第 200、214、271 页。
② 关于新式教育的成本问题，参见罗志田的研究：《数千年中大举动：科举制
　的废除及其部分社会后果》，《二十一世纪》(香港)，2005 年 6 月号；《科举制
　废除在乡村中的社会后果》，《中国社会科学》，2006 年第 1 期。

好的家庭才能负担得起。而过去，家族承担了读书人的教育成本，也期待着中举以后的回报。然而，五四以后，家族意识在农村逐渐式微，新式教育培养的人才也未必会给家族带来实际利益，因此能够游学海外或受到名校教育的，大多来自殷实人家。贫困家庭的子弟，往往只能就读地方的师范学校，被排斥在主流精英层之外。这些师范生或者作为地方精英，在乡间施展影响力；或者流落到上海，成为城市的波希米亚人；或者甘居社会边缘，成为主流体制的反叛者。

新式教育的门第化趋势，到民国年间已经十分严重，竺可桢在1936年出任浙江大学校长后指出："今日高等教育，几全为中等阶级以上子弟所独享。中人之产，供给子弟毕业高中已甚艰辛，至于大学学生，每年非三四百元，不敷应用。即如江苏富庶甲于全国而据该省统计，居民每年收入在90元以下者，占66%，浙江尚不及此数。则因经济关系，不能享受高等教育之子弟，实占全数90%以上。埋没人才，至为痛惜。"①而外出留学的，阶级分野更严重。由于官费留学逐年减少，有实力到国外尤其是英美留学的，大多是富家子弟。② 据统计，1946年度留学生考试录取生的家庭职业

---

① 竺可桢：《浙江大学设置公费生》，《申报》1936年5月9日。
② 参见周荣德：《中国社会的阶层与流动：一个社区中士绅身份的研究》，第44页。

中，商人占比 32％，家居 16％，官员 14％，教师、医生 13％。这四项加起来占比达三分之二。[1]

现代的文化家族研究表明，凡是能够跻身上层精英阶层的，大都是文化世家，即三代以上有功名，有一定经济实力，书香门第，世代相传。事实上，即使在明清的科举制度下，真正的仕途上占据优势者也是那些文化世家。这些文化世家，特别是居于开风气之先的沿海一带的文化世家，在晚清民国的新式教育背景下，比之传统的科举教育显现出更明显的优势，并得以延续传承，如浙江吴兴的钱氏文化家族就是一个典型的例证。[2] 不过，现代的知识生产主体已经从传统的文化家族转移到了大学。大学不仅生产知识，而且通过等级化的文凭，参与了社会阶层的生产与再生产。一定的大学毕业生总是与一定的社会阶层有着固定的、制度化的联系。叶文心的研究表明：晚清、民国期间上海不同层次的大学所培养的学生与社会的分层制度有关，顶尖的教会大学圣约翰大学培养的是金融、工商业的上流人士，复

---

[1] 王奇生：《中国留学生的历史轨迹：1872—1949》，第 171 页。

[2] 邱魏曾经研究过浙江吴兴的钱氏家族，从第一代的钱振伦、钱振常兄弟中式进士，到第二代的钱玄同、第三代的钱三强，这一家族的发展脉络清晰地展现了从传统士大夫家族向现代知识分子家族的转变。参见邱魏：《吴兴钱氏家族研究》，浙江大学历史系博士论文，2005 年，未刊稿，收录于中国优秀博硕士学位论文全文数据库。

且公学、中国公学等私立大学的毕业生更多地进入中产阶级的队伍。[1]

　　大约到 1930 年代，以国立大学和教会大学为中心，中国社会之中渐渐形成了一个半封闭的学术贵族阶层，他们大都出身于文化世家，在海内外接受过良好的新式教育，其中很多人是留学海外的留学生。他们有很高的工资收入，[2]有着比收入更体面的文化地位和社会地位。他们学贯中西，谈吐文明，教养深厚，对西方和中国的高级文化和文化传统有着深刻的了解和体验，在融合中西文明的基础上形成了一个现代的精神贵族传统。这一新式知识贵族不必像过去那样依赖家族门阀或王朝官学，他们有了大学这一独立的生存空间和文化空间，在这与世隔绝的象牙塔中，拥有相当的自主权。

　　大学内部的学者们不屑与政治、社会共舞，保持着精神贵族高傲的冷漠。但是，现代中国大学的渊源可追溯至古代的学校传统，其不仅是纯粹的知识和现代人才的生产场所，同时也是公共舆论的空间。这一传统源于传统士大夫

---

[1] 参见叶文心：《民国时期大学校园文化(1919—1937)》，冯夏根等译，中国人民大学出版社 2012 年版。

[2] 关于 1930 年代大学教师的工资收入，参见马嘶：《百年冷暖：20 世纪中国知识分子生活状况》，北京图书馆出版社 2003 年版，第 65—163 页。

对三代学校的想象——试图将学校理解为一个代表公论、制约王权的士大夫公共机构。为晚清和民国的知识分子所再三推崇的黄宗羲的"学校"论，就为现代的大学提供了历史的自我理解。黄宗羲所设想的"学校"，是独立于王权和官僚的公众舆论机构，是"天下是非"的仲裁之地。其领袖与成员，不是由朝廷选派产生，而是由士大夫通过自身的公议推举和更换。"学校"是民间机构，但又对权力中心拥有制度性制约。每月初，皇帝必须率领文武百官到"学校"，像弟子一般坐在下面，听取"学校"的学长讲学。该学长由"当世大儒"担任，地位与宰相相等，若政治有缺失，他可以当着皇帝和宰相的面直言批评。天下之是非，不是产生于朝廷，而是学校："天子之所是未必是，天子之所非未必非，天子亦遂不敢自为非是，而公其非是于学校。"[①]

这一东林书院式的学校范式，在中国公共领域的历史建构之中，曾经发挥过非常革命的作用。但民国成立以后，按照西方的学科体制所建立起来的大学体制，为了保持大学纯粹的学术传统，防止过于政治化、意识形态化，公共领域的功能有所削弱。蔡元培、蒋梦麟、胡适等几任北大校长，都对大学的过度政治化有所警惕。不过，作为传统士大

---

① 以上有关黄宗羲的思想，均见《明夷待访录》中的"学校篇"。

夫的精神传人，他们希望大学所培养的人才，不仅具备现代的知识，还应具有以天下为己任的担当精神。大学虽然不直接生产公共舆论、代表公共良知，却有责任为公共舆论和公共良知提供知识的基础和理性的能力。

"知识分子社会"的第二个网络是社团。大学为现代知识分子所提供的是知识生产的基本生存空间，但知识分子的组织化和社会文化实践，却是通过各种社团而实现的。

根据阎步克的研究，传统中国的士大夫除了士族这一社会基础之外，还有士林这一公共空间。在东汉年间，士林有两个中心：一是以跨地域的太学为中心，二是以大名士的个人声望为号召，成为各地士人凝聚的中心，形成士大夫的交往网络。[1] 不过，传统的士大夫是一个具有共同价值观、文化趣味和社会身份的阶层，虽然在历史上由于地域、利益和经学内部学派的差别被分为不同的群体，但长期的"君子群而不党"的观念和王权对士人结社的限制，使得士大夫阶层无法以建制化的方式组织起来。[2] 不过，宋代以后，朋党的观念有所改变。欧阳修说："君子以同道为朋，小人以同

[1] 参见阎步克：《帝国开端时期的官僚政治制度——秦汉》，载吴宗国主编：《中国古代官僚政治制度研究》，北京大学出版社 2004 年版，第 76 页。
[2] 参见陈宝良：《中国的社与会》，浙江人民出版社 1996 年版。

利为朋。"①明中叶以后，东林党自认代表天下舆论，通过书院网络形成了一个迥异于传统朋党的、有着共同政治信念的同志式团体。晚明的士大夫结社成风，形成了对抗朝廷的非常大的民间压力。② 从各方面来说，晚清所继承的正是晚明的精神遗产，士大夫结社又起狂澜，梁启超在《变法通议》中说："今欲振中国，在广人才；欲广人才，在兴学会。"③根据张玉法的统计，从强学会封闭到戊戌政变之前，全国成立的重要学会有 62 个，发起者基本上都是新式士大夫。④

值得注意的是，现代知识分子的社团是在儒家文化传统崩溃的大背景下形成的。当士大夫所共同拥有的思想框架解体，在新式知识分子内部，首先发生的就是意识形态的分裂。一方面，知识分子通过结社而自我组织起来，形成了政治权力无法控制的士林；另一方面，由于缺乏共同的宇宙观、价值观和知识背景，这一士林又分裂为互相冲突的意识形态团体。现代知识分子通过结社组织起来，又因为结社而相互冲突、自我分裂，形成了一种悖论性的现象。

现代中国知识分子的共同体，基本上以各种政治和文

---

① 欧阳修：《欧阳文忠公集》卷一七。
② 参见小野和子：《明季党社考》；谢国桢：《明清之际党社运动考》。
③ 梁启超：《变法通议》，《梁启超全集》第一册，第 28 页。
④ 张玉法：《清末的立宪团体》，台湾"中央研究院"近代史研究所 1971 年版，第 199—206 页。

化的意识形态为基本分野,比如五四时期的新青年、新潮社、改造派、学衡派和少年中国学会等。但是,也可以发现在那些知识分子社团内部,传统的地域和现代的学缘关系同时发挥着重要的凝聚作用。比如新青年早期群体基本上都是安徽籍的知识分子,国家主义派的核心成员曾琦、李璜等都是四川人;现代评论派的核心是留英学生,学衡派的主要成员都出身于哈佛等。现代的意识形态认同、现代的学缘关系与传统的血缘、地缘关系相互镶嵌,构成了复杂的人际交往网络。

现代中国的知识分子社团,或许是受到传统的"君子群而不党"的影响,他们很少以正式的团体名义出现,通常以同人刊物为中心,形成一个松散的、志同道合的同仁共同体。从五四时期到1940年代,胡适组织过多个同仁共同体,都是以同仁刊物为中心:20年代的《努力周报》、30年代的《独立评论》、40年代的《独立时论》。① 之所以不愿正式结社,而以同仁刊物为中心,乃是因为胡适等人对政治的态度是一种"不感兴趣的兴趣",不是具体的政治参与,而是通过公共的舆论影响社会和政治。

---

① 独立时论不是一份刊物,而是系列文集。1945年以后,胡适麾下的一批北大自由主义同仁相约,为各报纸刊物撰稿,最后结集成书出版,形成了团体的影响力。

　　知识分子社团的舆论影响，通过公共传媒得以实现，而公共传媒是"知识分子社会"中，除了学校之外最大的公共网络。

　　现代传媒不仅控制了知识的传播与消费，而且生产与再生产现代社会的公共舆论，而后者正是公共权力的合法性来源。现代中国的公共舆论，无疑是报纸、杂志、书籍这些现代传媒的产物，按照哈贝马斯的经典论述，它们是现代社会的公共领域。中国的公共领域，假如与欧洲的历史比较，有许多非典型的形态，甚至可以判定其不成为公共领域。不过，假如将其放在中国自身的历史脉络里面来看，可以发现其自有渊源所在。公共传媒虽然是到现代才出现的，但作为政治合法性基础的公共舆论，却是历史悠久。如今被称为公共舆论的，在传统中国叫作清议，它是士大夫的专利。士大夫的清议传统，最早恐怕是春秋时期的"乡校"，那是贵族社会中众人议政的公共空间。子产不毁"乡校"，乃是对古代清议的一种尊重。① 战国时期齐国创立的稷下学宫，那些被君王养起来的稷下先生"不治而议论"或"不任职而论国事"，也是一种清议。秦代所设的博士，其职掌是

---

① 据史书记载，子产对"乡校"表现出统治者的宽容："夫人朝夕退而游焉，以议执政之善否。其所善者，吾则行之。其所恶者，吾则改之，是吾师也，若之何毁之？"（《左传》，襄公三十一年）

"通古今，承问对"，与"不治而议论"大体相同。① 西汉年间，清议传统表现为乡议，乃是察举制度下考察选拔地方精英进入政治系统的基本依据。到东汉年间，大批士大夫云集京城，在太学里面议论国是，这些太学生的言论形成了对朝廷压力非常之大的清议。清议乃是与朝议相对，可以视为民间的批判言论。②东汉的清议就其批判性而言，足与现代的公共舆论媲美。然而，由于太学依然是在王权体制之内，太学生的身份亦官亦民，这使其民间色彩打了一些折扣。到明代中晚期，王学讲学之风的盛行、东林书院的崛起，使得真正意义上的民间清议出现了。各地纷纷出现的书院、讲会和结社，正是明季士大夫清议的建制化基础。赵园在《明清之际士大夫研究》一书中分析说，清议强调的是言论的合道德性，往往突出其非官方性质，清议是由士人议论构成的言论场。虽然清议不能等同于士论，但"在舆论的造成中，士的主导作用是显而易见的——'民论'接受'士论'的'导向'"③。

在明代，清议也叫公论，很接近现代的公共舆论。之所以被称为公论，乃是因为在激进的王学左派们看来，君主不

① 参见余英时：《中国知识人之史的考察》，《士与中国文化》，上海人民出版社2003年版，第611页。
② 参见陈宝良：《中国的社与会》，第35、56页。
③ 参见赵园：《明清之际士大夫研究》，北京大学出版社1999年版，第209、212—213页。

能代表公，只代表一家一姓王朝之私。而公论者，出自人心之自然，所以君主不能夺匹夫之思想。匹夫之想法，乃真诚之见，是天下是非的标准。[1] 如东林党领袖顾宪成所说："是非者，天下之是非，自当听之天下。"[2]士大夫的公论，被看作可维系人心之本和国家之元气，因此士大夫最应在清议上着力。如果士大夫不主持清议，那么清议就必会出于匹夫匹妇之心，游谈处世之口。[3] 明代中后期是民间士大夫最活跃的时期，也是公共舆论空前高涨的年代，"处士横议，品核公卿"成为晚明的一大景观。

晚明士大夫的精神遗产到晚清被重新发扬光大，书院演化为现代的学校制度，讲学变迁为现代的传媒，而结社光大为现代的知识分子社团。这些都是"知识分子社会"得以形成的制度化条件。其中最重要的革命性事件，乃是公共传媒的出现。明季王学士人的讲学，还是局限在士人圈里面，尽管有面向民众的讲会，亦有限。然而，晚清所出现的以报纸为中心的公共传媒，以前所未有的现代传播方式，将本来仅仅属于士林内部的清议，放大为影响全国的公共

---

[1] 参见沟口雄三：《中国前近代思想的演变》，索介然、龚颖译，中华书局 1997 年版。

[2] 顾宪成：《顾端文公遗书·自反录》。

[3] 参见沟口雄三：《中国前近代思想的演变》；小野和子：《明季党社考》。

舆论。

现代公共传媒的出现,与印刷文化有着密切的关系。现代报纸的前身是邸报,有研究表明,明末士大夫的结社与邸报大有关系。邸报成为社会舆论传播天下的重要媒介。[1]到了晚清,邸报逐渐演变为民间的《京报》,由民间的书坊印制。由官方的邸报到民间的报纸,其影响力从中上层的士大夫,逐渐向民间的一般知识公众扩展。之所以如此,乃是与不断改进的印刷业提供了技术基础有关。报纸的出现,使得分散在各地的士人们有可能聚合为现代的公众群体,形成一个"想象的舆论共同体"。

查尔斯·泰勒(Charles Taylor)认为:公共领域有两种形态:主题性的公共空间和跨区域的公共空间。前者是指区域性的集会,公众以共同关心的主题聚集在一起,那是一个有形的空间,比如沙龙、酒吧、广场、街道、学校、社团等。而跨区域的公共空间,则是包括报纸、杂志、书籍和电子传媒在内的公共传媒,它们是一个无形的、想象性的舆论共同体,以共同的话题将分散在各地乃至全世界的陌生人,结合为现代的公众。按照查尔斯·泰勒的看法,公共领域的参

---

[1] 参见王鸿泰:《社会的想象与想象的社会:明清的信息传播与"公众社会"》,载陈平原等编:《晚明与晚清:历史传承与文化创新》,湖北教育出版社2002年版,第133—145页。

与者不一定是哈贝马斯所说的资产阶级，而是一群有着共同主题的陌生人。他们形成了想象的共同体，是现代社会想象的一部分。①

在晚清中国，当出现了《申报》《新闻报》这样的公共传媒，特别是 1896 年出现了《时务报》这样以舆论为中心的现代公共领域之后，②以公共舆论为中心的"知识分子社会"才拥有了可能性基础。报纸不仅传播现代知识，也是事实真相和公众舆论的生产者。现代的公共舆论从其自我理解来说，从传统的清议演化而来，但清议只是在士大夫阶层内部，并不是面对社会公众的。而现代的公共舆论是意识形态，对社会公众有着直接的动员作用，影响非过去的清议所能比肩。

所谓的社会公众，并不是一个客观的、固定的存在，他们是被现代传媒和公共舆论建构起来的，是一群流动的、临时的、想象性的人群，比如阅读公众、戏剧公众、文学公众等。③ 参与公共舆论的知识精英在大多数的时候，其实并不

---

① 参见 Charles Taylor, *Modern Social Imaginaries*, Durham and London: Duke University Press, 2004。

② 根据作者本人的研究，《时务报》的诞生可被视为中国公共领域出现的标志性事件，参见许纪霖：《近代中国的公共领域：形态、功能与自我理解》，《史林》，2003 年第 2 期。

③ 参见卡尔·曼海姆：《重建时代的人与社会：现代社会结构的研究》，第 80—81 页。

与大众直接接触，他们只是通过公众而影响大众。与宋明时期的士绅不同，现代中国知识分子的启蒙其实并不是直接面对底层民众，而是通过传媒所连接起来的知识公众，是在特定的公共空间之中所聚集起来的各个阶层的知识人。而这些公众，即报纸的读者，通常是底层的士绅和新式知识分子。与此相对应，全国的大报、地方性报纸以及面向基层的白话小报形成了一个等级性的传媒网络，它们各自面对的公众也是不同的。这一公众中的大部分，其实就是中国"知识分子社会"中的等级性网络的一部分。启蒙者与被启蒙者，处于一个相对的位置：全国性大报的读者，可能是地方报纸的作者；而地方报纸的读者，又可能成为家乡小报的作者——公众就这样一层层蔓延展开，形成一个以上海和北京为中心、以中等城市为中介、最后遍布全国城乡的知识分子公众网络。而这一网络，正是通过公共传媒的"想象的舆论共同体"建构起来的。

钱穆先生说：中国士绅的影响，一在清议，二在门第。[1]到了现代，清议演变为公共媒介和公共舆论，门第嬗变为学校和文凭。无论是公共舆论还是学校出身，都成为现代社会公认的建制化力量。知识分子也通过传媒和学校，构建

---

[1] 钱穆：《再论中国社会演变》，载《国史新论》，东大图书公司（台北）1989年版。

了一张等级性的、遍布全国的文化权力网络。而知识分子的各种社团和同仁刊物，则成为这张文化权力网络的网结点。这些网结点似乎没有中心，彼此联络的人脉网络也各有交叉，却使得这张文化权力网络实实在在地形成为一个整体，同时又互相对抗、平衡和抵消。不管如何，这一正在崛起的"知识分子社会"在现代中国社会获得的文化影响力，是过去难以想象和比拟的，从晚清到 1930 年代，达到了一个空前绝后的程度。传统中国政治的"二重权威"之中知识分子所拥有的道统权威，如今因为拥有了相对独立的学校、传媒和学会这三大"基础建构"，而变得空前的强大。这令掌握枪杆子的军阀、把持政权的政客官僚、拥有金钱的财团和握有底层势力的秘密社会，都不得不对知识分子有所借重，将其奉为上宾。

现在的问题在于，既然现代中国知识分子的舆论影响力和文化权力如日中天，空前膨胀，为什么他们最终还是无法成为社会的重心，反而衰败下来了呢？

三　为何重建社会重心失败？

从晚清到民国，知识分子在社会中的影响力，大致经历了两个阶段。第一个阶段是 19 世纪末到 1920 年代末，是知识分子影响力的上升时期。在这一时期，知识分子借助大学、传媒和各种社团的公共网络，与城市资产阶级一起建构了一个足以与中央权力平行抗衡的民间社会。第二阶段是1930年代初到1940年代末，是知识分子影响力的下降时期。关于第一个阶段的情况，前文已经有较多的论述。而1930年代以后，之所以知识分子影响力开始下降，与政治权力的变化有关。在晚清，由于清廷在各种内忧外患之中权力逐渐衰落，地方势力日益崛起，加之上海等通商口岸城市多种政治权力并存，导致社会重心不断下移。民国的头二十年，北洋政府和继之而起刚上台的国民政府忙于军阀内战，缺乏权力中心，无暇顾及社会的自主发展。1930年代以后，随着蒋介石领导的南京国民政府一一击败各路军阀，中央权力逐渐稳固，也开始加强对社会各个领域的渗透和控制。特别是1940年代以后，政府以战时集权为名，控制更加严密。虽然战后的一段时间，知识分子的舆论影响一度强劲反弹，但终究只是昙花一现。最后，曾经是那样生气勃勃的"知识分子社会"，被战争、内战和革命所彻底摧毁。

1932年在九一八事变周年之际，胡适写了一篇《惨痛的回忆与反省》，文中以沉痛的口吻，反省了中国为什么现代以来如此不中用，民族自救运动屡屡失败。胡适指出，其中一个大困难"就是我们的社会没有重心"。日本明治维新以后一直没有失去社会重心，但在中国，"我们把六七十年的光阴抛掷在寻求一个社会重心而终不可得"①。在传统中国，士大夫是中国社会和政治的中枢，现代以后的知识分子通过学校、媒体和社团的力量，试图重建社会的重心，之所以功亏一篑，不是仅仅用外部政治权力的变化便可解释的。我们要追问的是，现代以后知识分子不再成为社会重心的内部原因究竟是什么？与士大夫到知识分子的自我转型，有什么内在的关联？

我们在上文已经分析过，在科举制度废除以后，在从士大夫向知识分子转型的历史过程中，同时出现了两种相反的趋势。其一是知识分子的中心化。社会的重心从乡村转移到城市，知识精英大批城居。他们控制了教育和传媒这两个重要的知识和信息平台，拥有了独立的知识空间和文化空间。通过批判性的公共舆论，知识分子的文化权力达到了前所未有的高峰。其二则是知识分子的自我边缘化。正是独立性，使得现代知识分子失去了传统士大夫与地方社会和国家政治的那种内在的制度性联系，他的文化权力变得虚拟起来，仅仅以一种话语的方式而存在。无论是对

---

① 胡适：《惨痛的回忆与反省》，《胡适文集》第 5 册，北京大学出版社 1998 年版，第 382 页。

社会的启蒙,还是对政治权力的影响,都是如此。由于不再
拥有与社会和国家的体制性联系,又缺乏市民社会的有力
支撑,现代中国知识分子的公共领域,虽然曾经不可一世,
最终却孤军作战,沦为边缘群体。

在传统中国,士大夫不仅与地方社会和帝国政治有着
内在的制度性联系,而且由于其内部有共同的儒家宇宙观、
价值观和伦理观,士大夫集团也形成了一个意识形态的共
同体。然而,科举制度废除之后,知识分子虽然组成了一个
拥有文化权力的"知识分子社会",却出现了一种内外断裂
的局面:在其外部,独立了的现代知识分子与中国社会逐渐
分离,失去了文化之根和社会之根;而在其内部,因为失去
了共同的信仰、价值和意识形态,知识分子不再是一个统一
的群体,不仅意识形态发生了分裂,而且城市精英与乡村精
英之间也失去了有机的联系。①

到 19 世纪末,随着沿海通商口岸城市的崛起,大量的
新式学堂出现在城市中。无论是要接受新式教育,还是谋
求新的发展空间,士绅们都不得不往城市迁移。知识精英
的城居化成为一种不可扭转的趋势。如前所述,传统士绅

---

① 关于晚清城市知识分子与农村精英的疏离,杨国强有非常精彩的研究。参
见杨国强:《20 世纪初年知识人的志士化与近代化》,载许纪霖编:《20 世纪
中国知识分子史论》,新星出版社 2005 年版,第 162—173 页。

之所以有力量，乃因扎根于土地，与世家大族和地方网络有着密切的血肉联系。晚清以后，精英大量城居化。移居城市以后的知识精英，逐渐与农村产生了文化、心理乃至关系上的疏离。有研究表明，在城市发展的新式文化家族对宗族和家乡的认同感日益淡薄，比如吴兴的钱氏家族中的第二代钱玄同就是如此。即使是留在乡村的士绅，也大量移居县城，对村庄事务不再关心。①

以城市为中心的现代知识精英，特别是海外归来的顶尖精英，谈起西方来如数家珍，讲到中国农村时却一无所知，可以说是面向海外，背对乡村。晏阳初批评说："一般留法留美留英的博士，没有认识到中国的问题是什么，空口讲改革，没有到实际的生活中去做工作，所以终于找不着实际问题。"②一般知识分子来到城市以后，就不愿再回农村。早在五四期间，李大钊已经注意到这个问题，他说："一般知识阶级的青年，跑在都市上，求得一知半解，就专想在都市上活动，却不愿回到田园；专想在官僚中讨生活，却不愿再去

①　参见丘巍：《吴兴钱氏家族研究》，第 19 页，浙江大学博士论文，2005 年，未刊稿；邓若华：《二十世纪前期常熟地方精英考察》，华东师范大学历史系硕士论文，2004，未刊稿。均收录于中国优秀博硕士学位论文全文数据库（http://ckrd.cnki.net/grid20/Navigator.aspx? ID＝2）。
②　晏阳初：《农民抗战与平教运动之溯源》，载宋恩荣主编：《晏阳初全集》第一卷，湖南教育出版社 1989 年版，第 536 页。

工作。久而久之,青年常在都市中混的,都成了鬼蜮农村中绝不见智识阶级的足迹,也就成了地狱。"李大钊号召青年"赶紧收拾行装,清结旅债,还归你们的乡土"。[①] 不过,好不容易走出乡村的知识分子,还回得去吗? 即使愿意回去,也困难重重。1930 年代吴景超在谈到知识分子下乡难的问题时说,乡村中缺乏适合知识分子的职业,乡下也缺乏研究学问的设备,乡村中物质文化水平太低,不能满足知识分子生活上的需要,而最亲近的家庭宗族、亲戚朋友也都不希望他们回乡。这些都是知识分子不肯下乡的原因。[②]

即使像梁漱溟、晏阳初、陶行知这些致力于乡村建设、乡村教育的知识分子,也不再有当初士绅们回到故里那种与乡村水乳相融的感觉。对农民来说,这些城市读书人是外在于乡村生活的外面人,无论是他们的知识、语言,还是生活方式和趣味,都与农民格格不入。传统士绅与宗法乡村的文化一体化已经荡然无存,剩下的只是难以跨越的文化隔阂和城乡断层。难怪当年梁漱溟要感叹:我们搞了多年的乡村建设,"号称乡村运动而乡村不动"。[③]

---

① 李大钊:《青年与农村》,《李大钊全集》第三卷,河北教育出版社 1999 年版,第 181—183 页。
② 吴景超:《知识分子下乡难》,《独立评论》第 62 号,1933 年 8 月 6 日。
③ 梁漱溟:《我们的两大难处》,《梁漱溟全集》第二卷,山东人民出版社 1990 年版,第 573 页。

　　科举制度废除以后，大批士绅流向城市，乡村的"士绅社会"开始解体。同时，也使得本来比较明确的地方精英身份变得暧昧起来。地方精英指的是地方舞台上具有支配力的个人和家族。它比士绅的概念大得多，具有较多的异质性，包括有功名的士绅，也包括马克斯·韦伯所说的长老，以及各种职能性精英，如绅商、商人、士绅经纪人，以及民国时代的教育家、军事精英、资本家、土匪头领等。

　　在这里，我们可以看到，科举废除以后的地方精英，已经从过去比较同质的绅士阶层蜕变为多元化的异质群体。而且不同的省份、地域中的地方精英差异非常大：有些地区还是以传统的士绅为主，有些地区商人占了相当的地位，而有些地方是有能力维持地方秩序的强人占据主导。在江南地区，承继江南士大夫文化的历史惯性，科举废除以后的江南地方士绅虽然不一定都有功名，但社会要求他们要有比较高的文化修养：诗书琴画、文物鉴赏等，才是获得体面的重要标志；①在云南地区，传统的乡绅还是存在，但大地主和地方政客替代了旧式学者；②而在河南地区，民国时期的地方精英主要是一些有能力领导地方民团抗击土匪的人，而

---

① 参见邓若华：《二十世纪前期常熟地方精英考察》。
② 参见周荣德：《中国社会的阶层与流动：一个社区中士绅身份的研究》，第5页。

不再是受过教育、有财富的人。他们高度依赖暴力的力量。张信对河南的研究表明：民国以后地方的权力从传统的精英那里，转移到了具有不同个人背景、有能力利用当时动荡不安的社会局势增强其在共同体内部影响力的人物手中。而地方自治为这些新精英的崛起提供了适当的机会。①

　　科举废除以后的地方精英，虽然与传统的士绅有千丝万缕的历史文化联系，但已经发生了很多变化。根据邓若华对江苏常熟地区 20 世纪前半期地方精英的研究，民国的地方精英与传统士绅相比较，他们的精力开始更多地转向对财富地位的追求，而不是提升自己的品行和修养；地方精英开始职役化，更多地向国家权力渗透；他们从原先由士绅们主持的慈善、教育领域中退出，将这些公共的职能让渡给地方权力；最后，上层地方精英的活动基本局限在县城，对基层乡村没有兴趣，与乡村的关系慢慢淡化。② 巴林顿·摩尔（Barrington Moore）在《民主与专制的社会起源》一书中指出："如果贵族领主和农民一道生活在农村，导致农民起义的可能性便会大为减少。"③当无论是城市精英，还是地方

① 张信：《二十世纪初期中国社会之演变——国家与河南地方精英，1900—1937》，岳谦厚、张玮译，中华书局 2004 年版，第 295—297 页。
② 参见邓若华：《二十世纪前期常熟地方精英考察》。
③ 巴林顿·摩尔：《民主和专制的社会起源》，拓夫等译，华夏出版社 1987 年版，第 369 页。

148

精英，都纷纷放弃基层农村的时候，那里便会成为革命的温床。

当大批精英从农村转移到城市，失去了传统的社会文化之根，是否意味着他们在城市重新找到了新的存在基础？从现代知识分子所拥有的学校、传媒和学会这些公共建构来看，可以这样说。然而，正如我们前面已经分析过的，知识分子一方面获得了前所未有的独立，另一方面也意味着他们有可能游离于社会而存在，不仅对于农村生活如此，在城市生活中也是如此。虽然学校和传媒是知识分子影响社会最重要的空间和渠道，但由于它们自身的性质，知识分子与城市的关系却变得虚拟化起来，从实体化转向了话语化。

北京是现代中国的学术中心，是国立大学、教会大学最集中的城市。在这些著名的大学里面，云集了中国大部分优秀的学者。五四以后，大学势力之强，无论是北洋军阀还是南京政府，都不得不刮目相看。然而大学犹如象牙塔，大学教授与北京民众的社会生活其实是不相干的。老北京，是一个典型的二元社会，一元是全国性的"知识分子社会"，另一元是本土的地方社会，这两个社会之间基本没有什么联系，学院精英与地方精英也相互脱节。到 1930 年代，大学校园里逐渐形成了一个文化贵族群体，他们与农村隔离，也与身边的这个城市不相干。直到卢沟桥的炮声响起，才打破了象牙塔里面的平静。当北大、清华的教授们随着难民的队伍向南方撤退，他们才真正走近社会，走近民众。当闻一多等师生徒步从长沙前往昆明，组建西南联合大学的时候，一路上所看到的底层民众生活让他们震撼不已。但此时战争却削弱了学院自身的力量，"知识分子社会"开始走下坡路了。

真正与城市社会发生联系的，是上海的知识分子。民国时期的上海与北京不同，国立大学只有交通大学、同济大学、暨南大学等有限的几所，而教会大学、私立大学、民营报纸和出版业却十分发达，是全国的传媒中心和出版中心。以民间的教育、报业和出版为基础的上海"知识分子社会"，与沪上的地方社会有着千丝万缕的联系，本身就是后者的一部分。这一格局来自晚清的传统。自从上海开埠以后，在黄浦江畔就逐渐形成了一个绅商阶层。以张謇为代表的江南士绅，亦绅亦商，他们以地方自治为契机，成为上海城市的地方精英。民国以后，传统的绅商阶层逐渐为新式资产阶级所取代，而士大夫阶层也演化为现代知识分子。但上海的知识分子，成分比北京的复杂得多，除了大学教授、文化人之外，还有报业和出版业人士、律师、医生以及各类专业人士等。他们以各种行业协会、社会团体的方式组织起来，并且与商界、金融界和工业界建立了密切的联系。其中最有名的是以张謇、黄炎培为领袖的江苏省教育会，在辛亥革命和五四运动之中，联合上海的资产阶级，在晚清和民初的政治中产生过重大的影响。

在 1920—1930 年代的上海，知识界与商界、青红帮联合，已经形成了一个有序的城市精英网络。在这个网络中，知识分子的文化权力背后有经济和社会权力的支持。最典型的是，1932 年一·二八抗战期间成立的上海地方维持会（后改为上海地方协会），会长是执媒体牛耳的《申报》老板史量才，副会长是上海商会会长王晓籁和青红帮领袖杜月笙，秘书长则是江苏省教育会前会长、著名教育家和社会活动家黄炎培。这些地方名流中，有知识分子，有实业界人士，也有黑社会领袖。他们周旋于中央权力与各种政治势力之间，借多元权力的孔隙，控制了上海的地方社会。

不过，上海这一城市社会与传统的乡村社会还是有区别的。在乡村社会之中，士绅始终是主角，但在现代的城市精英群体中，核心已经让位于资产阶级了。资产阶级成为上海这个城市的英雄，像史量才这样的报业大王，既是知识分子，又是资产阶级代表，沿承晚清绅商的传统，具有亦绅亦商的双重身份。

在历史上，士大夫们之所以有力量，除了掌握文化权力之外，还因为有世家大族和宗法地方势力作为社会后盾。进入现代社会后，知识分子有了自己独立的学校、媒体和社团，但这些文化权力需要寻找新的社会基础。士大夫自命为"中等社会"的中坚，但也意识到要与其他"中等社会"的力量，特别是商人阶层结合，才能真正发挥影响力。清末的杨笃生说，在中等社会中，"唯自居于士类者成一大部分，而出入于商与士之间者附属焉，出入于方术技击与士类者附属焉。而主持全省之议论思想者，惟士林而已"①。士大夫自然是"中等社会"的中心，但也需要团结"中等社会"中的其他阶层：绅商、军人和自由职业者。"中等社会"是一个以士大夫为中心的复杂的社会实体。② 虽然在上海，知识分子与资产阶级结成了有限的同盟，但就整体而言，这种联合并不成功。抗日战争胜利以后，以知识分子为主体的中间力量一度如日中天，但内战一爆发，他们就失去了仲裁和制衡的力量。储安平在《观察》中检讨说：现代的民主政治可说是一种以中产阶级为骨干的政

---

① 杨笃生：《新湖南》，载张枬、王忍之编：《辛亥革命前十年间时论选集》第一卷，生活·读书·新知三联书店1960年版，第629页。
② 参见陈旭麓：《陈旭麓文集》第一卷，华东师范大学出版社1997年版，第414—415页。

治。现代中国的知识阶层虽然居于领导地位，其影响力至远且久，但在组织能力及持久性上，总觉较为消极。"要中国有健全的民主政治，先得使中国有一个有力的中产阶级。这个中国的中产阶级现在正在缔造之中。"①

在现代中国，不仅知识分子力量薄弱，资产阶级更弱。中国的资产阶级不像欧洲那样，是在自治城市的传统中发展而来，而是从其产生的一开始就带有官僚资本的印记，即使以后转化为民间资本，也依然与国家的权力有着千丝万缕的联系。民国以后所出现的上海地方精英同盟，在日本侵华战争爆发后遭受了毁灭性打击。江浙资产阶级和青红帮势力内迁到西南之后，从此一蹶不振，只能仰仗政府过活。中国的"中等社会"，无论是知识分子还是资产阶级，一毁在战争之中，二毁在内战手里，到1940年代后期，纵然此前借助国共之间暂时的力量平衡曾出现短暂复苏，但比较起抗日战争之前，其内瓤已全然空了。一叶孤舟，如何挽狂澜于既倒！最后终究如昙花一现，江河日下，无可奈何地被边缘化。

知识分子不仅与社会外部脱节，其内部也发生了断

---

① 储安平：《知识分子、工商阶级、民主运动》，《储安平文集》下册，东方出版中心1998年版，第49页。

裂。在传统中国，士绅阶层有一个庞大的社会网络，他们以科举制度为基础，有共同的儒家价值观，形成了一个由全国名流、地方名流和基层名流三个等级构成的流动网络。① 这一网络在晚清以后发生了内部断裂。在城市，士绅阶层蜕变为现代知识分子；在农村，士绅阶层虽然依然有其影响，但也被渐次崛起的其他精英集团所稀释。更重要的是，城市的知识分子阶层与农村的精英阶层，如同现代的城乡关系一般，区隔为两个互相独立的精英共同体。虽然从个体层面来看，部分人可以在两个集团之间流动，但从整体来说，无论是在学校出身、知识结构和文化趣味，还是各自所借助的社会关系方面，两者都已分解为两个互相脱节的群体。

即使在新式知识分子内部，当儒家思想不再是共同的价值观之后，就再也没有出现过一个替代胜的公共意识形态。在五四时期，知识分子曾短暂地形成了一段时间的新文化联盟，进入 1920 年代后很快就分裂了，分化为各种各样的主义和流派。在传统士大夫群体中，每个时代虽然也有不同的流派，比如宋学和汉学、古文经派和今文经派等，

---

① 参见孔飞力(Philip Kuhn)：《中华帝国晚期的叛乱及其敌人》，中国社会科学出版社 1990 年版，第 4—5 页。

但基本知识结构和价值观念是相通的，拥有一个共同的知识框架。然而，现代知识分子内部的断裂，最主要的是失去了共同的知识框架，不同时代、不同背景的知识纠缠在一起，导致知识阶层内部出现了种种冲突和紧张。

问题不仅是意识形态的分裂，在一个阶级冲突、政党冲突的大时代里，知识分子又被严重政治化了，逐渐从独立的"传统知识分子"蜕变为政治附庸的"有机知识分子"。1930年代以后，知识分子力量的下降，与此有密切关系。在此之前，知识分子以"中等社会"自命，俨然是独立的中流砥柱，不屑成为任何阶级的附庸。1930年代以后，国民党的权力在加强，城市知识分子与资产阶级联盟力量在减弱。到1940年代，战争和内战全然摧毁了民间资本和文化权力的社会基础，失去了资产阶级支持的知识分子，被夹在两股非此即彼的党派力量之间，被迫进行政治选择。战后中国知识分子最悲哀的，莫过于此。

最具讽刺意义的是，战后从美国回国出任北大校长的胡适，试图重建被战争破坏了的学统体制，制定了一个《争取学术独立的十年计划》。当胡适兴致勃勃地将这个计划拿到北大教授会上讨论时，却受到了同事们普遍的冷遇，大家谈的不再是学术，而是吃饭问题。向达教授讽刺说："我们今天愁的是明天的生活，那有功夫去想十年二十年的计划？十年二十年后，我们这些人都死完了！"①为饥饿和内战所激化了的知识分子无心学术，逐渐政治化，并深刻地卷入到党争之中。1946年底制宪国民大会的召开，成为知识分子非左即右的最后选择。民主同盟内部决裂，胡适、张君劢等人向右转，更多的知识分子向左转，逐渐失去了"知识分子社会"自身的空间。到1940年代末，知识分子普遍地党派化，"知识分子社会"衰落了。晚清以后建立起来的知识学统完全崩溃，最后被革命的政统所取代。

1913年，中华民国刚刚成立不久，梁启超撰文呼吁中国须有中坚阶级：

> 必有少数优异名贵之辈，常为多数国民所敬仰所矜式，然后其言足以为重于天下，而有力之舆论出焉。夫有力之舆论，实多数政治成立之大原也。……国中必须有少数优秀名贵之辈，成为无形之一团体，其在社会上，公认为有一种特别资格，而其人又真与国家同休戚者也，以之董率多数国民，夫然后信从者众，而一举手一投足皆足以为轻重。②

① 胡适日记1947年9月23日，载胡适著、曹伯言整理：《胡适日记全编》第7卷，安徽教育出版社2001年版，第682页。
② 梁启超：《多数政治之实验》，《梁启超全集》第五册，第2599—2600页。

　　从梁启超到胡适，两代读书人都热烈地期望知识分子能够"成为无形之一团体"，"董率多数国民"。从 19 世纪中叶到 20 世纪中叶，整整一个世纪之中，在一片风雨飘摇的内忧外患之中，在中国历史上第二次礼崩乐坏的大乱世里，中国的知识分子被抛到社会上，建立起自己的"知识分子社会"。他们试图以自己的知识权力和舆论影响力重建社会重心。这个"知识分子社会"是自由的，也是独立的，但其根基是不牢固的。它一方面失去了与乡村社会和城市社会的有机联系，另一方面与政治的制度性关联也是脆弱的。更重要的是，无论是学院，还是媒体，都缺乏体制性的保障。现代中国的知识分子，不仅在身份上依然是自由浮动的游士，在心态上更是没有安顿下来，总是要依附在某个阶级、党派或社会政治力量身上。现代中国的"知识分子社会"是一个奇迹，是一座建立在沙滩上的象牙之塔，当战争、内乱和革命纷至沓来时，终究倒了。它曾经辉煌过，却没有熬过乱世。

05

近代中国知识分子的分化与迭代

自 1987 年在《读书》杂志发表第一篇文章,我研究近代中国知识分子已经有三十多年了,出版了《无穷的困惑》《中国知识分子十论》《启蒙如何起死回生》《安身立命》《一个民族的精神史》等多部专著。我的学术性格,乃是"好奇害死猫",不愿重复自己,总是有一种强烈的兴趣,去探索未知的领域,尝试从新的角度和视野,接近自己的研究对象。本文从精神世界的角度,探讨近代中国知识分子的世代交替和内部分化,就是一个新的知识探险。

一 从精神世界考察知识分子的"前与后"

学界对近代中国知识分子的研究,之前有几个通用的视角:"古与今""中与西""左与右""上与下"。所谓"古与今",乃是从传统与现代的视角,考察传统士大夫向现代知识分子的转型;所谓"中与西",指的是从中西比较的角度,研究中国与西方知识分子的历史差异与文化不同;所谓"左与右",是从政治或思想的视域,讨论知识分子在大时代中的立场选择:革命左翼或自由主义、文化激进主义或文化保守主义;所谓"上与下",意即从社会流动的视野,探究知识分子的分层与上下流动。这些独特的论域,如同瞎子摸象一般,丰富了对中国知识分子的整体认知,然而,作为对整体大象的把握,在古今、中西、左右、上下之外,是否还有一个盲点呢?

是的,这就是"前与后"。

从晚清到民国,近代中国知识分子经历了几次重大的世代更替。成长起来的年轻一代,在重大事件的刺激之下,登上历史舞台,与上一代知识分子发生竞争、矛盾和冲突,最终实现了世代更替。新的一代知识分子面对老的一代,最初有着"态度的同一性",然而随着其自身的成熟,新一代发生内部分化,形成了不同的政治或文化趋向,从而为下一轮的世代更替提供历史的前提。如此反复循环,形成了一波又一波"长江后浪推前浪、前浪死在沙滩上"的景况。

这几年,我主要从事的研究,就是从"前与后"的视角,研究近代中国知识分子的世代更替和内部分化。鲁迅先生曾经想写一篇小说,描写他的老师章太炎一代、他自己五四一代以及他的学生一代,但后来忙于写杂文、打笔仗,小说没有写出来。已经过世的李泽厚先生,也曾经考虑继承鲁迅的遗志,开

展对几代知识分子的研究，但同样没有付诸实践。我在20世纪90年代，曾经拟过一个大纲，考虑研究20世纪中国知识分子的六代人：以1949年为界，分为前三代和后三代。前三代以五四为轴心，分为晚清、五四和后五四三代。后三代以1966年为轴心，分为十七年（1949—1966）一代、1966一代和后1966一代。因为忙于其他更为重要的课题，这个研究计划一直被搁置，直到2016年以后，才开始着手进行。

我的研究，分别从两头着手，一头是研究当下中国的三代人。原先我以为，革命年代以后出生的一代人，是与1966年一代不同的新人类。待90后、00后横空出世，我发现，他们才是真正的新人类，即所谓的千禧一代和Z世代，而70后、80后，只是承上启下的一代。于是，我将当代中国人分为三代：50、60后出生的启蒙一代，70、80后出生的过渡一代和90、00后出生的新人类一代。关于这部分研究，不在本文的研究范围内，恕不赘述。本文所呈现的，是我这些年另一头的研究，即1840—1949年期间的中国知识分子的代际更替。

一旦进入具体的历史场景，我发现，关于晚清民国时期中国知识分子的划分，我原先设定的三代人（晚清、五四、后五四）架构同样存在问题：虽然在逻辑上有美感，但失之于过于简化，而且无法实现黑格尔所说的"逻辑与历史的统一"。任何预设性的分析框架都要受到历史的检阅，倘若有错位，就要以历史自身的真实为依据，予以逻辑上的调适。经过几年的探索，最终本文确定了在代际和分化意义上的近代中国知识分子的分类。简单地说，是晚清的三代人：官僚士大夫、文人士大夫、革命知识人；五四时期的三个群体：启蒙知识分子、旧派中的新派、新派中的旧派；五四之后的三代中共知识分子：创党一代、大革命一代和一二·九一代。历史的本相永远比逻辑要复杂很多，这几代知识分子在时间和空间上并非那般整齐划一、前后交替，彼此之间既有断裂，又有联系。在扬弃了逻辑框架的简单之美之后，我希望呈现的是历史本来的相对性和暧昧性。

整体框架确定之后，接下来需要考虑的是研究切入的角度。古今、中西和左右模式，大多侧重于对知识分子思想观念的研究。不错，与其他社会阶层相比较，知识分子作为一个理性的存在，其行为的选择更具有自觉的观念意识。哲学史和思想史的研究，正是从抽象的理念角度来演绎知识分子的历史。不过，以我对知识分子的理解，他们首先是一个"人"，然后才是"理念人"。作为一个具体的活生生的"人"，知识分子不仅有理性，也有情感和意志。也就是说，知识分子不仅是理性人，而且也是情感人和意志人。在 20 世纪 80 年代最初进入知识分子研究领域的时候，因为受到当时流行的文化心理结构的影响，又读了不少心理学的著

狐狸与刺猬：中国知识分子十论

作，我从心态史的角度研究近代知识分子。90年代以后，我转向观念史研究，对知识分子的关注也因而更多地从思想观念的角度着手。然而，我一直希望将心态史和观念史这两种研究方法整合起来，形成一个精神史的整体视野，鸟瞰近代中国知识分子的整体世界。

那么，什么是知识分子的精神史呢？我个人的理解，乃是从知识分子个案或者群体的角度，研究影响一个时代的知识分子的公共精神。这些公共精神，不仅表现为自觉的观念形态，同时也体现为他们的潜意识、心态人格和生命实践。"精神史"（Geistesgeschichte）的最早开创者是19世纪德国哲学家、历史学家狄尔泰，他强调理解人类文化和思维方式的重要性，认为我们需要通过直观方法来洞察和还原不同历史时期的经验、价值观和意义结构。狄尔泰关注人类的"生活世界"，即个体的主观体验和存在，相信每个时代有其独特的生活世界和心理结构。本文所展示的知识分子的精神世界，正是类似狄尔泰所说的思想世界和生活世界。精神史与观念史的区别在于：观念史注重的是思想史中观念演变的内在理路，而将观念所产生的具体历史语境和思想者主体的非理性因素都忽略不论；而精神史不仅讨论观念，而且要研究这些观念背后的精神，这些精神既是理性的，也是情感的或者意志的。而知识分子的精神又与其个

164

人的心路历程、生命历程和历史语境无法分离。同时,知识分子的精神史与我最早从事的心态史研究也有区别。心态史研究的是个人,分析某个人物复杂的面相;而精神史则从一个或若干个案出发,试图体现影响那个时代知识群体的整体价值和精神趋势。

二 近代中国知识分子的心路历程

本文运用这样的研究方法,来考察以世代更替和内部分化为中心的近代中国知识分子的精神世界,其基本内容可以简单概括如下。

从晚清到辛亥革命,是中国近代变革的开端。众所周知,晚清的改革大致可分为三个阶段。第一阶段是洋务运动,第二阶段是维新运动。《辛丑条约》签订后,这两个运动合流,形成了最终流产的晚清新政,并引发了革命。洋务运动与维新运动分别由两个不同的士大夫阶层主导。以曾国藩、李鸿章、张之洞为首的官僚士大夫,主宰了1860—1894年间的自强变革;而1894年的公车上书,标志着一个新的改革主导力量——文人士大夫,替代官僚士大夫走到舞台的中央。虽然康有为、梁启超主导的百日维新在政治舞台上失败了,但在民间的舆论空间创造了近代的公共领域,获得了压倒性的话语权。

最后十年的晚清新政,乃是由第二代官僚士大夫张之洞、刘坤一、袁世凯主导的,但改革的路线在政治上延续了戊戌维新的轨迹,在思想上坚守"中体西用"的传统。官僚士大夫与文人士大夫有冲突也有融合,但最后都没有成为历史突变中的主角。相反,异军突起的另外两个知识阶层:地方士绅与革命游士抢尽了风头,成为辛亥革命中的主导力量。

社会政治的变革并非客观的自然演化,它首先取决于改革主体知识分子的思想与精神的变化。那么,从中国知识分子的世代更替来说,晚清士大夫的思想与精神发生了一个什么样的变化呢?是一种什么样的思想变化触动中国的士大夫阶层走上了改革之路,又是什么样的精神气质使得官僚士大夫与文人士大夫迥然有异呢?

简单地说,晚清的思想处于宋明理学的延长线上。在宋明思想当中,分为程朱理学和阳明心学两派。而在理学内部,又有道德修身和经世致用两个不同的取向。晚清的改革,首先与经世致用思潮的崛起有关。在官僚士大夫当中,理学家的经世派逐渐取代了修身派。经世致用风潮不仅出现在宋学内部,同样也出现在汉学(今文经学和古文经学)内部。晚清官僚士大夫的关注重心,从"理"还是"势",转向了"势"(时势),如此才使洋务运动获得了在儒学内部的合法性价值。

不过，官僚士大夫再如何重"势"，依然受到"理"的规约。曾国藩内心中"理"与"势"的紧张冲突，就是典型例证。到了李鸿章一代官僚士大夫，"理"的位置无足轻重，一切以"势"（时势与利害）为转移。但要真正突破"理"和"经"的束缚，还需要另外一种"心"的力量，这对于官僚士大夫来说几乎是不可能完成的任务。而继之而起的康有为、谭嗣同、梁启超这些文人士大夫，继承了阳明心学的精神传统，以强烈的自我创造能量，打开了戊戌维新的政治空间，并且以"六经注我"的勇气重新阐述了孔教。这一将心学与今文经学结合的思想传统，其实在龚自珍那里便已显露端倪。

文人士大夫的极具破坏性的新教革命，与官僚士大夫的第二代代表人物张之洞发生了严重的冲突。康有为和张之洞虽然都重"势"与经世，但是各自所凭借的"经"截然不同。今文经学与古文经学的学术之争，背后实则反映了对于"保教"路径的不同选择。文人士大夫与官僚士大夫、朝野改革派之间的隔阂与无法合作，使得百日维新最后只有失败一途。

在戊戌时期，虽然形成了变法新政的大潮流，但在变法派内部，存在着激进与温和两条不同的变法路线。温和的变法路线，主要由体制内的洋务派以及甲午战争后转向改革的清流派所主张;而激进的变法路线,乃是由新崛起的文人士大夫所倡导。两条路线的背后,其实是戊戌前后代际更替的两代士大夫所推动。

一个领袖的气质,往往决定了一场运动的性质。康有为作为维新运动的领袖,他的自信和果敢,让原本几乎不可能的变法成为一时之狂澜,将朝廷内外裹挟其中。然而,他的狂热和鲁莽,又让这场声势浩大的百日维新最终归于失败。

作为政治运动的戊戌变法虽然失败了,但作为启蒙运动的戊戌维新却大大成功了。这一成功的标志,是自戊戌之后,社会层面的话语权已经转移,从官僚士大夫转移到文人士大夫手中。康梁这些文人士大夫,搞政治或许不是翁同龢、张荫桓、张之洞、袁世凯那些官僚士大夫的对手,但要论舆论宣传、鼓动社会,高高在上的官僚远远不及靠舆论起家的文人士大夫。较之官僚士大夫,文人士大夫最大的优势在于办报纸,掌握舆论。从《时务报》开始,其后的《清议报》《新民丛报》《国风报》,虽然最初都办在日本,但传回国内后,几年间被反复刻印,传播至全国。正是康梁改变了一代人的风气,从此掌控了清末的话语领导权。梁启超在总结康有为一生时曾说:戊戌维新之可贵,在精神耳。这一维新的精神,像火炬一般,照亮了清末民初两代知识分子。

　　官僚士大夫处于体制的核心,文人士大夫处于体制的边缘。然而,在《辛丑条约》签订之后,自立军起义失败,体制外部崛起了晚清第三代知识分子:激进知识分子。激进知识分子的出现与两个重要因素相关:第一,从帝国秩序里面游离出一批反抗朝廷的边缘人;第二,这些边缘人抛弃了儒家的意识形态,其思想深处的虚无主义与无政府主义的激进乌托邦、反满的族群意识相结合,再加上唯意志论的催化,形成了视死如归的志士精神,从而掀起了 20 世纪第一波革命的狂澜。

　　在科举制度废除前后,晚清社会出现了一批游离于体制之外的"游士"。他们参加救亡运动,可以是革命者,也可以成为立宪派。那么,革命者是如何炼成的? 有哪些内部和外部的因素会促使他们走上反满的革命道路? 就外部因素而言,时局的刺激、老师的启蒙与学潮的推动乃是三个最重要的动因。外部因素的变化并不必然导致青年学生趋向革命,他们可以投身保皇,也可以趋向立宪。事实上,保皇党人以及后来的立宪派势力,在 20 世纪初大大超过革命势力。要造就革命的形势,还须新观念的宣传和新心理的酝酿。晚清的革命思潮,除了学界早已熟悉的民权思想之外,还有三个非常重要的因素:排满复汉的族群民族主义、无政府的破坏主义以及虚无主义的志士精神。这些思想与心理,构成了晚清革命者三位一体的内在精神结构。民权思想是理性的,但这一内在精神结构更多地带有非理性的情感与意志成分。

中华民国建立以后,士大夫阶层逐渐转型为近代知识分子。到了五四新文化运动时期,当新的一代启蒙知识分子崛起的时候,晚清这代文人士大夫成为半新半旧的"旧派中的新派"。张灏教授将1895年戊戌维新开始到1925年五四新文化运动结束的这段时间,视为中国近代思想史上最重要的"转型年代"。这个"转型年代",其实是通过两次知识分子的世代交替而完成的。第一次是戊戌维新年间,康有为、梁启超这批文人士大夫从新派官僚士大夫那里夺过话语主导权,使后者蜕变为"旧派",自己成为"新派"的代表。长江后浪推前浪,到了1918年以后,这批从晚清过来的"新派"人物,竟然也被新崛起的年轻一代知识分子视为"旧派",重蹈前代新派人的覆辙。

五四新文化运动期间,围绕着新旧与中西文化,曾经有过三场论战:《新青年》与林琴南、陈独秀与杜亚泉、张东荪与傅斯年之间的辩论。前者被认为是"新派",而后者,则是"旧派中的新派"。如果就知识性而言,五四时期的两代启蒙者并无太大的区别。与其说他们之间的差异在于知识的新旧,不如说在于对传统的态度不同。知识与理性有关,而态度则是一种文化认同。"旧派中的新派"这代士大夫,虽然从理性层面意识到中国要成为像西方那样富强与文明的国家,必须吸取西学,但在情感层面他们依然认同中国文化的灵魂。在他们看来,民国的制度肉身可以是西方的,但民国的精神灵魂必须是中国的。然而,"新青年"们的文化认同不一样。经过晚清梁启超的启蒙,他们有了强烈的"保种(中华民族)"意识,但对"保教(中国文化)"兴趣不大。在他们看来,文化只是一种生存的工具,与人的内在生命与情感无关。既然西方文化救得了中国,为何还要固守传统?"旧派中的新派"所办的杂志,都是新知识的公共平台。新文化运动的使命便是介绍和传播"公理",它是知识的、科学的,无须意识形态优先,因此新文化的态度就是兼容并包、客观公正。然而,《新青年》从一开始就是一个同人刊物,汇聚了一群志同道合的知识分子。陈独秀、钱玄同在辛亥革命时期就积极参与革命,他们将革命气象带到杂志中来,文字充满了战斗性。《新青年》开创了五四运动后期"主义"的先河,强调意识形态先行,立场与态度决定一切。相比之下,《东方杂志》和《学灯》还坚守着"公理"的知识传统。在启蒙的阵营当中,知识的理性主义与态度的浪漫主义形成了强烈的色彩对比。

即使在五四知识分子当中,也存在着老师辈和学生辈两代启蒙者的差异。五四爱国运动之所以发生，乃是与五四时期在知识分子当中弥漫的特殊精神现象虚无主义有关。辛亥革命终结了王权专制，儒家所赖以存在的制度肉身轰然倒塌，成为精神的孤魂。以"仁"为核心的儒家德性伦理开始动摇，从自我到家国天下的儒家精神世界由外到内全然崩塌，一个虚无主义的时代降临了。如果说上一代知识分子徘徊于新与旧之间，那么下一代知识分子则是在各种新知之间感到无所适从。五四是一个怀疑的时代，但怀疑到终极，是为了获得新的信仰。然而，当以怀疑的态度拷问一切新知识的时候，反而陷入了更深、更迷茫的精神迷宫，而无法落实内心的安身立命所在。于是，既自信又怀疑，就成为五四知识分子普遍的精神症候。

对抗虚无的途径之一，就是付诸直接的行动。1919年五四运动的突然爆发，就有这样的心理背景。在运动之前，学生们还在争论各种各样新的思潮，还在为寻找新的信仰而苦恼；运动一来，雷霆万钧之下，走向社会的直接行动振奋了爱国学生的精神，之前的颓废、彷徨一扫而去，行动就是目的，行动就是一切，整个学生界风气为之一变。然而，学生运动总有谢幕的时候。激进的行动可以短暂地遮蔽内心的虚无，但退潮之后，留下的是更大的虚空。果然，五四运动之后，在青年知识分子那里，出现了第二波苦闷。五四

之前知识分子的苦闷多是精神上的，五四之后年轻一代除
了形而上层面的烦恼之外，还多了一层形而下的愁闷：毕业
即失业、娜拉出走之后经济无法独立、恋爱与婚姻的受挫、
社会事业陷入困境。各种形而下的苦闷，在有思想能力的
青年那里，最终都会上升为形而上的痛苦，这就是：人究竟
为什么活着？普遍存在的无聊感和无意义感，成为五四后
期青年人共有的精神症候。于是，一部分激进知识分子为了
摆脱虚无、苦闷和痛苦，最终走向了最激烈的集体行动：
革命。

　　五四激进知识分子是如何从启蒙走向创党的？这其
中，最重要的是两个因素：主义和组织。当时存在两种不同
的主义："知识化主义"与"信仰化主义"。1919 年问题与主
义论战之后，这两种主义开始分化："知识化主义"成为注重
点滴改良的自由知识分子的科学方法论，而激进知识分子
开始寻求可以"根本解决"中国危机的"信仰化主义"。五四
的激进知识分子，从最初秉持"知识化主义"进行点滴改造，
逐渐转向寻求通盘解决中国问题的"信仰化主义"。五四后
早期的很多知识分子小组织，比如少年中国学会、新民学
会、觉悟社、改造社等，几乎都经历了相似的三部曲：第一阶
段，在一个抽象的、模糊的理想趋向感召之下，信奉各种"主
义"的会员们集聚在一起，具有某种"态度的同一性"；第二

阶段：围绕着要不要接受一个共同的"主义"发生分歧，产生了第一波分化；第三阶段，进一步辩论团体究竟要什么样的"主义"，成员之间发生第二波分裂，最终导致小组织解体。

五四时期的激进知识分子，首先接受的是"柔性的"社会主义和"复调马克思主义"，聚会了几次以后，很快发生了分歧。分歧表现为三个方面：第一，是全盘接受马克思主义，从形而上的唯物史观到现实的阶级斗争学说，还是仅仅接受马克思主义的形而上部分？第二，马克思主义究竟是一种可以与其他"主义"兼容的"柔性化主义"，还是唯一正确的"刚性化主义"？第三，是否要将马克思主义研究会从学术性研究团体转型为共产主义政治团体？随着分歧的产生，他们内部发生了分化。在共产国际帮助下，以陈独秀为首的激进知识分子，逐渐从信仰"复调的马克思主义"，转向认同无产阶级革命的必要性。

建党初期的知识分子，明显呈现出两种不同的精神气质。第一种更注重理论探索，如李大钊、李汉俊、李达、陈望道、施存统、张申府、茅盾等，他们主要致力于马克思主义学说的理论研究与传播。第二种则更侧重于实践行动，如陈独秀、沈玄庐、蔡和森等。他们对马克思主义的关注点，主要在于其政治学说和革命策略层面，而非抽象的理论思辨，理论对他们而言更多是指导实践的工具。因此，在中国共产党的早期发展阶段,存在侧重理论探讨和侧重组织行动的不同思想与活动路径。随着组织建设的深化和思想共识的加强,中国共产党在共产国际的指导下,党的组织原则和指导思想逐渐趋向集中统一,其组织凝聚力和行动能力得到了显著提升。

在五四激进知识分子走上了创党之路的时候,启蒙知识分子的内部也发生了一波又一波的分化。在当时的京城知识圈,继承《新青年》启蒙传统的杂志中,最有影响力的当为《语丝》与《现代评论》。这两群知识人虽然同以启蒙者自命,却产生了严重的对立。关于语丝派与现代评论派之间的分歧,以往不少的研究从政治意识形态的角度,解读为激进主义与自由主义之间的冲突。这固然不错,然而,知识人的内部分化,不仅是政治的,也是文化的。有时候,文化气质的不同要比意识形态的分歧更能导致情绪上的对立。这两份杂志,虽然活跃于国民大革命早期,但两派知识人依然坚守启蒙的初衷,并不热衷皈依什么主义,更对政治本身保持警惕的距离。显然,他们彼此间的争论,更多源于文化上的相互鄙视,而非政治上的分歧。学历出身的差异、活动场域的不同以及与国家体制关系的区别,这三点构成了语丝派文人与现代评论派学者的彼此对立,但这些还仅仅是外部的因素,更重要的是他们内在的"文化惯习"迥然有异。

现代评论派的新绅士处在正统儒学的官僚士大夫延长线上，到民国以后与西洋的理性主义相融合，演化为体制内学者共同体的文明修养；而语丝派的新名士继承了庄子、魏晋名士和阳明学的传统，到民国以后与西方的浪漫主义相结合，形成了体制外文人共同体的精神气质。

在语丝派文人内部，周作人的名士风度与鲁迅的斗士性格也有微妙的差别。随后崛起的新一代狂飙派青年，高唱"新流氓主义"，试图打倒五四的老师辈取而代之，掌控新的话语主导权。从绅士、名士到斗士乃至流氓，1920 年代中期知识人的"文化惯习"的变异，可以说是一个绅士气不断递减、流氓气逐级上升的过程。而彼此之间的骂战所形成的风气，为之后连绵不绝的"知识人内战"开创了恶性的范例。

五四新文化运动的舞台，是陈独秀、胡适、李大钊、鲁迅这些《新青年》启蒙知识人的天下。与他们唱对台戏的人物，在前期，主要是晚清最早的启蒙者"旧派中的新派"；而在后期，则是另一种类型的新古典主义者，以学衡派知识人最为典型。

学衡派知识人是有着古典情怀的新派人物，可以称之为"新派中的旧派"。他们与清末民初的"旧派中的新派"是不同的。学衡派成员在美国名校受到系统且良好的学术训练，知识系统是新的、西方的,然而他们却以守护中国文化本位为己职,与同样是留美归来的胡适这些启蒙知识人为敌。

在五四时期,启蒙派知识人活跃于民间的公共舆论场,学衡派知识人固守于学院的"新庙堂"。陈寅恪、汤用彤、柳诒徵等坚持的是文化的贵族气质与精英传统,他们讨厌恶俗的平民文化,不满文化迁就于底层阶级,讨好大众的喜好。他们所守护的白璧德的新人文主义古典精神,与"新青年"们的近代启蒙思想构成了有价值的平衡;他们所继承的晚清理学士大夫传统,也与五四知识人的浪漫文人传统形成了鲜明的对照。本来,学院是他们最好的家园与栖身之地,但梅光迪、吴宓等人不甘寂寞,要走出学院,在公共空间与"新青年"们争夺舆论的话语权,这便导致了时间与空间的双重错置。五四之后,一个平民的世俗化时代已经到来,白话文替代文言文、主义战胜学理、大众文化压倒精英文化、平民精神打败贵族精神,成为不可逆之大势。固守轴心文明传统的学衡派,终究抵不过启蒙知识人所造就的时代大潮。无论是"新派中的旧派"还是"旧派中的新派",最终都殊途同归,被日趋边缘化。

1949年之前的中共历史上,曾出现过三代典型的革命知识分子。第一代是五四时期的创党知识分子,第二代是大革命失败前后的大革命知识分子,第三代是抗战时期的一二・九知识分子。政治与文化层面的知识分子的代际更替,虽然与年龄差异有关,但更重要的是取决于特定历史阶段的政治与文化氛围,特别是重大历史事件的推动作用。三代革命知识分子,显然分别对应着现代中国历史上的三个重大转折点:1919 年的五四运动、1925—1927 年的国民大革命和 1935 年的一二・九运动,由此形成创党、大革命和一二・九这三代革命知识分子群体。

关于大革命与一二・九两代知识分子,尽管他们在年龄结构上差距仅在十年左右,且共享相似的政治文化背景,因此有许多共同点,但他们的家庭背景和走上革命道路的动机却存在着微妙的差别。大革命一代知识分子大多是破落的富家子弟出身,促使他们走上革命道路的主要有三个刺激性的因素:家道中落、反抗父权与逃避包办婚姻。而燕京、清华和北京大学的富家子弟们,直到九一八事变后国破家亡,特别是在一二・九运动的刺激下,才出现大规模投身抗日、走上革命之路的群体性现象,这就是一二・九一代知识分子的形成轨迹。

如果说家庭环境与少年时期的遭遇是读书人走向革命的第一环节的话,那么,第二个环节便是他们在什么样的学校求学。真正的革命温床,当属地方师范学校。五四时期的浙江一师、湖南一师,都是著名的红色摇篮,在新思潮和大学潮的刺激下,贡献了两个革命知识分子群体。倘若说在高层的著名大学学府中是"天才成群结队而来",那么在底层的师范学校当中,则是"革命者成群结队出现"。那些被正式教育体制"割势"的"多余人",除了云集在各省的师范学校之外,在大革命前夕,纷纷投奔两所学校:黄埔军校和上海大学。当年有"武有黄埔,文有上大"之说,这两所学校为国共两党培养了大批文官武将,也是 1925 年国民大革命的人才摇篮。

家庭出身、学校和学潮,只是促使一个青年人趋向革命的外部条件,而是否付诸行动,最终还要取决于他主观的个人气质。知识分子参加革命,取决于内在的四大精神气质:追求自由的个人英雄主义、革命加恋爱的浪漫主义、对底层民众同情与怜悯的民粹主义和痛恨外国列强的民族主义。在 20 世纪二三十年代,各种时尚的"主义"令人眼花缭乱,各种以革命自居的政党也在争夺青年。马克思主义和中国共产党之所以能够脱颖而出,赢得了激进青年的拥护,乃是因为中共作为 20 世纪列宁式的布尔什维克政党,拥有 19 世纪议会式政党所不具备的两个优势:一是信仰力,二是组织力。正是这两种力,让革命知识分子获得了一种认知世界的方法、值得献身的信仰和集体生活的"家"。

不过,列宁式布尔什维克政党要求将具有无政府主义散漫倾向的文人改造为服从严密纪律的组织人,这又与文人原先的个人英雄主义和浪漫主义精神气质产生了内在的冲突。革命是一座改造知识分子的大熔炉,也是精神磨难的大炼狱,它要求每一个加入了组织的自由文人从传统的知识分子蜕变为有机的知识分子,也就是服从于人民大众的整体利益、与革命事业有机结合的一分子。大革命与一二·九两代知识分子走向革命的历程,充满了浪漫的幻想,也经历了精神的苦难。

需要说明的是,按照本文的完整框架,本来还应包含五四之后自由派知识分子的另一条脉络。这条脉络自然非常重要,然而,一方面笔者之前的研究在这一脉络上用力甚多,成果也已经发表,并大多收入《启蒙如何起死回生》一书,我不再想重复自己;另一方面也考虑到发表和出版的诸多不便,虽然已经规划并拟定详细的写作提纲,但最终决定不将五四启蒙知识分子的后续脉络纳入本文。虽然这是一个不小的缺憾,但我期待能在以后适当的时机予以弥补。

三　近代中国知识分子的三次世代更替

李鸿章曾经将晚清的形势形容为"三千年未有之变局"。也就是说,当时中国正经历与春秋战国同一个级别的大变革：亡国灭种的危机、西潮如潮水般涌入、传统的价值与结构解体。晚清至民国的变化令人眼花缭乱，这一切使得知识分子的世代更替有加速的趋势。在 19 世纪末，是三十年一代人；进入 20 世纪，则是二十年一代人，甚至十年就有明显的代际特征。在本文论述的晚清民国时期，重要的世代更替主要有这么三次：第一，戊戌变法前后：官僚士大夫与文人士大夫之间的世代更替；第二，五四时期，启蒙派文人士大夫（"旧派中的新派"）与启蒙派文人知识分子之间的世代更替；第三，大革命前夕启蒙派知识分子与激进派知识分子之间的世代更替。

世代更替都发生在一个特殊的重大历史时刻或历史时段。张灏先生将从 1895 年到 1925 年这 30 年定义为中国思想史上的"转型时代"，这也是近代知识分子经历了三次世代更替的"转型时代"。最重要的原因在于，在短短的 30 年间发生了戊戌变法、五四运动和国民大革命这三个重大事件。在关键的历史节点上，前后代的知识分子在各种时代因素刺激之下，也基于不同的身份和知识背景，围绕着时代主题争夺变革和话语的主导权。

在特定历史时刻发生的知识分子世代更替中，究竟谁是赢家、谁是输家？世代更替不是历史的瞬间，而是一个相当漫长的历史过程。本文中的研究表明，在五四时期，经过

1918 年春天到 1919 年春天与"旧派中的新派"的三场论战，《新青年》与《新潮》名声大噪，新的一代五四知识分子昂然登上了思想舞台，而原来占据舞台中心的老一代启蒙者开始从顶峰跌落，走向衰落。不过，这一思想上的世代交替并非在一两年内完成。事实上，直到 1925 年新文化运动结束、国民大革命兴起，前后七八年时间都是两代人交替的过渡期。在世代更替的层面上，思想革命是以一种非革命的渐变方式实现的。《新青年》在口岸城市中大获全胜，因为城市青年需要一个激进的文化变革方案与可供行动的简便态度；但在边缘城市的"小镇青年"那里，他们不在乎新旧两派的态度差异，而是更注重从两派那里吸取新知，对传统也保留一份中庸的温情。"旧派中的新派"在新文化运动中的影响一直要持续到 1925 年，直到国民大革命风暴兴起，席卷南方城乡，不仅"都市青年"，连"小镇青年"也被革命的狂风刺激，日趋激进化。到这个时候，不要说"老新党"，甚至胡适、鲁迅这些"新青年"也被更新的"革命青年"视为新的"老新党"了。著名的科学哲学家托马斯·库恩在《科学革命的结构》一书中提出，新的科学范式替代旧的科学范式，并非取决于新旧范式之间的知识较量，而是坚信旧范式的人们渐渐退出历史舞台，信奉新范式的人们拥有了话语权之后，新范式才最后战胜了旧范式。科学革命的逻辑如此，文化范式的变革更是如此。知识分子的话语竞争,更多比拼的是谁活得更长寿,谁拥有更多的年轻粉丝,谁的文化基因得以继续传承。谁笑到最后,谁就笑得最好。

知识分子的世代更替,表现为不同代际间身份、文化上的断裂,然而这种断裂是相对的,有断裂,也有链接。如果说从立场的"左与右"考察知识分子是一种横向的光谱研究的话,那么从纵向的角度观察,便是要寻找各代知识分子的内在精神脉络。本文发掘了两条不同的知识分子精神脉络:三代启蒙知识分子和四代革命知识分子。

第一条脉络是三代近代启蒙知识分子:在戊戌维新之中以康有为、梁启超为代表的文人士大夫;五四时期以陈独秀、胡适、李大钊等为领袖的文人知识分子;以及国民大革命前夕的启蒙知识分子,包括语丝派与现代评论派。第一代文人士大夫是近代启蒙的先驱,到了五四时期,虽然与新一代的文人知识分子发生了启蒙阵营内部的论战,显现出上下两代不同的代际特征——前者依然拥有科举功名、知识结构以旧学为主体;后者则拥有近代文凭、具有西学新知——但这两代启蒙者都有鲜明的浪漫主义的文人气质,在文化基因上一脉传承。有趣的是,与这两代文人启蒙者同时代的晚清官僚士大夫与民国新派士大夫"新派中的旧派",同样具有隔代的基因传承:从朱熹的两宋理学到晚清的湘乡南皮,再到以陈寅恪为精神领袖的学衡派,继承的是正统的理学传统。只是到了民国,他们不像传统的官僚士大夫那样固守庙堂,而是中经沈曾植、王国维的过渡,转向了学院的象牙塔,成为纯然的学人,完成了从官僚士大夫到学院知识分子的转变,但其精神气质依然是理学知识分子的本色。

与曾国藩、张之洞到陈寅恪、吴宓这一理学士大夫脉络平行的,乃是另一条阳明心学的文人士大夫路线。从龚自珍到康梁的文人士大夫,再到以陈独秀、鲁迅为代表的五四激进文人启蒙者,他们的精神世界融合了尼采思想与阳明学,充满了崇拜自我的创造力、浪漫主义的破坏精神和宗教气质的实践勇气。这种文人的浪漫主义,上承魏晋名士气质和“吾心即宇宙”的阳明学理念,秉持的是马克斯·韦伯的“信念伦理”。他们开创了近代中国最早的舆论空间,擅长在公共领域制造声势,掀起思想潮流。然而,一旦进入政治领域,他们在权力场域就显得书生气十足,缺乏韦伯所说的“责任伦理”,不是那些老谋深算的官僚士大夫和政客军阀的对手,最后一败涂地。康有为在戊戌变法中刚愎自用、四处树敌;梁启超在北洋政府时期从政失败,被皖系军阀和安福系排挤;胡适等在五四后期提倡“好政府主义”,但好人内阁只维持了两个月就垮台。这些事实证明,最适合文人知识分子的场域并非政治权力场,而是舆论空间。用胡适的话说,这是对政治的"不感兴趣的兴趣"。

第二条脉络是从晚清到 1930 年代的四代革命知识分子:晚清一代、创党一代、大革命一代和一二·九一代。关于中国历史上的三代知识分子,前面已经有简单的描述,此处不再赘述。近年来,新革命史研究在中共知识分子领域取得了不少新的研究成果,相比较而言,对晚清同盟会那代革命知识分子的研究,反而比较冷门。事实上,晚清与民国的激进知识分子,虽然各自信仰的意识形态不同,但精神世界中的心态、情感与意志,则有着文化基因上的脉络关联。20 世纪中国的三次革命狂潮,无论其社会起点、组织形态,还是思想源头、精神世界,其实都可追溯至晚清。没有晚清,何来五四? 没有五四,谈何革命? 中国革命的许多秘密,都可以从晚清激进知识人那里找到最初的基因。比如,在大革命浪潮之中,激进知识分子抛头颅、洒热血,需要一种志士精神,正如张灏所分析的:它的出发点是传统儒家的道德理想主义所形成的使命感,认为人是为了实现崇高的道德理想而活的,必须把一切无条件地奉献出来,透过政治去实现道德理想。因此志士作为人格理想,含有一份道德绝对主义的精神,类似韦伯所谓的信念伦理。为了实现道德信念,可以只问目的,不计后果与代价。革命党人正是一批韦伯所说的尊奉信念伦理的理想主义者，他们具有双重的理想主义精神：历史的和道德的。历史理想主义让他们相信，在光明的理想乌托邦与黑暗的现实之间，需要一个激进的跨越与暴力的行动，以求局势的速变，而道德理想主义则促使他们愿意以决然之牺牲成就个人之德性，推动从现实到理想的跨越。这两种理想主义精神结合起来，催化出革命者热烈的献身激情，以及为了崇高目的不惜合理化一切手段的功利主义。晚清革命知识者的精神气质，在后面的几代激进知识分子那里都得到了传承，并发扬光大，达到了极致。

四　从晚清到民国知识分子的四次分化

与世代更替同时出现的精神与社会现象，是知识分子的内部分化。这些分化既受到代际差异的影响，也与意识形态分歧有关，更受到"文化惯习"差异的作用。内部分化与世代更替交织在一起，形成了中国知识分子阶层内在突出的精神现象。

从晚清到民国，知识分子经历了官僚士大夫、文人士大夫、文人启蒙知识分子、革命知识分子四代人的演变。当他们最初登上历史舞台的时候，具有代际的同一性。随着时势的变化和自身的成熟,同代知识分子必定会出现内部的分化。这样的分化前后主要有四次:第一次,在洋务运动后期,在洋务运动和晚清新政之中,曾国藩、张之洞挣扎在"理"与"势"之间,李鸿章、袁世凯则弃"理"从"势",这导致在变革派官僚士大夫当中形成了两种不同的人格和精神世界。第二次,在晚清文人士大夫之中,随着维新运动的深入,康梁也发生了精神上的分歧:康有为更注重"保教",即维护作为国家灵魂的孔教;而梁启超在意的是"保种",即关注中华民族的生存。第三次,在五四运动后期的 1920 年代,启蒙知识分子内部分化为海外归来的"绅士"现代评论派和国内的"名士"语丝派。在语丝派内部,以周作人为代表的"名士"与以鲁迅为代表的"斗士"又展现出不同的文化气质。启蒙知识分子内部的一波又一波分化,形成了不同的思想和文化派别,最终导致启蒙阵营解体。第四次,在创党时期及之后,中国共产党内部的知识分子有观念人和行动人的区别:前者信仰"柔性的、复调马克思主义",具有孟什维克的倾向;后者偏向"刚性的、一元的列宁主义",是坚定的布尔什维克主义者。中国共产党的建党和发展过程,就是不断布尔什维克化的过程,逐渐形成了具有统一的思想信仰、严密的组织纪律和强有力的行动力的政党。

本文详细叙述了这四次分化的历史过程,并且试图探索知识分子分化背后的秘密：为什么本来具有"同一性"的同代知识分子，最后总是难以避免发生分化乃至分裂？

之前的众多研究，多是从所代表的阶级利益、所持的政治立场、信奉的意识形态或者知识结构的不同等角度，来分析知识分子阵营的内部分化与冲突。这些分析视角固然很重要且有效，但在研究过程之中，我发现还有两个因素同样值得深入发掘：一个是"场域"，另一个是"文化惯习"（habitus）。

"场域"与"文化惯习"都是法国社会学家布迪厄提出的分析性概念。布迪厄认为：在高度分化的社会里，社会世界是由大量具有相对自主性的社会小世界构成的，这些社会小世界就是具有自身逻辑和必然性的客观关系的空间，亦即"场域"。"场域"是一种关系网络，是各种位置之间的客观关系之组合。在这些关系网络中，每个"场域"都有自己运作的支配性逻辑。作为各种力量活动的场所，"场域"同时也是一个争夺的空间，各种位置的占有者们在此争夺和重新分配物质和符号资本。

本文在研究五四后期启蒙知识分子的分化时发现，原先同属一个阵营的语丝派与现代评论派之所以相互鄙视，以至于发生激烈骂战，除了政见有别之外，双方活动的"场域"不同也是关键因素。语丝派与现代评论派的差异，主要体现在他们与学术体制的关系上：前者的"场域"在体制之外,而后者的"场域"在体制之中。在传统中国,知识分子活动的场域,乃是以科举体制为核心的知识—政治系统。从汉代的儒生到宋元明清的道学家,都具有一脉相承的正统士大夫的精神气质,我将之称为绅士。与绅士形成对比的,是名士。所谓名士,也是正途出身,有士大夫的身份,却不屑于在体制内部的"场域"活动。他们少了一点正统士大夫的方巾气,多了一点文人的潇洒自然、风流倜傥,在民间创造一片个人自由的小天地。1905 年科举制度废除之后,传统的士大夫体制轰然倒塌,取而代之的是现代的学术知识体制。传统的绅士与名士逐渐演化为新绅士和新名士。新绅士的活动场域主要在大学体制内部,而新名士中虽然也不乏大学教授,但他们更多地以文人的身份在学术体制外的民间报刊上获取文化的象征资本。他们对体制内的场域颇不以为然,甚至认为现代评论派与官场和军阀有千丝万缕的暧昧联系。而现代评论派也看不起非学术正途出身的语丝派,认为他们是野路子。陈西滢甚至诬陷鲁迅的《中国小说史略》抄袭了日本学者的作品。

不同的"场域",所形塑的是不同的"文化惯习"。所谓"文化惯习",是某个共同体成员在长期的共同社会实践中所形成的高度一致、相当稳定的品位、信仰和习惯的总和,是特定共同体的集体认同和身份徽记,也是其内部整合以及区别于其他共同体的最重要标志。现代评论派大多是在英美留过学的"海归"学者，而语丝派多是没有国外文凭的"土鳖"文人。新绅士与新名士的"文化惯习"迥然两分。留学西洋的知识分子往往自视甚高，相信自己有特殊的知识，理应是社会的中坚。鲁迅称这些西洋留学生是"特殊知识阶级"。最让语丝派文人鄙视的，是现代评论派的"正人君子"们道学家式的一本正经，缺乏真的生命和真的"私见"。而在另一阵营的绅士们看来，有性情的名士们就是一帮咄咄逼人的"真小人"。假如仅仅涉及意识形态的分歧，虽然会剑拔弩张，但争论双方诉诸的只是理性，不一定会伤害到根本，知识共同体的基本盘亦可勉强维持。但是一旦涉及"文化惯习"，绅士与名士之间彼此看不起、看不惯，情感好恶就会统统卷入，由此产生的裂痕从此难以弥合，成为终生的精神创伤。

本文对"场域"和"文化惯习"的研究，乃是尝试一种新的视野，这也涉及对知识分子本真性的理解：知识分子不仅是政治的动物，也并非仅仅是理性的存在。知识分子也是情感和意志的主体，将他们置于具体的历史"场域"之中，从"文化惯习"观察不同知识分子群体的分化与对立，能够深化对知识分子整体的认知，进而接近历史完整的本相。

06

帝都与魔都

近代中国的城市知识分子

在近代中国城市研究之中，地方社会是一个值得关注的问题。杜赞奇在他的名著《文化、权力与国家：1900—1942 年的华北农村》中，以"权力的文化网络"（culture nexus of power）这一分析性概念来描述中国乡村基层的社会文化网络，并进一步考察国家权力是如何从渗透到破坏乡村的"权力的文化网络"的历史过程。现在的问题是："权力的文化网络"这一概念是否可以用于分析近代中国城市的地方社会？如果可能的话，城市的"权力文化网络"又是如何构成的？显然，这是一个很大的研究题目，并非本文所能完成。作为尝试性的研究，本文试图通过与同时期北京的比较，研究 1900—1937 年间上海城市的地方社会。有关这一领域的相关研究已经颇为可观，特别集中于晚清的绅商和民国的资产阶级在上海城市社会中的核心作用。因而本文关注的问题将转向研究相对比较单薄的另一面：在一个以资产阶级为英雄的城市社会之中，为什么还需要文化精英？近代上海的知识分子与同时期的北京知识分子有什么样的不同,他们是如何镶嵌到城市"权力的文化网络"之中的?

一　城市的"权力的文化网络"与资产阶级

　　所谓"权力的文化网络",是杜赞奇在研究华北农村的
基层社会时提出的一个分析性概念。以往的众多研究都将
明清以后的中国乡村描述为一个士绅阶层领导的"乡绅社
会",杜赞奇独辟蹊径,将研究视野拓展到乡村的文化,特别
是大众文化层面。他提出"权力的文化网络"这一概念,旨
在通过对文化及其合法性的分析,观察权力所赖以生存的
社会文化网络,从而重新理解帝国政权、绅士与其他社会阶
层的关系。按照杜赞奇的解释,"权力的文化网络"是由乡
村社会的多种组织体系以及塑造权力运作的各种规范所构
成,包括宗族、信仰、自愿团体以及各种非正式的人际关系
网络。这些组织相互渗透和交叉,编织成一个具有公共权
威的社会文化网络,乡村社会的权力控制,正是通过这个网
络而得以实施。①

　　"权力的文化网络"这一分析性框架,与以往"乡绅社会"

---

① 杜赞奇:《文化、权力与国家:1900—1942 年的华北农村》,王福明译,江苏人
　民出版社 1994 年版,第 13—14 页。

的概念相比较,有两个值得注意的特点:其一,它并没有将与国家权力相关的乡绅视为乡村社会唯一的地方精英,而是将乡村的精英视为具有多重来源的复合群,其中有宗族中辈分较高的族长,有信缘组织中的民间宗教领袖,有公共事务团体的首领,也有各种非正式人际关系网络中的精英。他们构成了领导和控制乡村社会的精英群。其二,精英们对乡村社会的控制,重要的不是来自国家所赋予的自上而下权力,或者精英自身所拥有的各种社会资源,而是精英们如何将这些权力、资源和社会资本转化为文化的象征资本,从而在乡村的文化社会网络中获得合法性权威。杜赞奇的上述著作之所以在出版之后获得很高的评价,乃是成功地运用了"权力的文化网络"这一分析性框架,向我们展现了近代华北农村基层社会中多元而复杂的社会文化网络。当这些网络自身比较健全的时候,为国家权力的控制提供了合法性支持。而晚清之后,当自上而下的国家权力日益扩张,强加于乡村社会之上后,则大大破坏了乡村社会自身的文化网络,最终使得乡村社会衰败,农村革命得以发生并取得成功。

当近代中国乡村社会的面貌越来越清晰的时候,同一时期的中国城市究竟发生了什么变化,其是否形成了城市的"权力的文化网络"？中国城市与乡村的关系,与欧洲颇不相同,中国的城市并非在与乡村的对抗之中发展起来,在经济形态与社会网络上,形成了城乡一体化的格局。按照施坚雅的研究,到"中华帝国"的晚期明清之际,全国形成了以城市为中心的大城乡一体化社会经济区域网络。① 城乡一体化的网络结构表明,原来主要生活在乡村的儒家的士大夫和商人精英,到了明清之后开始向城市流动,出现了"城居化"趋势。乡村精英向城市的集中,在 1840 年鸦片战争之后,随着五口通商、沿海、沿江的开放性经济城市崛起而开始加速。以江南为例,在太平天国运动到来之际,不仅乡村的地主、乡绅逃离乡土,而且许多农民、手工业者也纷纷向城市集中,形成了第一次城市化的高潮。

城市社会与乡村社会的区别在于,乡村是一个熟人社会,而城市基本上是一个由各地移民所组成的陌生人社会。当移民们成群结队来到城市,所带来的不仅是劳动力和资产,而且是原先在熟人社会中自然形成的社会文化网络。不仅如此,由于城市日益复杂的社会分工所形成的职业分化和文化区隔,在城市居民的内部又形成了新的文化关系网络,纵横交错,互相渗透,其内部结构和网络形态远比乡村社会复杂得多。因而,无论哪一种政治势力想要控制城

---

① 参见施坚雅主编:《中华帝国晚期的城市》,叶光庭等译,中华书局 2000 年版,第 12—13 页。

市,都不得不面对地方性的"权力的文化网络"。随着现代化的深入发展,近代中国城市的地方社会不像乡村那样日益衰败,反而在形成和建构之中。

上海作为近代中国最发达和成熟的大都市,从 1843 年开埠,经过将近一个世纪的发展,到 1930 年代民国的全盛时期,在城市内部已经形成异常丰富的地方社会网络。它们来自这样几个脉络:一是乡缘组织,包括会馆、公所和同乡会等以原籍地为基础的区域性移民团体;二是业缘组织,由同业公会、商会、银行公会、工会以及律师、记者、教授、医生、会计师等以行业或职业分工为基础形成的同行团体;三是信缘组织,由基督教、佛教、道教以及各种民间信仰所形成的宗教和信仰团体;四是社团组织,由各种学会、教育会、俱乐部等组成的自愿性民间社团;五是帮会组织,即拟血缘性的、社会正式体制之外的江湖团体。乡缘、业缘、信缘、社团和帮会,这些城市内部的社会文化网络,构成了近代上海城市的地方社会。对这些社会网络,史学界已经有一些富有价值的研究成果。① 虽然

---

① 关于近代上海社会文化网络的研究,比较宏观的代表性成果,可参见罗苏文、宋钻友:《上海通史 第 9 卷:民国社会》第 5 章"民间社团:旧网、新线",上海人民出版社 1999 年版,第 207—269 页;徐小群:《民国时期的国家与社会:自由职业团体在上海的兴起(1912—1937)》,新星出版社 2007 年版;顾德曼:《家乡、城市和国家——上海的地缘网络与认同,1853—1937》,宋钻友译,上海古籍出版社 2004 年版。

这些地方性社会文化网络的细节还有待深入研究，但它们之间如何相互渗透、影响和互动，构成一个整体的、流动的"权力的文化网络"，显然是一个饶有兴趣的问题。

从"权力的文化网络"这一概念出发，我们所关心的是：除了国家权力之外，在近代上海的地方社会之中，究竟谁在控制这个城市？谁在管理地方性公共事务？这种管理和控制借助于什么样的文化权威？他们通过什么样的文化象征符号获得了地方社会的控制权？显然，"权力的文化网络"并非与国家权力完全独立、分离乃至对抗的地方性力量，杜赞奇的研究正是在国家权力对基层如何控制的背景下讨论华北农村的社会文化网络。但本文基于主题的限制，将暂时搁置对国家权力与城市"权力文化网络"之间关系的讨论，而将焦点集中在近代上海的"权力文化网络"之中：为何在资产阶级已经获得城市控制主导权的情况下，依然离不开知识分子的文化权威的支持？为什么上海的知识分子能够成功地镶嵌到城市社会的"权力的文化网络"之中，而同时期的北京却是相反的情景？

传统中国的社会精英由三部分组成：士大夫精英、地主精英和乡绅。到了近代社会，当社会的中心从乡村转移到城市，新式的城市精英便首先在上海、广州、天津、汉口这些沿海沿江的大城市中出现了。正如白吉尔所说："在这个城市社会里,具领导地位的是来源于传统士绅和商人阶级的城市精英阶层。"①控制近代中国城市的,最初是具有士大夫和商人双重身份的绅商阶层,他们构成了近代中国早期的城市精英。罗威廉通过对清代汉口的城市研究发现,在城市内部存在着一个地方名流群体,他们是由士绅和富商们共同组成的,之后又合流为绅商阶层,他们通过与国家权力的密切互动,主导了城市的地方公共事务。虽然罗威廉以哈贝马斯的"公共领域"概念来描述清代城市精英对地方事务的控制这一尝试引起了很大的争议,然而正如他在《汉口》一书的中文版序言中所说:"地方社区可以依靠自己的力量做许多事情,他们以地方'公共领域'的名义,创设了帝国政府认为没有必要,或者只是负担并可以轻易减省的诸多设施。"②随着城市现代化的发展深入,城市原来的社会阶层发生了剧烈的分化与重新组合,士大夫与商人合流成绅商。但随着科举制度的废除,绅商这一过渡性阶层又很快消失。握有现代社会最重要经济与金融资源的资产阶级商人,从原来"士农工商"四民阶层结构之中最末的位置上升

---

① 白吉尔:《中国资产阶级的黄金时代(1911—1937)》,张富强、许世芬译,上海人民出版社 1994 年版,第 60 页。
② 罗威廉:《汉口:一个中国城市的冲突和社区(1796—1895)》,鲁西奇、罗杜芳译,中国人民大学出版社 2008 年版,中译本序第 2 页。

至首位,成为主掌地方公共事务的实权阶层。与此同时,原先排位第一的士大夫阶层随着 1905 年科举制度的废除而发生分化,在清末民初逐步转型为近代知识分子。知识分子群体本身内部分层非常细密,不同的知识分子与地方社会的关系、参与地方公共事务的程度、介入"权力的文化网络"的深度都存在着很大的差别。

脱胎于传统精英的近代中国城市精英,来自三个部分:一是由传统士大夫转化而来的学院精英,二是从地主精英脱胎而来的商业精英,三是从乡绅蜕变而成的地方名流。学院精英主要由一批以大学为生存空间的全国性知识分子组成,他们所关心的是国家与世界的重大事务,与地方公共事务和"权力的文化网络"基本无缘。在近代中国,这些全国性知识分子主要云集于北京。商业精英在京沪两地都存在,因为其所经营的实业、商业和金融业的关系,他们非常注重地方的公共事务,并成为"权力的文化网络"的核心。上海的商业精英与北京同行的不同之处在于,他们还深度地介入到国家公共政治生活之中,特别在北洋政府时期更是如此。而城市的地方名流是一个复杂得多的社会群体,他们大部分出身于前述城市社会网络中的地缘、业缘、信缘、社团和帮会等关系脉络。像商业精英一样,京沪两地的地方名流在参与国家事务的程度上差别很大。

在新崛起的城市精英之中，资产阶级扮演了核心的角色。特别是在上海这个工商业最发达、社会分工最完整的国际大都市中，拥有经济资本特别是金融资本的近代资产阶级成为这个城市的主人。尤其在袁世凯死亡之后、南京政府建立之前的北洋军阀混战时期，他们借助手中握有的金融和经济实力，频频干预国家政治。1919 年北京爆发五四学生运动，上海资产阶级会同其他社会阶层，在上海举行"三罢"运动（罢工、罢市、罢课），最后迫使北洋政府释放被捕学生并拒绝在巴黎和会上签字。1921 年上海商界与教育界联合，发起国是会议，绕开南北政府，由民间出面起草国家宪法。1923 年直系军阀曹锟发动北京政变，上海的资产阶级拒绝承认其合法性，由各商会组成民治委员会，准备实行"国民自决"。凡此种种，都表明在北洋政府时期，上海的资产阶级已经登上了政治舞台，成为一个举足轻重的政治阶级。

然而，尽管一夜暴富的资产阶级凭借财富崛起并掌控了经济和金融的权力，但经济权力并不等同于社会权威。要在城市"权力的文化网络"之中居于领导地位，必须借助于文化的象征符号来获得合法性权威，从而更有效地实施权力的控制。"权力的文化网络"的核心问题不是权力在谁的手中，而是如何通过文化的权威而掌控社会权力。在传统中国的四民社会之中，商人在各个朝代都拥有巨大的财富，这笔财富无论是朝廷还是地方都不敢小觑。然而，商人阶层并不因此而享有文化上的权威。按照儒家的"重义轻利"观念和王朝的"重农抑商"政策，富有的商人在正式体制中和社会上都被人看不起，缺乏与其拥有的财富相匹配的尊严和权威，不要说与士大夫比肩，即使在平民当中其社会地位还在农工之下。这一情形到明代以后有所改观，在富庶的江南出现了绅商合流的趋势。一方面士大夫的生活开始像商人阶层那样追求奢华；另一方面商人阶层向士大夫靠拢，通过买官获得功名，在文化上附庸风雅，并参与地方的各种公共事务，通过各种努力，将自身的经济权力转化为文化的象征资本。

到 19 和 20 世纪之交，在开放的沿海和沿江大城市中，出现了一个过渡形态的绅商阶层。① 这一绅商阶层具有双重身份：既拥有士大夫的功名，又经营各种洋务和实业，同时在地方公共事务和国家政治生活中发挥着重要作用。在晚清上海，绅商阶层非常活跃，主要由两个不同的交往网络构成：一个是以李平书为领袖的上海本地绅商，另一个是以

---

① 参见马敏：《官商之间：社会剧变中的近代绅商》，华中师范大学出版社 2003 年版，第 105 页。

张謇为首的江苏绅商。上海本地的绅商是清末民初上海地方自治的核心阶层，从城厢内外总工程局到自治公所、市政厅，这些相继成立的上海自治机构领导精英层，皆是由绅商组成，其中商人领袖占多数。之所以推出李平书担任自治机构的领袖，乃是因为他有举人的功名，有为官的经历，这些身份使得他相较于普通商人拥有不可比拟的文化权威。他不仅被商界推举为总董，还受邀担任多家公司的董事或经理。[①] 另一方面，在晚清开始涉足实业和商业的士绅阶层，对金钱本身并没有太大的兴趣，他们的真正目的乃是通过积累财富而拥有更多的文化权威。张謇本人就将开办实业而获得的利润大量投资于教育，并与其他士绅共同创立江苏省教育会（最初名为江苏学会），总部设立在上海。以江苏省教育会为中心，从晚清到 1927 年，形成了一个庞大的、拥有文化权威的关系网络，其活动涉及教育、实业、地方事务和国家政治等方方面面。到了晚清之后，办教育成为一个最具文化象征符号的权威来源。江苏学会的入会条件极严，它并非一个简单的行业团体，乃是精英中之精英聚合。根据其会章，会员分为代表会员、志愿会员和名誉会员

---

① 参见周松青：《上海地方自治研究（1905～1927）》，上海社会科学院出版社 2005 年版，第 86—98 页。

三种。代表会员须由官府推举，"声望素为众所推服者"；志
愿会员须有会员二人出具保证书或地方教育会出文介绍；
而名誉会员则要求更高。①

　　中国与西方有所不同。虽然在民间底层存在丰富的道
教、佛教和民间信仰网络，但儒家所代表的道统始终在教统
之上。儒家并非宗教，而是一种世俗化的人文之学，它依靠
科举、书院、私塾等一系列正式或非正式的教育建制而形成
了一个学统网络，儒家的道统就是建立在这一学统网络之
上的。从孔子之下的历代儒家士大夫，无不重视教育。为
师者无论在官僚系统，还是在社会底层，皆拥有无可替代的
文化权威和道德权威。晚清之际，以科举和私塾为轴心的
旧学逐渐式微，以西学为内容的新学堂取而代之。各地兴
办学堂最积极的，乃是地方士绅。他们以兴办学堂为名，实
则借机掌控地方教育权力，进而在"权力的文化网络"中拥
有至上的权威。在这一过程中，许多地方的官府与士绅、士
绅与士绅之间，都有过激烈的竞争。②

　　清末民初的绅商阶层只是转型时代的过渡性人物。到

---

① 谷秀青：《清末民初江苏省教育会研究》，广西师范大学出版社 2009 年版，
　 第 48 页。
② 参见李世众：《晚清士绅与地方政治——以温州为中心的考察》，上海人民
　 出版社 2006 年版，第 259—272 页。

了 1920 年前后，近代的资产阶级代替了绅商阶层成为城市的主角，其标志性事件，便是该年上海总商会改选，美国留学回来的企业家聂云台取代了年长的买办朱葆三，出任新一任会长。1914 年之后，中国的城市经济有了长足的发展，新兴的城市资产阶级无论是实业家还是金融家，都拥有较之前绅商阶层更可观的经济实力，常常借代发公债、贷款之机会，与中央政府和各路军阀讨价还价，提出政治条件。然而，经济实力只是纯粹的权力，无法直接置换为具有道德价值的文化权威，而在"权力的文化网络"之中，权力是要通过权威而获得文化合法性的。因此，就像晚清的绅商一样，新兴的城市资产阶级也非常注重投资教育，通过教育增加自己的文化象征资本。聂云台在当选总商会长之前，就与黄炎培一起发起成立了中华职业教育社。吕芳上曾指出，五四运动之后，社会各界都意识到学校之重要，各种势力纷纷介入学校。社会各界办学之风颇甚，而城市资产阶级更是积极。上海与北京不同，国立大学很少，多为私立大学。私立大学经费紧张，往往要靠企业界和金融界大佬支持和输血。而掌握经济命脉的资产阶级也乐意参与大学董事会，以此博得文化象征资本。1925 年五卅运动爆发后，部分圣约翰大学的爱国师生脱离圣约翰，另行筹办光华大学（即华东师范大学前身之一），上海教育界、金融界和企业界名流

纷纷伸出援手。上海商界实力派人物中，金城银行行长吴
蕴斋、震巽木商公会主席朱吟江、上海总商会会董赵晋卿、
上海总商会会长虞洽卿、上海银行公会会长钱新之皆为光
华大学董事，在董事会中占半壁江山。①

在城市的"权力的文化网络"之中，拥有文化象征资本
的途径，除了兴办教育之外，就是主持包括慈善在内的各
种地方公共事务。这也是古代中国士绅的重要历史传统。
梁其姿通过对明清慈善组织的研究发现，各地有声望的士
绅热衷于建立善堂，其真正的兴趣不在于济贫，而是教化，
意图通过特殊的施与受的关系，巩固自己在地方秩序中的
道德权威与儒生的中心地位。② 罗威廉在对清代汉口的
城市研究中也发现，城市的士绅在国家领域与私人领域之
间，以社会能动主义的方式建构了一个与欧洲迥然不同的
地方管理型公共领域。③ 及至晚清，当绅商阶层以及继起
的资产阶级成为城市管理和地方自治的主导者之后，同样

① 参见任嘉尧：《光华大学史略》，《20 世纪上海文史资料文库》第 8 册，上海书
　 店出版社 1999 年版，第 90 页。
② 梁其姿：《施善与教化：明清的慈善组织》，河北教育出版社 2001 年版，第
　 307—308 页。
③ 罗威廉：《汉口：一个中国城市的冲突和社区（1796—1895）》，第 109—
　 226 页。

继承了士绅阶层热心社会公益事业的历史传统。他们明白，无论是教育，还是慈善、救灾、维护地方秩序，尽管要投入大量的人力、财力和精力，但重要的不是付出，而是获得。仅仅拥有经济和金融的实力，在城市的"权力的文化网络"并不能拥有征服人心的权威，唯有参与地方的公益事业，积极为民众服务，才能房获人心，获得在地方社会中的主导权。

然而，主导了城市公共事务的资产阶级有一个天生的缺陷，即他们与传统的士绅以及晚清绅商相比，只是一个拥有权势的世俗阶级，而不具备读书人在中国社会中那种天然的神圣性和权威性。资产阶级富于物质的力量，却缺乏精神的权威，甚至社会一般人往往对他们存有某种偏见。物质性的资产阶级即便是西方名校商科毕业，拥有一流的专业知识，比如上海的金融和实业大亨聂云台、张嘉璈、钱新之、李铭、陈光甫等，皆有日本或美国的留学背景，但他们依然缺乏领导民间社会的话语权，而这样的话语权则需要有与专业知识不同的博雅之学为背景。而近代知识分子与传统士大夫一样，虽然不拥有任何权势，却掌控着主导社会舆论的话语权。于是，城市资产阶级纵然一时权倾天下，依然需要联合知识精英一起掌控地方社会。

二　知识分子与城市社会：一元化的
　　上海与二元化的北京

在古代中国的帝国体系中，士大夫阶层是帝国王权制度与社会宗法制度相互联系的中枢和纽带。其表现为两个方面：其一，士大夫阶层所信奉的道统——儒家价值观，既是官方的政治意识形态，也是宗法家族社会共同的文化传统；其二，士大夫阶层（亦称为士绅阶层）一身兼二任也，在朝廷辅助君王统治天下，在乡野为道德表率和地方精英领导民间。到了清末民初，当士大夫转型为近代知识分子的时候，情况发生了变化。一方面是随着商人和军人的地位上升，读书人在社会上的政治和社会地位随之下降，被边缘化；另一方面，随着近代的学校和传媒的出现，他们在文化上又拥有了前所未有的话语权。张灏指出："现代知识分子就其人数而论，当然不能与传统士绅阶层相比，但他们对文化思想的影响力绝不下于士绅阶层。……转型时代的知识分子，在社会上他们是游离无根，在政治上，他们是边缘人物（余英时的话），在文化上，他们却是影响极大的精英阶层。所以要了解现代知识分子，一方面我们必须注意他们的政治边缘性和社会游离性，另一方面也要注意他们的文化核心地位。"①现代的社会是一个以知识为中心的社会，知识取代宗教和道德成为社会正当性的来源，同时也成为政治、文化和社会权力的渊源。知识的再生产，就是权力的再生产，知识分子在生产知识的同时，也不断强化着他们的文化权力。

在整个知识的生产和流通过程之中，学校和传媒是两个最重要的核心环节。知识分子因为控制了传媒和学校这两项核心资源，晚清以后他们在文化和舆论上的影响力，比较起传统士大夫有过之而无不及。这些掌握了知识和舆论生产、流通权力的知识分子，本身又是组织化的，形成了各种知识分子的社团共同体。于是，借助学校、传媒和社团这三个重要的建制性网络，具有多种身份和职业的知识分子在近代形成了一个非常有文化影响的群体。

随着沿海通商口岸城市的崛起，大量的新式学堂在城市涌现。无论是要接受新式教育，还是谋求新的发展空间，士绅们都不得不往城市迁移。知识精英的城居化成为一个不可扭转的趋势。传统士绅之所以有力量，是因为他们扎根于土地，与乡村"权力的文化网络"有着密切的血肉联系。

① 张灏：《中国近代思想史的转型时代》，张灏：《时代的探索》，第43页。

晚清以后，精英大量城居化，移居城市的知识精英逐渐与农村发生了文化、心理和实体上的疏离。那么，这些城市化的近代知识分子，与城市社会究竟是什么样的关系呢？在资产阶级为中心的城市"权力的文化网络"之中，他们处于什么样的位置？

近代中国的城市化是不平衡的，地方差异、南北差异巨大，形成了极大的落差。上海与北京是近代以来中国的两个最大的都市，一南一北，互为"他者"，无论是城市形态、社会分层，还是城市景观、文化风格，都呈现出鲜明的对比。同样，从晚清到民国，两个城市的知识分子群体的内部构成不同，因而与城市社会的关系也迥然有异。

对这两个城市的比较，一个世纪以来一直是人们乐此不疲的话题。姚公鹤在《上海闲话》中如此说：

> 上海与北京，一为社会中心点，一为政治中心点，各有其挟持之具，恒处对峙地位。惟北京为吾国首都者五六百年，故根深蒂固，历史上已取得政治资格……抑专制之世代，有政治而不认有社会，盖视社会为政治卵翼品，不使政治中心点之外，复发现第二有势力之地点，防其不利于政治也。惟上海之所以得成为社会之中心点，其始也，因天然之地理，为外人涎羡。其继也，又因外人经营之有效，中经吾国太平战事，而工商乃流

寓，乃相率而集此。而其最大原因，足以确立社会中心点之基础，与政治中心点之北京有并峙之资格者，则实以租界为国内政令不及之故。①

在不少幅员辽阔或者文化丰富的国家内部，往往有两个中心：美国有纽约和洛杉矶，俄国有莫斯科和圣彼得堡，德国有柏林和法兰克福，英国有伦敦和爱丁堡，澳大利亚有悉尼和墨尔本，日本有东京和京都。而在中国，北京是传统的政治中心，上海则是晚清之后崛起的社会中心，分别成为近代中国南北政治与文化的象征。北京作为一座有着七百多年历史的古都，自元朝以来，除了明朝之初和国民党南京政府两段短暂时期，一直是皇城所在地。北京的政治，发达的不是地方政治，而是帝国政治、国家政治。天子脚下，地方即国家，国家即地方，地方被笼罩在国家权力的直接控制之下。作为政治首都，北京城到晚清之后虽城市商业有很大的发展，却缺乏近代的实业和金融业（近代北方的金融与实业中心在天津），仍只是一个消费性的传统都市。因而无论是城市绅商、资产阶级，还是职业群体和自由职业者，北京与上海相比都远远不够发达。晚清之后，北京也形成了

---

① 姚公鹤：《上海闲话》，上海古籍出版社 1989 年版，第 50 页。

地方社会，由士绅与商人组成，并形成了地方精英管理公共事务的有限格局，但北京并没有像上海那样拥有强大的地方自治势力。研究近代中国绅商阶层的学者马敏发现，清末民初的地方市民社会，有两种不同的组织形态：一种是以地方自治公所为主轴，以商会为后盾，进而联络各新式社团、公司、商界，以上海为主要类型；另一种是以地方商会为中枢，依靠纵横交错的民间社团、公司、商界的网络而形成，苏州、天津、广州、汉口等城市皆属后一类型。① 显然，拥有地方自治机构的上海是强势的市民社会，而以商会为中枢的地方自我管理只是传统意义上的"士绅为核心的管理型公共领域"，只是到了民国时期，商人代替了绅商成为城市管理的主角而已。北京显然属于第二种类型，而且因为其社团、商家和公司不如天津、汉口等工商城市发达，因而北京的地方社会较为薄弱。在 1920 年代，被誉为"北京商家泰斗"的孙学士，连任三届北京商会主席，是京城地方精英领袖，但他在全国并没有知名度。诚如 1920 年代北京城市的研究者史大卫所指出的那样：在北京，强有力的政权所控制的是一个虚弱而柔顺的社会，"北京的地方精英在军阀混战的年代中扮演着政治调适者的角色，他们既没有

---

① 马敏：《官商之间：社会剧变中的近代绅商》，第 296 页。

虚弱到需要习惯性地卑躬屈膝来满足上层精英的要求，也没能强大到将挑战权威的举措上升到要求独立地方自治的程度"①。

上海作为近代中国的社会中心，正如前文所分析的那样，是一个具有全球化背景的近代大都市。它不仅拥有强大的资产阶级，而且在城市的变迁之中发展出丰富发达的社会网络。更重要的是，自晚清以来，上海作为一个有法租界和公共租界的通商口岸，控制这个城市的政治权力一直处于竞争性的多元状态。无论是英美、法国和日本等外来列强，还是清廷或后继的各路北洋军阀，谁都无法完全掌控这个东方第一大都会。权力竞争留有空隙，反而为地方社会的崛起提供了历史可能性，也为地方自治留下了发展空间。清末民初的中国，出现了两种相反的趋势：一个是近代国家权力向基层的渗透和扩张，另一个是以地方绅权为核心的"封建"势力的崛起。国家权力与地方权力之间既有互动，又有冲突，呈现出复杂的权力交错面貌。以清末开始的

---

① David Strand, Mediation, Representation, and Repression: Local Elites in 1920s Beijing, Joseph Esherick and Mary Backus Rankin, *Chinese Local Elites and Patterns of Dominance*, University of California Press, 1990。该文中文译本见史大卫：《调停、代言、压制：1920 年代北京的地方精英》，王瑶译，收入《知识分子论丛》第 6 辑，江苏人民出版社 2007 年版，第 109—128 页。

地方自治为例，它就具有双重的性质：一方面国家权力以地方自治的名义向地方渗透，另一方面地方名流借助地方自治试图获得相对于国家的地方公共事务的自主性。上海史研究者李天纲引用梁启超的话指出，有两种不同的地方自治：一种是政府助长者，另一种是自然发达者。近代中国的大部分城市属于第一种类型，而上海属于第二种。由于全国一半以上的贸易、关税、工商业资本、金融存款、银行总部和交通工具都集中在上海，这座城市俨然成为"经济中央"，非任何政治势力能独自驾驭。日益强大的社会生长出地方自治的要求。[1] 上海的地方自治，其欲望和力量并非来自自上而下的国家权力，而是从以强大的经济力、文化力和关系网络为后盾的城市社会中生长出来，于是便具有持久的冲动和爆发力。

从 1900 年到 1937 年，这一时期的上海地方自治经历了二上二下的波折。第一波地方自治高潮从城厢内外总工程局（1905—1909）到自治公所（1909—1911）、市政厅（1911—1914），以李平书为首的上海地方士绅通过这些前后相继的自治结构掌控了上海华界的地方公共事务，并且在辛亥革命年间的上海光复之中发挥了核心作用。1914 到 1923 年，

---

[1] 李天纲：《文化上海》，上海教育出版社 1998 年版，第 59 页。

地方自治受到袁世凯及其北洋政府的打压而相对衰落,这一时期的工巡捐局虽无自治机构之名,却承担了若干地方自治的功能。第二波地方自治的高潮始于1923年上海市公所的成立,与全国的联省自治运动恰成呼应,一直持续到1927年国民党统治上海结束。上海特别市建立之后,南京政府以"一党治国"的理念加强对上海的直接控制和管理,自下而上的上海地方自治运动遂遭挫折。然而,即便在1914—1923年和1927—1937年这两个低潮时期,虽然不复有法定的地方自治机构,但在后文中会看到,上海各界的地方势力依然在商人阶层和知识阶级领导之下,通过商会、教育会以及其他城市的"权力文化网络",力图表现出独立于中央权力的城市意志,并且在北洋时期数度挑战北京政府的中央权威。

在比较了北京和上海两座城市不同的地方社会之后,接下来的问题是:京沪两地的知识分子与地方社会的关系究竟如何?他们是游离于城市"权力的文化网络"之外,还是镶嵌于其中?简单地说,近代北京是一个知识分子与地方社会相互隔绝的二元化城市,而近代上海则是文化精英与地方社会密切互动的一元化都会。

北京与上海的区别,不仅在于一个为政治中心,另一个是社会中心,而且在近代历史之中,北京是学术中心,上海

是文化中心，这便造成了两地知识分子与城市社会的距离
不同。京城从历史上来看一直是官僚士大夫的栖身之地，
自 1898 年京师大学堂建立，近代中国最著名的国立大学以
及教会大学云集北京，形成了全国公认的学术中心。京城
知识分子的主体是在北京大学、清华大学等国立大学任教
的学者专家。这些国家精英继承了帝国士大夫的精神传
统，他们所关怀的除了专业趣味之外，便是国家与天下大
事，而与地方事务基本无涉。董玥的研究发现，京城知识分
子即使是观察自己所生活的城市，通常也从国家视角出发。
他们所欣赏的多是与帝都有关的建筑景观、皇家园林，如故
宫、天坛、颐和园等。① 京城的知识分子有强烈的抱团意识，
但这些文人团体通常不是为国家法律所承认的正式职业社
团，而是带有传统士大夫色彩的非正式交往社群。在五四
时期有领导启蒙运动的《新青年》群体，启蒙阵营分裂之后，
京城知识界分化成以胡适、丁文江为首的《努力周报》群体，
以周氏兄弟为领袖的语丝派，以及以欧美海归博士为主的
现代评论派。到 1930 年代，《努力周报》群体扩大为独立评
论派，从《语丝》中分化出来的本土化京派文人组成了奉周

---

① 董玥:《国家视角与本土文化:民国文学中的北京》,载陈平原、王德威编:
　《北京:都市想象与文化记忆》,北京大学出版社 2005 年版,第 243 页。

作人为精神领袖的《骆驼草》群体，而另一批留洋归来的京派作家则以林徽因的"太太客厅"为中心，形成了前有《学文》杂志、后有《文学杂志》的同人圈子。① 由于京城的报业和出版业远远比不上上海发达，故这些京城知识分子皆以非商业化的同人刊物为中心，京派文学的代表刊物《文学杂志》竟然还是由上海的商务印书馆出版发行的。

民国时期的北京知识分子与京城的地方社会基本绝缘，与当地的士绅、商人等地方社会网络几乎没有什么交往。他们都是国家级学术精英，甚至在国际上享有盛誉，生活在国立大学的象牙塔中，自成一个文化王国。与京城知识分子关系最密切的，当数天津《大公报》。《大公报》虽然发源于天津，却是一张全国性大报，其关心的主要议题并非地方事务，而是国家命运和世界风云，于是与京城的知识分子一拍即合。《大公报》很有影响力的副刊"星期论文"和"文艺副刊"的作者，大都来自上述北京知识分子各大圈子。"星期论文"与以胡适为首的北平自由派走得很近，而"文艺副刊"仰仗的则是出没于"太太客厅"的京派作家。在 1930 年代的北平（北京），他们形成了哈贝马斯所说的"舆论的公

---

① 关于北京知识分子内部的构成和交往圈子，详见许纪霖等：《近代中国知识分子的公共交往（1895—1949）》，上海人民出版社 2008 年版，第 3、4、6 章；高恒文：《京派文人：学院派的风采》，上海教育出版社 2000 年版。

共领域"和"文学的公共领域"。但北京的公共领域与以《申报》为代表的上海公共领域不同，其背后缺乏资产阶级为核心的市民社会支持，散发着纯粹的知识分子气息。这些以国立大学为背景、掌控了全国知识话语权和舆论主导权的大知识分子，因为与国家权力（南京政府）、国际资本（由庚子赔款为来源的中华教育文化基金会）和全国性大报（《大公报》）有着千丝万缕的联系，因而更具有古代士大夫的清议色彩，其与近代的城市社会是游离的，与城市资产阶级更是隔绝的。在近代市民阶层面前，他们依然保持着传统士大夫的矜持、清高和傲慢。

对于京城知识分子与市民阶层之间无法跨越的鸿沟，董玥有如下精妙的分析：

> 在北京，并不是很多人都能享有像知识分子那样高的社会地位；他们占据着社会等级中的高阶，社交圈里都是与他们认可、欣赏同样的社会地位之象征物的学者名流。这样一种环境给他们以安全感，让他们觉得一切都在掌控之中。他们不断地批评政府，这说明他们相信自己的学术知识工作对于国家的重要性。……如果在上海他们会有做"他者"的感觉，在北京他们则是主人，而北京本地人才是他们眼中的"他者"。北京城中的"新知识分子"并不是像本雅明眼中

的波德莱尔那样的漫游者或城市闲人。他们不是人群中的诗人，他们甚至根本就不在人群中。他们与本地人的接触止步于拉着他们足不沾泥地穿街过巷的洋车夫之间往往不大顺畅的沟通，他们很清楚这种隔阂的存在，但是从来没有把它当成一个严重的问题。[①]

　　细读北京文化人有关北京城的文字，会发现他们的内心对这座文化古城充满了故乡般的柔情。他们中的一些人，比如胡适、徐志摩、闻一多、梁实秋等，都于 1920 年代末在上海生活过，但他们不习惯上海的商业气息和浮华景观，无法融入这座东方的巴黎，始终有疏离感，成为城市的边缘人和漫游者，于是在 1930 年代初纷纷回到北平。只有在北平，在北大、清华、燕京、辅仁这些象牙塔中，他们才不再有在上海那样的疏离感，感觉自己回到了精神的故乡。虽然不是土生土长的北京人，不会说一口京片子，但他们依然感觉自己是城市的主人，反而将真正的北京人视为"他者"。北京文化人与城市的联系是情感的、审美的、纯精神性的，北京城之于他们是精神的乡土，是地理化的家国。北京象征着心灵之家和中华国家。但家国之中所缺少的，恰恰是

---

① 董玥：《国家视角与本土文化：民国文学中的北京》，载陈平原、王德威编：《北京：都市想像与文化记忆》，第 248—249 页。

上海独有的城市认同感。

相比之下，对于上海文化精英来说，上海既非家，也非国，她就是一座现代大都会，一座有着自身肌理、血脉和灵魂的城市。近代中国的学术中心在北京，但文化中心却在上海。学术中心以大学、研究院和基金会为基础，而文化中心多的是近代的报馆、书局、商业杂志、电影业和职业教育。北京知识分子的核心是学者专家、大学教授，而上海文化精英的主流是出版商、报业大王、记者、编辑、民间教育家以及自由撰稿人。上海的文化精英由两部分气质截然相反的文化人所组成。一部分是布尔乔亚化的职业文化人，另一部分是波希米亚式的流浪文人。前者是出版商、报业老板、媒体从业者、大学教师和职业教育家，更宽泛一点还可以包括律师、会计、医生等专业人士。这些布尔乔亚化的职业文化人，在资本主义化的文化市场中讨生活，他们本身不是资产阶级，但与上海的商人阶层关系密切，甚至自身亦绅亦商（如《申报》老板史量才）。他们的意识形态充满了布尔乔亚式的对权利、秩序和世俗幸福的向往。另一部分波希米亚式的流浪文人，乃是指从五湖四海来到上海的流浪文化人。他们居无定所，生活在逼仄的亭子间里，凭借自己的才华与勤奋，为上海滩各种各样的报纸副刊、杂志撰稿谋生，或者在报馆、书局和民间教育文化机构打零工，经常性地跳槽。

这些来自异乡的流浪文人大多不安分守己，想入非非，充满着野心与梦想，仇恨异己化的城市资本主义生产体系与权力宰制关系，在政治倾向上往往表现出激进与左翼，崇拜鲁迅的精神魅力，为左翼作家联盟所吸引。这两部分上海文化人，虽然泾渭分明，但二者之间并不存在不可跨越的鸿沟。流浪文人倘若一夜爆得大名，出人头地，便步入职业文化人阶层；而职业文化人一旦被解雇，便穷困潦倒，只能以爬格子、打零工为生。而所谓的布尔乔亚与波希米亚意识形态，也非完全隔绝。充满反叛精神的左翼文化人在生活上可以被布尔乔亚所俘虏同化，向往资产阶级的安逸、奢华；而上海的职业文化人也比有国立饭碗保障的北京知识分子要自由率性得多，常常表现出与政府疏离、反叛的一面。

至于上海知识分子与城市的关系，无论是职业文化人还是流浪文人，由于他们都是在都市的资本主义市场关系之中生存和发展，与这个城市有着无法割舍的经济、社会和文化的血脉关联，因此都深刻地镶嵌到城市社会之中，成为"权力的文化网络"中的一员。近代上海不愧为人们心目之中又爱又憎的魔都，她有一种难以形容的魔力。无论这种魔力被称为近代文明还是资本主义，总之都像一口大熔炉，迅速将来自不同地域、文化背景和意识形态的新移民们融入其间，让他们对这座城市产生或深或浅的认同感。且不说职业文化人会自觉地参与地方公共事务，即使是那些波德莱尔式的城市漫游者，虽然上海对他们而言是疏离的、异己的，甚至敌对的，但他们的生存方式决定了他们无法离开这所城市，无法游离于城市资本主义生产秩序与生活秩序之外。因此，他们对城市的所有批评和反叛，从另一方面来说更深刻地证明了他们不甘被城市边缘化，内心渴望颠覆城市的现存秩序而成为城市的主人。或许，这种颠覆只是话语上的，而在现实的生存策略上，他们只是适应资本主义的生存规则，不断挣扎着、努力向上流动。

古老的北京是近代中国的政治中心兼学术中心，这座城市的真正主人都是非本土的、来自全国各地的官僚与知识分子精英，他们与城市的地方社会完全隔膜，没有共同的利益和语言。虽然京城的知识分子在情感上视北京为精神的故乡和国家的象征，但北京对于他们而言只是国家的"首都"而非一座"城市"。他们的自我认同与其说是北京人，不如说是首都人。由于北京的知识精英与城市社会的二元隔离，使得近代北京的地方精英只是一些知名度有限的地方绅商，而缺乏有文化号召力的知识分子加盟。因此，北京无法像上海那样开展有声有色的地方自治运动，也难以形成与现代都市规模相匹配的市民社会。相比较而言，鸦片战争之后才开埠的年轻城市上海，却迅速成长为全国的社会中心与文化中心。作为市民社会中坚力量的资产阶级与作为公共领域核心阶层的知识分子，得以形成战略联盟。社会力量与文化力量的相互融合所建构的"权力的文化网络"，为上海的文化精英提供了广阔的城市舞台空间。

三 镶嵌于城市"权力的文化网络"的上海知识精英

上海作为近代中国的社会中心和文化中心，有发达的市场与社会分工，也有影响广泛的报业、出版业与民间教育。这个城市的知识分子主流并非与社会隔绝的学院精英，而是深刻地镶嵌到城市社会的媒体精英和社会名流，更确切地说，他们本身就是上海"权力的文化网络"中的一部分。

与北京学者不同，上海知识分子的身份具有显著的流动性和多元性。就职于国立和教会大学的学者有稳定的收入，生活在象牙塔中，他们的身份比较单一，很少在社会上兼职。但在近代上海，大学、媒体与职场没有严格的界限，职业的流动与交叉是常态。不少名律师、会计师、医生和记者受聘于私立大学兼职任教，既赚取一点课时费，也通过学校的师生关系拓展自己的人脉资源。而不少私立大学的教授,也会在外面兼一份工,或者业余办书局、当编辑、爬格子写作。学术与商业、文化与职场、知识人与市民阶级之间,相互渗透、流动和转换。与京城知识分子的清高书卷气不同,上海的知识分子与城市社会融为一体,具有鲜明的市民意识和地方认同感,对地方公共事务有强烈的参与热忱。

　　文化与社会的融合,知识精英与工商各阶层的紧密互动,成为上海城市社会迥异于北京的一大特色。以张元济为例,作为商务印书馆的主持人,他所交往的圈子,不仅包括学术文化界人士,还有一批热心扶助文化事业的实业家和金融家,如聂云台、穆藕初、钱新之、简照南等。张元济有自己的启蒙理想,但与北京颇成异趣。北京是中国的学术中心,精英文化依托的是北大、清华等著名国立大学。上海是全国的文化中心和舆论中心,最有影响力的报纸、发行量最大的书局和品种最丰富的杂志都云集上海。报纸、杂志和出版业,构成了近代的传播媒介。传播媒介与大学不一样,大学吸引的是知识精英,而媒体面向的是各类社会大众。北京的启蒙是精英对精英的启蒙,走不出精英的圈子;而上海的启蒙,则是精英对大众的启蒙,通过媒体的管道,诉诸公共舆论、教科书和流行读物,直接面向社会公众。事实上,法国 18 世纪的启蒙运动,也有两个不同的层面。伏尔泰、孟德斯鸠和卢梭的启蒙思想,在沙龙和同人刊物之中传播，启蒙领袖们以精英自居，对待一般大众取居高临下态势，卑视大众的无知和愚昧。而百科全书派走的是另一条大众启蒙的路线，面向一般读者，于是启蒙不仅是一项崇高的事业，而且也是一门世俗的生意，一门可以赢利赚钱的生意。① 启蒙之所以成为生意，乃是与近代印刷业的出现有关。印刷技术的现代化，使得廉价的出版物成为可能，令一般社会公众都能买得起，而白话小说、白话文的推广，又使得阅读大众迅速扩张。上海的精英文化与北京的不同之处在于，它依托于以印刷资本主义为背景的传播媒体。报纸、杂志与书籍，皆是受市场法则支配，皆要考虑到阅读大众、戏剧大众和电影大众的欣赏口味和审美取向。于是，上海的精英文化与启蒙事业，便不是一个精英向大众布道的单向过程，而是精英与大众互相影响、互相制约的双向过程。

因此可以说，在上海文化之中，精英与大众、启蒙与生意之间，并没有一条绝对的界限。以张元济主持的国内最大、最有影响力的商务印书馆来说，在民国初年的启蒙运动之中，它的影响力绝对不在北京大学之下。商务印书馆走的不是上层而是下层路线。它出版了大量的辞典、教科书

---

① 参见罗伯特·达恩顿：《启蒙运动的生意：〈百科全书〉出版史》，叶桐、顾杭译，生活·读书·新知三联书店 2005 年版。

和通俗学术性读物，将新科学、新学科和新知识传播于社会。它所创办的杂志系列，如《东方杂志》《教育杂志》《妇女杂志》《青年杂志》《小说月报》《自然界》等，除《东方杂志》面向知识界之外，其余都是面向特定的社会大众：走市场路线，却绝不媚俗；教化大众，却不居高临下。1930年代，商务印书馆出版了共计2000卷的《万有文库》，收录有各种中外经典读物，以简装、价廉的方式面向一般读者发行，其工程之大超过法国启蒙学派的百科全书，在文化效益和市场效益上取得了双向成功。

不唯出版业，连上海的教育也面向平民。黄炎培与一批实业家创办的中华职业教育社，其办学理念与北京国立大学"为学术而学术"的理念迥然不同，乃是面向市场、面向社会，以"使无业者有业，使有业者乐业"为办学宗旨，带有强烈的功利主义色彩。职业教育如此，上海众多私立大学的办学倾向也多倾向实用主义。与北京相比，上海的商科、会计、医科和应用法律专业不仅数量更多，质量也在后者之上。北京国立大学的教育，以培养学术与政治精英为己任，知识精英编辑的刊物，从《努力周报》《现代评论》《独立评论》，到《骆驼草》《文学杂志》，皆是圈内的同仁刊物，充满着知识贵族精神。而上海的教育和出版业，因为直接与市场接轨，与城市的市民阶层息息相关，本身就构成了日常生活的一部分。邹韬奋从圣约翰大学毕业之后，到中华职业教育社主办的《教育与职业》任编辑。他编译的第一本书是英文的《职业智能测验》。当译成中文之后，黄炎培将他叫到办公室，严肃地告诉他，编译的时候不要忘记重要的服务对象是中国的读者，在编法和措辞方面一定要处处顾及读者的心理和需要。① 这给年轻的韬奋很大的刺激。后来他主编《生活周刊》，定位为服务平民阶层，代表平民阶层说话，取得了巨大成功，发行量直逼《申报》，以至于为南京的国民政府所忌恨，最终导致《生活周刊》被禁邮、查封。

在近代上海的城市知识精英当中，史量才与黄炎培堪称典范。前者是《申报》的老板，后者是职业教育的创始人。史量才毕业于杭州蚕学馆，黄炎培在南洋公学肄业。如果以纯粹的知识分子的标准衡量，似乎都不太纯粹和典型，但这两位从底层奋斗出来的地方名流，恰恰成为上海知识精英的标杆性人物，证明上海滩不在乎学历，只相信能力。史量才和黄炎培在清末民初都属于以张謇为首的江苏省教育会圈子。这个圈子在上海和江苏拥有很高的文化权威和广泛的社会资源。他俩通过这个圈子逐渐积累自己的人脉关系和社会象征资本。黄炎培长期担任江苏省教育会副会

---

① 韬奋：《经历》，生活·读书·新知三联书店1978年版，第47—48页。

长,手握实权;史量才则在张謇等人的支持下,买下了《申报》股权,一跃成为上海滩的报业大王。作为民国期间上海地方名流中的领军人物,史量才既是具有现代新闻理念的职业新闻人,同时又涉足金融业,创办中南银行;黄炎培在掌控江苏省教育会的同时,又联合教育、金融和实业界实力派人物,创办中华职业教育社,并受史量才邀请,参与《申报》的舆论设计与事务管理。他们以《申报》、江苏省教育会(后期为中华职业教育社)为中心,通过舆论和教育的文化象征资本,编织了一个涉足教育、媒体与金融的社会网络。凭借丰富的人脉资源,他们在城市的"权力文化网络"之中,占据了举足轻重、不可代替的地位。

上海的文化精英是多元的,在近代中国城市当中,其组织化的程度也最高。新闻界有新闻记者联合会,教育界有上海各大学教职员联合会,法律界有上海律师公会,经济界有上海会计师公会……这些都属于法律所认可的职业团体。此外,还有一些处于合法与非法边缘、不被政府所承认的政治性团体,如1935年一二·九运动之中成立的上海文化界救国会,这一组织成为日后席卷全国的救国会运动的发起者。

由众多的知识精英职业团体所构成的城市社会网络,在城市公共事务中未必都拥有文化权威和支配性权力。真正处于支配性地位的,除了上海总商会和银行公会之外,乃是江苏省教育会。曹聚仁 1960 年代在悼念黄炎培的文章中如此回忆他刚到上海时的情景：

> 到了上海，我才知道江苏教育会是了不得的。那位南通王张季直在江苏是太上皇，北洋军阀任何势力，非张氏点头不可。孙传芳所以能做五省统帅在江南立定脚跟，就是他们所支持的。地方割据，不管谁来称王，教育、财政、实业这几个部门，总是转在他们手中；黄氏便是那一派的吴用。江苏教育会在上海西门有宏伟的会所，还有中华职业教育社。此外，如商务、中华这几家大书店，和《申报》《新闻》《时报》这几家大报馆，和他们互通声势，真的是显赫一时。①

从清末到民国，从张謇到史量才、黄炎培，江苏省教育会以上海为中心，向全省辐射，形成了一个影响江南社会的庞大"权力的文化网络"。前已叙述，在近代社会，教育是最具有权威的文化象征资源。谁掌控了教育，谁就拥有了社会的道德权威，而这一权威足以与朝廷权威比肩抗衡。太平天国之后，地方士绅的权力崛起，筹办洋务、兴办教育，无不靠地方士绅。张謇作为江南士绅的精神领袖和实力人

---

① 曹聚仁：《悼念黄任之（炎培）先生》，载曹聚仁：《天一阁人物谭》，上海人民出版社 2000 年版，第 246 页。

物,在晚清拥有无人可替代的崇高权威,这是一种"无权者的权力"。在他的布局之下,江苏省教育会、预备立宪公会和江苏省咨议局的核心成员高度重合,形成三位一体,俨然是一个民间的政治中心。三次国会请愿运动在此发起,武昌首义之后,又邀请南北政府代表,在上海的惜阴堂和谈,最终促成了清廷逊位、中华民国成立。到民国初年,江苏省教育会的势力进一步扩张。虽然张謇逐渐淡出,但新一代领导人袁希涛、蒋维乔、黄炎培、沈恩孚、郭秉文迅速登上历史舞台,在民初政治中叱咤风云。曾任江苏省教育会会长的袁希涛出任教育总长;史量才凭借这个圈子的背景,先后买下《申报》和《新闻报》,成为中国报业中执掌牛耳者;黄炎培联合上海的工商界大佬聂云台、穆藕初等,成立中华职业教育社;而郭秉文担任东南大学校长,把东大办成与北大齐名的东南第一学府。江苏省教育会不仅掌控江苏省中小学的人事任免权、南京的东南大学和上海的暨南大学,而且与北京政府、地方当局、各路军阀、政界、金融界、实业界、报界和出版界保持着千丝万缕的联系,自身的势力也渗透到这些领域。因此,该团体被国民党视为"江南学阀"。1927年北伐军到上海的时候通缉相关人士,黄炎培被迫流亡日本。江苏省教育会解散之后,黄炎培转以中华职业教育社为中心在上海展开活动,加上史量才所掌控的上海媒体舆论话语权，凭借几十年间在政界、商界、文化界积累的人脉资源，继续在地方与全国的公共事务中扮演重要角色。

上海的知识精英，与北京的国家精英不同，除了国家认同与国家意识之外，还有强烈的地方认同和地方意识，因此他们与城市的绅商阶层和资产阶级联合，积极参与到上海的地方自治之中。北京的地方公共事务，因为主要是由商人阶层主持，缺乏知识精英强有力的支持，因而总是显得势单力薄，无法发展为独立于国家权力和军阀势力的地方自治。但在上海的地方自治运动当中，每一个时期都可以看到知识精英的身影。在前述的 1905—1914 年第一波地方自治高潮之中，李平书作为一个拥有社会声望的官僚士绅，始终执掌上海地方自治的牛耳。在 1923—1927 年的第二波高峰，江苏省教育会的袁希涛、黄炎培、沈恩孚等作为新崛起的知识精英，深度介入到地方自治运动之中，成为其中的中坚力量。[1] 1927 年南京政府成立之后，国民党十分重视上海这个最重要的国际大都市，将其置于国家权力的直接控制之下，地方自治机构上海市公所遂告解散，地方自治运动遭到重大挫折。尽管如此，由于这个城市的资产阶级、知识精英和各界人士组成的地方社会依然存在，而且颇具

---

① 参见周松青：《上海地方自治研究（1905～1927）》，第 251、268、271 页。

实力,因此无法抑制地方的自主性冲动。1932年"一·二
八"抗战爆发,资产阶级与知识精英借此机会,联合成立上
海市民地方维持会,援助十九路军抵抗日军。战争结束之
后,维持会并没有解散,而是在国民党地方当局默许之下,
改组为上海地方协会。史量才出任会长,帮会领袖杜月笙、
商界领袖王晓籁担任副会长,黄炎培出任秘书长。会员当
中,实业界、金融界和商业界的实力人物占据主流,也有一
批上海著名的知识精英,包括知名会计师潘序伦、徐永祚、
闻名沪上的医学权威颜福庆、庞京周、牛惠生,大学校长褚
辅成、郭秉文、杨志雄、吴经熊、刘湛恩,以及《新闻报》经理
王伯奇,等等。①

　　上海地方协会作为一个由地方名流组成的民间团体,
虽无地方自治之名,却有地方自治之实,其功能表面上是协
助政府从事社会救济、慈善和公益事业,但这些地方名流却
表现出强烈的摆脱南京政府控制、追求地方自主性的利益
冲动。尤其是史量才担任会长,黄炎培担任秘书长,使得地
方协会在利益冲动之外,还有要求抗战和民主的政治理念。
在知识精英的领导下,以上海的资产阶级为实力后盾,协会

---

① 参见白华山:《上海政商互动研究(1927—1937)》,上海辞书出版社2009年
版,第4—5章。

多次向南京政府发难,抵制政府召集的国难会议,发起废止内战大同盟……1930年代初这些以上海为中心的运动,其背后都有上海地方协会的身影。而以史量才为代表的上海知识精英,发挥了核心的作用。对于专制独裁者来说,最可怕的对手除了政敌之外,便是资产阶级与知识分子联手形成的社会力量。这种以市民社会为后盾的公共领域,既有经济实力,又有公共舆论,是蒋介石最为忌讳的,必欲除之而后快。后来蒋派特务在沪杭公路上暗杀史量才,所针对的不是史个人和《申报》,而是整个上海地方社会。

近代上海作为全国的社会中心和文化中心,无论是城市资产阶级还是知识精英,其关切点除了地方利益之外,同时还有国家政局。这个城市对于他们来说就是存在的家,家国天下是命运共同体,上海是上海人的上海,也是全国的上海和世界的上海。近代以来政治格局所形成的南北分立中,上海俨然是京城之外的第二个中心。慈禧太后向八国联军宣战的时候,南方的封疆大吏以上海为后盾,宣布"东南互保",仿佛置身另一国度,置身于战争之外。辛亥革命席卷全国,南北政府对峙之际,又是在上海举行南北议和,最终催生了清帝逊位、民国诞生。五四学生运动爆发,读书人与北洋政府相持不下时,又是上海的教育界与商界联手,发起"三罢",迫使北洋政府不敢在巴黎和会上签字,并罢免了三名卖国的政府官员。1935年北京爆发一二·九学生运动，上海各界立即跟进，成立救国会，将单纯的学生运动扩张为全民的爱国运动。由此可见，北京作为学术中心和政治中心，得风气之先、感觉最敏锐、走在时代最前线的往往是大学生，而学生的背后是学院精英的支持。但学生运动的特点是来势汹汹，却无法持久，在这个时候，上海的呼应与接力就显得分外重要。学生运动蔓延到上海后，便超越学界，扩展到整个社会，并震撼全国和全世界，成为波澜壮阔的全民运动。北京是公共领域的中心，以知识分子为首；上海是市民社会的大本营，以资产阶级为代表。近代中国的社会运动，通常由知识分子发动，随后由社会各阶层跟进参与。运动往往从北京开始，在上海燎原，并最终获胜。

在1920—1930年代上海的几次重大社会运动当中，虽然城市资产阶级扮演了主角，但到处可以看到知识精英活跃的身影。他们凭借镶嵌于城市"权力的文化网络"中的文化权威，与资产阶级联手，上演了一出又一出震撼全国的好戏。1919年北京爆发学生运动之后，上海5月7日在西门外体育场召开国民大会声援北京，被公推为大会主席的是江苏省教育会副会长黄炎培。在随后的"三罢"运动当中，在社会上拥有广泛人脉关系的江苏省教育会异常活跃，串联社会各界，成立了"上海商学工报联合会"，参与领导上海的六三运动。1920 年代初的国民大会运动，则是在蔡元培的提议之下，由商界的聂云台和教育界的黄炎培主持，举行商教两界联席会议，议决发起全国八团体国是会议，邀请张君劢草拟国家宪法草案，向北洋政府施加压力。而 1935 年底的救国会运动，更是上海激进的知识精英取代了黄炎培这些温和的地方名流，成为领导运动的中流砥柱。最早成立的是上海文化界救国会，然后跟进的是妇女救国会、大学教授救国会、职业界救国会、新闻记者救国会、学生救国会、工人救国会等社会各界。当运动迅速席卷全国的时候，又是上海知识精英在沪成立全国各界救国联合会。在随后遭到国民党政府逮捕下狱的救国会"七君子"中，沈钧儒、史良和沙千里是律师，邹韬奋和李公朴是出版界人士，王造时是大学教授，章乃器是金融界人士，这表明了新一代上海知识精英身份上的多元性。而走在最前列的，竟然是以沈钧儒为首的律师界和以韬奋为代表的接近社会底层的文化界人士。相比之下，北平的救国会运动基本只局限于知识界内部，以北平文化界救国会为主，而其中活跃的人士也多是张申府、马叙伦、许德珩等学界精英。在救国会运动期间，上海的工商金融界头面人物都没有出面，只是在后台充当幕后支持者和与政府之间的调停人。上海这座城市的英雄角色，又一次回到了知识分子那里，只是这一次担当主角的，已经是另一批更年轻、更激进的城市知识精英。

　　从 1900 年到 1937 年，上海的知识精英联合资产阶级，在近代中国风云变幻的大时代中，建构起一个城市的"权力的文化网络"。这一网络凭借由各种社会关系交错而成的城市社会，与国家权力保持着既互动又抗衡的微妙联系。掌控上海"权力的文化网络"的，是一批城市的地方名流，他们当中有知识精英，有实业界、商业界、金融界人士，也有帮会领袖。他们周旋于中央权力与各种政治势力之间，借助多元权力的孔隙，控制了上海的城市社会。同样是"权力的文化网络"，近代的城市社会与传统的乡村社会是有区别的。在乡村社会之中，士绅始终是主角；而在近代城市精英之中，核心已经让位于资产阶级。资产阶级成为上海这个城市的英雄，像史量才这样的报业大王，既是知识分子，又是资产阶级，沿承晚清绅商的传统，具有亦绅亦商的双重身份。从清末到 1930 年代，上海的知识精英与资产阶级的战略同盟，艰难地坚守着这所城市的地方自治，即使在国民党一党专制时代，也有顽强的表现。他们的内心充满了家国天下之情怀，这个家园，便是有着强烈认同感的上海这座城市，扩展开去，演绎为国家和天下意识。因此，上海的城市精英，不仅在坚守一座城市的地方自主性，而且以上海的市民社会为后盾，以攻为守，积极地过问国家公共事务，试图影响和改变中央政府的国策。

遗憾的是，1937年之后，首先是日本侵略的炮火，然后是内战的硝烟，彻底摧毁了上海的经济基础和地方精英。企业和商业的凋敝、国家垄断资本的扩张和恶性的通货膨胀，使得上海的资产阶级元气大伤，不得不依附于国家战时体制而苟延残喘。他们不再像当年那般风华正茂、雄心勃勃，不复成为城市的英雄。而城市的知识精英，在战后虽然因为拥有舆论的主导权而一度如日中天，但内战一爆发，他们便失去了仲裁和制衡的力量，而且因为失去了资产阶级以及城市的"权力的文化网络"而变得力量空虚，徒有声势。到1940年代，上海这座被抗战和内战摧残得奄奄一息的城市，内在能量业已被掏空，资产阶级与知识精英各奔前程，各谋其路，往日的战略同盟不复存在，城市社会迅速解体，"权力的文化网络"千疮百孔。各种意识形态、党派势力深入地渗透到城市的肌体当中，城市自身的免疫功能和社会基础走向崩塌，一场革命正向这座城市席卷而来。事实上，在革命浪潮到来之前，作为一个自主性的社会有机体，上海这座曾经辉煌过的大都市已经死了，死在了战争、内乱之中。

07

新媒体的迭代更替与知识分子的边缘化

现代知识分子的诞生，借助的是两种合法性框架：一种是价值的合法性，另一种是社会的合法性。价值的合法性，乃是一套关于正义和道德的普遍性宏大叙事；社会的合法性，则是以媒体为核心的公共领域。这涉及现代社会知识/真理的生产与传播，而大学与传媒领域中的知识分子，正是知识/真理生产与传播的掌门人。

现代媒体的发展，经历了印刷媒体、视听媒体和网络媒体三大阶段。古腾堡的现代印刷术，使得现代的报纸、杂志和书籍的流通，在技术上成为可能，因而也造就了17世纪的新教改革和18世纪的启蒙运动。现代知识分子的诞生，正是印刷革命的产物。到了20世纪，随着广播与电视的出现，知识分子不再仅仅通过间接的文字影响公众，而且以直接的视听形象出现在公众面前，带来了更直观的感官冲击力。而到了20世纪末，网络媒体的横空出世既对传统知识分子构成挑战，又为知识/真理的生产与传播开辟了新的空间。

新的网络技术不断涌现,让新媒体每隔 3—5 年就发生一次新的更新迭代。近二十年媒体的变化,远远超过过去的二百年。那么,新媒体的更新迭代,对以媒体为自身合法性生存基础的知识分子而言,又带来了哪些变化呢? 以启蒙为己职的知识分子,又该如何与时代和解,重新找到自己的位置?

自 2000 年以来,新媒体的更新迭代大致经历了四个阶段:BBS 时代、微博时代、自媒体时代和短视频时代。这四个时代,既相互迭代,又彼此交叉。知识分子在这四个时代所扮演的角色和所处的位置是非常不同的,简单地说,呈现出一条从中心到边缘的下降路线。

社交媒体的第一阶段,是 BBS 时代。在 2000 年代的前半期,BBS 中最有影响的是以一塌糊涂、关天茶舍、猫眼看人和世纪沙龙为代表的学术思想论坛。这些平台凭借印刷媒体所不具有的即时性和互动性,吸引了一大批中国最有思想、最为活跃的知识分子参与其间。BBS 的技术形式与后来的微博不同,每一条帖,包括主帖与跟帖,都没有字数限制,有充分的说理空间。此外,BBS 是一个平等对待每位成员的空间,无论身份、地位高低,任何人都可以自由发帖,也可以在主帖之下自由跟帖。参与者可以在 BBS 上,围绕某个话题,凭借自己的说理能力,自由展开对话和争论。在

BBS时代,知识分子公共领域的平等性、说理性和对话性,在特定的技术条件和相对宽松的话语环境下得以充分展示。而今回首,BBS时代的确是进入网络时代以后知识分子的黄金时刻。但这个黄金时刻非常短暂,只持续了五六年而已。随着上述知名BBS的陆续关闭,昙花一现的黄金时刻也就很快终结。

2011年,微博时代正式开启,替代传统的BBS,成为新的公共舆论空间。不过,如果说BBS是一个开放的舆论广场的话,那么代之而起的微博,则更像一个以博主为中心的客厅。与BBS相比较,微博有三个迥然不同的特点。第一,微博虽然是开放的,但不再强调身份平等,而是以博主为中心,话题的设置和议题的把控都集中在博主一人手中,旁人很难平等参与。BBS时代的版主,是一个公正、中立、维持秩序的裁判角色,至少表面上对所有的成员都必须平等对待;而微博时代的博主,既是运动员又是裁判员,在其"私家客厅",很难再有讨论的公共性和参与的平等性。第二,微博有140个字的字数限制,要像BBS那样说理,以事实、逻辑和知识说服公众,显然是不可能完成的任务。在BBS时代,竞争的是谁的理由更充分,更具有说服力;而在微博时代,说理不重要,立场才更重要,只要有鲜明的立场,就更容易赢得受众,获得更多的粉丝。大众对知识分子的冗长说

理缺乏耐心，更愿意接受简单明了甚至极端的立场。博主
们为了吸引眼球、成为网络大 V，倾向于种各种夸张的话术
和修辞来代替客观的说理。在微博时代，重要的不再是说
什么，而是怎么说，比较的是谁的立场更极端、话语更刺激、
表达更出彩。于是，微博时代失去了 BBS 时代的那种理性、
中立、客观的知识分子气质。平台不再是平等讨论问题的
公共领域，而成为各种对立的立场、意见、情绪的发泄场。
如果说 BBS 是属于知识分子的空间，那么微博则演化为以
明星、商人和名人为核心的"网络意见领袖"的天下。知识
分子不是没有"意见"，但其意见是需要以说理为后盾的，但
微博却无法提供说理的技术空间和话语空间。知识分子在
公共空间中开始被边缘化，被挤出中心的位置，便是自然而
然之事。

　　网络的第三阶段是自媒体时代。自媒体的主体，是一
批新型的自由撰稿人。他们大多不在体制之中，也不拥有
特定的身份，只是以写稿谋生。博客写作是他们的起步，但
博客的内容更多是知识性、观点性的，尚不具有媒体的性
质。微信公众号的出现，真正让自媒体成为可能。持各种
立场、观点和意见的自媒体作者，在第一时间向公众输出大
量未经核实、真假难辨的资讯、信息和分析，其话语和修辞
也更讨好大众的阅读口味。为了吸引眼球，标题常常耸人

听闻，有"标题党"之称。不少自媒体作者为了生存和赢利，其写作的内在逻辑不再是说理，而是流量至上，娱乐至死。"10万＋"阅读量成为最高目标，为了流量甚至不惜手段。无所不知、无所不评的"知道分子"，替代了公众知识分子，在自媒体平台上占据了压倒性优势。这标志着知识分子的第二度边缘化。

今日新媒体的主流，既不是微博，也不是文字自媒体，而是以抖音、微信视频号为代表的短视频平台。短视频的出现，迎合了当今年轻一代的阅读心理。他们不再习惯于抽象文字的阅读、思考和表达，而是更愿意读图、看视频。过去是"有图有真相"，现在是"有视频才有真相"。过去受众在乎的是内容本身，如今更在意的是谁在说，如何说？而这个"说"的主体，是需要视觉化和既视感的。在这个资讯满天飞的后真相时代，一般受众无法凭自己的理性，判断各种相互矛盾的信息何为真假，只能将大脑的思考关闭，将自己托付给自己信赖的对象，某个具体的媒体偶像。而这个偶像，一定要有可见的真身，所谓的视觉形象。颜值即正义，偶像即真理，是许多受众信奉的法则。此外，短视频与微博一样，不需要说理，只要说得出彩、说得刺激，产出所谓的"金句"，就能获得流量和影响力。金句大多是以碎片化的形式存在，不必符合大脑的理性逻辑，只要与受众的心灵同频即可。短视频的特点是搁置理性,直击心灵,只须情感被打动、情绪被激发,便能达到最佳的传播效果。在短视频时代,连网络意见领袖也靠边站了,取而代之的是各类网红。网红遵循的是与自媒体作者同样的逻辑:流量至上,娱乐至死。不同的是,许多网红背后都有经纪公司操盘,他们更擅长以商业化的方式将流量及时转化为现金流。为了实现这一目标,网红们不得不更加屈从于网络市场的流量逻辑,屈从于签约公司的资本利益。而以理性思考为本位的公众知识分子,在短视频时代被第三度边缘化,成为微不足道的小众群体。

知识分子在公共领域中一向以启蒙为己任。康德说:启蒙就是有勇气公开运用自己的理性。其中,公开和理性是两个最重要的关键词。然而,在新媒体时代,启蒙的"公开"与"理性"都受到了前所未有的挑战。

公共领域的第一原则,乃是其公开性。然而,当 BBS 衰落以后,公共讨论和公共交往便失去了其必要的技术结构。微博虽然是公开的,却是不平等的。微博犹如一个以博主为核心的半公开的土围子,有自己的帮主,有一帮护卫博主的"铁粉"。一旦出现不同的意见,异见者往往立即被围攻、排斥,甚至拉黑,形成"顺我者昌,逆我者亡"的局面。一个微博群,基本是一个同质的立场共同体。反过来的情形也时有发生：某个博主被一帮外来的水军围攻谩骂，出现"攻擂"与"守擂"的激烈交战场面。注重尊严和脸面的知识分子博主，往往因为无法忍受各种人身攻击和无理谩骂，最终选择关闭微博，退出这个非理性的场域。

进入微信所代表的社交新媒体时代，每一个朋友圈和微信群聊，都是一个内循环、半封闭的社交小圈子，距离公共空间的性质更加遥远。不少知识分子受限于舆论环境，退出公共空间，转而在群聊中表达自己的个人见解，与志同道合的群友交换资讯和见解。然而，每一个群聊圈，都是一个"信息茧房"：参与者只愿意接收和理解自己所愿意见到的资讯，而排斥自己不愿看到的观点相反的信息。久而久之，群内成员日趋同质化和内闭化，以为在群里看到的资讯是唯一的真相，而本群所代表的是唯一正确的社会主流意见。没有多元视角，便没有反思，更无真相。封闭性的"信息茧房"与同质群的同步震荡，导致不少知识分子陷入认知"单向性"，蜕变为缺乏反思能力的"单面人"。他们在群内同仇敌忾，到群外却难以容纳不同的声音。新媒体公共性的消解，进一步加剧了当代中国知识分子的"封建化"，使他们割据于一个个自以为是的土围子中，失去了 BBS 时代那种不同立场和观点之间的真诚对话。究其原因，除了外部的舆论环境变化，汉娜·阿伦特所说的公共领域"那张桌子"在新媒体技术形态中的消失也是重要因素。当一张可以让不同的人围坐在一起的桌子不复存在,平等且有距离的对话空间也随之丧失,只剩下无距离的肉搏,或者隔山打牛式的争吵。

除了公开性之外,理性是知识分子启蒙的第二精神标志。正如上面所分析的,理性精神的陨落经历了几个阶段:微博是第一步,说理求证让位于简单粗暴的立场宣示;自媒体是第二步,各种标题党和哗众取宠的内容泛滥,为了博取流量,启蒙理性蜕变为计算理性;短视频是第三步,感官的直接冲击代替了大脑的理性思考,抽象的文字符号敌不过视觉形象的即时感受。一个去理性化的感官时代重新降临。人类脱胎于动物并实现超越的标志,除了制造工具外,便是拥有抽象文字符号的运用能力。然而,短视频塑造了新一代的"感觉动物",从某种意义上,又回到了动物的直观感受阶段。面对这样的年轻群体,诉诸理性的传统知识分子变得不合时宜,他们既缺乏明星那样的颜值,又没有网红口吐金句的能力,成为被年轻一代厌弃的过时人物。

于是,问题来了:在新媒体时代,启蒙知识分子究竟该坚守本位、抵抗世俗,还是与新潮流和解,重新寻找与定位自己新的位置?

传统的启蒙者通常都是居高临下的,认为自己代表着黑暗中的一束光，是燃灯者，而被启蒙者就像是柏拉图所说的"洞穴人"，还在黑暗中摸索，看到的都是幻象，他们拥有一种"唯有我掌握了真理"的优越感。而现在的年轻人更喜欢使用"分享"这个词，"分享"体现的是一种平等的姿态。今天的启蒙知识分子首先要放下居高临下的架子，假如不了解自己的启蒙对象，即使讲得满头大汗，甚至得意洋洋，实际效果也可能是鸡同鸭讲，一切都很虚妄。知识分子曾经是社会舞台的主角，但今天几乎被彻底边缘化了。从这个意义上来说，知识分子是自己的掘墓人。他们创造了网络民主社会，但网络民主反过来消解了其话语权。知识分子的存在，取决于知识是被垄断的稀缺品。知识分子曾经垄断话语权，报纸、杂志都具有某种垄断性；而网络给了每个人平等的发言权，只要说得足够巧妙出彩，就能有流量。当然，知识分子所做的工作，不只是要影响当下，更在于为人类智慧的传承做一些更长期性的贡献，但就影响力而言，那最灿烂的一页已经翻过去了。有些知识分子还沉浸在传统知识分子的幻觉里，认为中国还需要一场文艺复兴，或者需要一场新启蒙，这显然是和整个时代错位的。"人不可能两次踏进同一条河流"，即使未来再次出现一个启蒙时代的春天，那个启蒙也不会是我们曾经经历过的启蒙。知识分子首先得学会运用网络，得了解年轻人的想法，否则根本无法和他们进行起码的对话。

二十多年前,我在论述哈贝马斯启蒙思想的时候,曾经豪情万丈地说:"启蒙死了,启蒙万岁!"今天我还是想这样说。死亡的是传统的启蒙方式,但启蒙精神不死,因为愚昧依然存在。如果要让更多的人,特别是年轻人接受启蒙、理解启蒙,恐怕需要改变的是启蒙者自身,重构启蒙内容的问题意识,让启蒙的姿态更接地气,与时俱进。假如你无法改变启蒙的对象,那就改变你自己吧!

在当今网络时代,有两位我敬佩的知识分子,一个是罗翔,还有一个是张文宏。这两位是各自领域的专家,但他们都符合公众知识分子的三条标准:面向公众、讨论公共问题、从公共利益出发。罗翔和张文宏非常适合今天这个网络时代,他们擅长用公众听得懂的语言来讨论公共问题,而且比网红更加具有魅力,话语完全与年轻一代接轨。如果专家们不站出来扮演公众知识分子的角色,公共空间就可能被有权势的人、冒充公众知识分子的"知道分子",或者各种有商业目的、带流量的人所占领,那就很可怕。今天的社会问题很复杂,不是光靠常识就能够解决的,需要专家出来扮演公众知识分子的角色。

虽然汉娜·阿伦特所描述的"桌子"式的公共平台已经发生了变化,并被强有力的商业逻辑所渗透,但是否能够借助新的技术平台进行启蒙？罗翔在新媒体的成功，意味着对于知识分子来说并非完全缺乏空间。中国的思想市场是庞大的，即使不想成为主流，在边缘的位置，依然也有其市场和不小的"分众"。分众时代早已到来，中国 14 亿人中任何一个"小众"群体，一旦通过网络将这种想象的共同体联系起来，也会形成一个惊人的规模。

　　然而，当面对年轻一代说话的时候，不能再像过去一样将他们视为启蒙对象。老一代人总是幻想，一旦压抑机制消失，类似 20 世纪 80 年代的"文艺复兴"就会重现。这基本上是一种幻觉。技术条件已经改变，即使各种压抑机制消失，年轻人依然不会跟着你跑。启蒙话语预设了人群分为先知先觉、后知后觉和不知不觉。启蒙的对象，即知识大众，被认为属于后知后觉；而启蒙者自以为是先知先觉，掌握了真理。法国启蒙运动时期的知识分子大都是文人作家，他们替代了教会的传教士角色，像传教士一样传播普遍正义，因此具有一种道德和知识上的优越感，面对"后知后觉者"以各种方式进行布道和启蒙，这种姿态是自上而下的。20 世纪八九十年代中国老一代启蒙者亦是如此。但是，这种姿态在今天面对年轻一代时已完全失效。年轻人先不说你讲得对不对，连这个姿态都无法接受。知识分子首先需要反思，不要以为自己全知全能、无所不能。哈佛大学的神学教授尼布尔说过,人性当中的骄傲有四种形式,其中和知识分子有关的是知识的骄傲和道德的骄傲。假如不对这两种傲慢加以反思的话,就完全没有办法和今天的年轻一代交流对话,更不要说启蒙了。

在新媒体时代,知识分子需要实行"降维启蒙"。所谓"降维",指的是姿态的放低,不再是高高在上,俯瞰众生,而是以平等的方式与大众对话交流。罗翔为知识分子树立了"降维启蒙"的典范,他传授的不仅是刑法学的技术性知识,更重要的是背后的坚定信念:人是最高贵的,人的生命和尊严是最高贵的,实定法的所有规则最后都要遵从这一最高价值。罗翔不仅具备年轻人喜欢的脱口秀表达能力,而且擅长讲故事,自信、幽默、谦卑且真诚。在几次访谈中,罗翔都对知识分子的知识骄傲和道德骄傲有真诚的反思,从自己身上发现了人的有限性。他的谦卑与真诚是最打动人的。他的讲述方法也独具风格,用新媒体时代年轻人特别喜欢的抑扬顿挫的语调讲故事,通过故事阐明道理,从感性升华到知性,充满了智慧。

"降维"是一种姿态,这个维度未必是下降的维度,也可能是二次元世界甚至是代表未来的维度。即使知识分子的声音在网络时代并不那么合乎时宜,但其提供了一种"对冲"的声音。只要不为流量而追求流量,这种"对冲"的声音就是有市场的。即使在流量为王的时代，只要知识分子守住自己，便依然可以在自我和流量之间保持一个适度的平衡。

2023 年是 ChatGPT 的元年，一个比网络时代更加新奇的时代已然降临。面对几乎是无所不知、无所不能的通用人工智能，我们是否还需要知识分子？知识分子何以自处，何以找到自己新的位置？这是一个全新的话题，有待知识分子作出新的回应、新的探索。

固守传统，必是死亡。与时俱进，便是新生。

08

人生当如大象

我与鲁迅是同乡，还曾经与鲁迅是邻居——他住大陆新村 9 号，我在大陆新村 3 号出生、长大——虽然不是同一个时代。少年时期，我读着鲁迅的书成为文青，模仿他的文笔，以至于 80 年代发表有关知识分子的文章时，很多读者以为我是一个饱经风霜的老人。

　　我从来没有写过鲁迅。写鲁迅的人太多，我几次想动笔，都放下了。特别是喜欢上胡适以后，似乎与鲁迅更远了。不过，鲁迅依然挥之不去，虽然思想有距离，但心似乎是相通的。然而，最近我重读鲁迅作品，以及王晓明、钱理群两位对鲁迅的研究，让我忍不住想说说鲁迅，特别是他的虚无主义。

　　是的，鲁迅有虚无主义的一面。这几乎是五四时代普遍的精神症候。晚清思想界的基调是高昂的，不仅儒家的价值体系依然存在，而且新的进化论思潮也让人充满了对未来的憧憬。然而，到了五四时代，王权崩解了，儒家的信仰也随之沉没，旧的已经逝去，新的尚未立足。于是，五四便成为一个虚无主义的时代。政治秩序陷入混乱,心灵秩序也破碎了。

　　钱永祥先生提出过,在一个祛魅的世俗化时代,当传统的绝对价值衰落之后,人们有两种不同的应对态度:"纵欲"与"虚无"。所谓"纵欲",乃是对于意义的存在有太多的幻觉,对于人类创造意义的能力有太大的信心。而所谓"虚无",乃是当纵欲的亢奋过后虚脱挫败,幻觉与信心瞬间崩解,陷入对一切价值的麻木形态。纵欲者靠奢侈的希望而生,不敢正视希望破灭的事实;虚无者则放弃一切希望,不敢在废墟中有所坚持。①

　　细细观察一下五四时代,何尝不是有这两种态度?周作人有一段话:

　　　　在悲哀中挣扎着正是自然之路。这是与一切生物共同的路,不过我们意识着罢了。路的终点是死,我们便挣扎着往那里去……。我们谁不坐在敞车上走着呢?有的以为是往天国去,正在歌笑;有的以为是下地狱去,正在悲哭;有的醉了,睡了。我们——只想缓缓地走着,看沿路的景色,听人家的谈论,尽量地享受这

---

① 钱永祥:《纵欲与虚无之上:现代情境里的政治伦理》,第94—95页。

些应得的苦和乐。①

知堂老人在这里描述的,是面对旧价值的崩解无路可走时,四种不同的"纵欲"与"虚无"。第一种"纵欲"是精神性的,找到了新的皈依与信仰,"以为是往天国去",这是五四后期出现的各种主义以及为主义献身的狂热。第二种"纵欲"是物欲性的,"醉了""睡了",精神的信仰既然陨落,那么就沉湎于身体的欲望之中,成为一个永远叫不醒的装睡之人,这是杜亚泉犀利批评过的民初功利主义狂潮。第三种是逃遁的"虚无",李叔同出家、朱谦之自杀,周作人以平和的心情,苦中作乐,成为在世的隐士。而第四种呢,则是另类的"虚无","以为是下地狱去",以战士的姿态"悲哭"。这,在我看来,就是鲁迅先生。

鲁迅的虚无,似乎与生俱来。少年时代家道中落,祖父下了大狱,作为长房长孙的鲁迅,从人人奉承的少爷沦落到处处遭受亲戚街坊白眼的对象,这让他的心灵受了创伤,一生从未痊愈。在肃杀的世态炎凉之中,他更多感受到的,是人心中的冷酷,"有谁从小康人家而堕入困顿的么,我以为在这歧路中,大概可以看见世人的真面目"②。

---

① 周作人:《寻路的人》,钟叔和选编:《周作人文选(1898—1929)》第一册,广州出版社 1995 年版,第 248 页。
② 鲁迅:《呐喊·自序》,《呐喊》,人民文学出版社 1973 年版,第 1 页。

在日本留学期间,恐怕是鲁迅最为意气风发的时候。他自比尼采式的"魔罗战士",相信文学的力量可以拯救众生堕落的灵魂,而自己正是启蒙群氓的精神救世主。然而,他以满腔心血编的《新生》杂志,却受到了冷遇,印了 1500本,只卖出去 100 本。玫瑰色的启蒙之梦破灭了,他发现自己在茫茫人海之中,只是"一小撮":"凡有一人的主张,得了赞和,是促其前进的,得了反对,是促其奋斗的。独有叫喊于生人中,而生人并无反应,既非赞同,也无反对,如置身毫无边际的荒原,无可措手的了。这是怎样的悲哀呵,我于是以我所感到者为寂寞。"①

这就是为什么当新文化运动兴起之时,鲁迅反而意兴阑珊的缘故。他似乎悟透了一切,像他翻译的俄国小说《工人绥惠略夫》中的主人公那样,"要救群众,而反被群众所迫害,终至成了单人,忿激之余,一转而仇视一切,无论对谁都开枪,自己也归于毁灭"②。以他怀疑的性格,认定民众多半要迫害启蒙者,从苏格拉底、耶稣,到雪莱、拜伦,不是死于民众的围观,就是被庸众视为异端。革命者就义,看客吃冷血馒头,这是多么令人心寒的景象!即使后来鲁迅被钱玄

---

① 鲁迅:《呐喊·自序》,《呐喊》,第 4 页。
② 鲁迅:《两地书》,人民文学出版社 1973 年版,第 16 页。

同说服,重新拿起了笔,内心里也未必有多少暖色,眼前晃动的,都是小说《药》中那些华老栓式的愚众身影。

鲁迅对铁屋子的顽固是深有感受的,他说:"试将记五代、南宋、明末的事情的,和现今的状况一比较,就当惊心动魄于何其相似之甚,仿佛时间的流驶,独与我们中国无关。"①与缓慢的文明进步相比,人的生命实在太短暂了。十年、二十年于人类历史,只是一瞬而已,于个人来说,却是漫无尽头的煎熬,如同行走在长长的隧道,看不到依稀的光亮。

那么,启蒙的意义究竟在哪里?唤醒了沉睡者,究竟是善,还是另一种恶?鲁迅犹豫地承认:"人生最苦痛的是梦醒了无路可以走。做梦的人是幸福的;倘没有看出可走的路,最要紧的是不要去惊醒他。"②甚至,他有点怀疑,自己在无意中就是一个帮凶,"中国的筵席上有一种'醉虾',虾越鲜活,吃的人便越高兴,越畅快。我就是做这醉虾的帮手。弄清了老实而不幸的青年的脑子和弄敏了他的感觉,使他万一遭灾时来尝加倍的苦痛,同时给憎恶他的人们赏玩这较灵的苦痛,得到格外的享乐"③。

鲁迅的悲观背后,是对他曾经相信过的历史进化论的

---

① 鲁迅:《忽然想到·四》,《华盖集》,人民文学出版社1973年版,第12页。
② 鲁迅:《娜拉走后怎样》,《坟》,人民文学出版社1973年版,第129页。
③ 鲁迅:《答有恒先生》,《而已集》,人民文学出版社1973年版,第43—44页。

失望。在出山之作《狂人日记》之中,他悲哀地发现,国人一方面在被吃,另一方面也在吃别人。但此时的他,依然将希望寄托于还不曾吃过人的孩子,"救救孩子"的声音虽然微弱,毕竟是有盼头的。然而,1927年国民党的清党运动,让鲁迅感到透心凉。不唯被杀的是青年人,杀人的同样也是青年人,其中有穿着军装的赳赳武夫,也有戴着金丝边眼镜的书生,投书告密,助官捕人,以各种方式加入屠夫阵营。他沉痛地说:"我至今为止,时时有一种乐观,以为压迫、杀戮青年的,大概是老人。……现在我知道不然了,杀戮青年的,似乎倒大概是青年,而且对于别个的不能再造的生命和青春,更无顾惜。"①

他一定想起了他的老师章太炎独特的"俱分进化论"。历史的进化总是善恶并进,善在进化,恶也在进化。道高一尺,魔高一丈,每一寸进步所要付出的代价,有时候就是不可承受之重。最大的恶,不是以恶行恶,而是以善的名义所行之恶。恶本身是有限度的,因为行恶者自觉理亏,有所畏惧,但一旦罩上了某种善的神圣光环,行恶者就理直气壮,无所顾忌。

鲁迅在1927年国民党清党运动中所目睹的,就是这种

① 鲁迅:《答有恒先生》,《而已集》,第42—43页。

以善之名的残暴。他对日本记者说:"中国革命的历史,自古以来,只不过是向外族学习他们的残酷性。这次的革命运动,也只是在三民主义—国民革命等言辞的掩护下,肆无忌惮地实行超过军阀的残酷行为而告终。"①他发现:"革命的被杀于反革命的。反革命的被杀于革命的。不革命的或当作革命的被杀于反革命的,或当作反革命的被杀于革命的,或并不当作什么而被杀于革命的或反革命的。革命、革革命、革革革命,革革……"②鲁迅以常人难以企及的犀利目光,穿透历史表层的各种雾障,看出了血腥厮杀的对立双方其实共享同一个逻辑:少年屠龙,自身亦成为新的恶龙。如此循环往复,在暴力与血污之中,得胜者往往更为不堪。

正是出于这样的警惕,他对各种组织性的暴力一直持有保留态度。在日本留学期间,他加入过光复会,有一次组织委派他回国去刺杀清廷的大臣。鲁迅犹豫地问:"如果我被抓住,被砍头,剩下我的母亲,谁负责赡养她呢?"光复会大为失望,收回成命,认为他不配革命。而鲁迅,则对各种强迫别人的牺牲,是颇为不屑的。他对许广平说:"革命者叫你去做,你只得遵命,不许问的,我却要问,要估量这事的

① 山上正义:《谈鲁迅》,薛绥之主编:《鲁迅生平史料汇编》第 4 辑,天津人民出版社 1983 年版,第 296 页。
② 鲁迅:《小杂感》,《而已集》,第 101 页。

价值,所以我不能做革命者。"①许广平问他,是否要去参加国民党,鲁迅回答说:"如要思想自由,特立独行,便不相宜。如能牺牲若干自己的意见,就可以。"②他是特立独行之人,可以成为革命者思想上的同志,但对组织性的行为总是保持有分寸的距离。原因无他,他读了太多的历史,也经受了太多背后射来的冷箭,因而早就洞察了少年屠龙的吊诡。

早在 1925 年,鲁迅就说过:"我觉得革命以前,我是做奴隶;革命以后不多久,就受了奴隶的骗,变成他们的奴隶了。"③南京政府成立以后,斯诺采访鲁迅,问他:"你们已经进行了第二次革命或者说国民革命了,难道你觉得现在仍然有过去那么多的阿 Q 吗?"鲁迅哈哈大笑:"更糟了,他们现在还在管理国家哩。"④一旦窥透了历史的自循环逻辑,鲁迅就断弃了一切对未来的粉红色梦想以及对天堂的憧憬。他悲哀地写道:"称为神的和称为魔的战斗了,并非争夺天国,而在要得地狱的统治权。所以无论谁胜,地狱至今也还是照样的地狱。"⑤

---

① 景宋:《民元前的鲁迅先生》,孙伏园:《鲁迅先生二三事》,湖南人民出版社 1980 年版,第 50 页。
②《鲁迅景宋通信集:〈两地书〉的原信》,湖南人民出版社 1984 年版,第 68 页。
③ 鲁迅:《忽然想到·三》,《华盖集》,第 10 页。
④ 埃德加·斯诺:《斯诺文集 1:复始之旅》,宋久、柯楠、克雄译,新华出版社 1984 年版,第 158 页。
⑤ 鲁迅:《杂语》,《集外集》,人民文学出版社 1973 年版,第 64 页。

鲁迅的虚无,在思想的源头上,究竟来自何处? 陈独秀在五四时期曾经说过:"中国底思想界,可以说是世界虚无主义底集中地,因为印度只有佛教的空观,没有中国老子的无为思想和俄国的虚无主义;欧洲虽有俄国的虚无主义和德国的形而上的哲学,佛教的空观和老子学说却不甚发达;在中国这四种都完全了,而且在青年思想界,有日渐发达的趋势。"[①]不幸的是,鲁迅一个人身上,竟然齐备了这四种虚无主义。他受章太炎的影响,在清末民初的十年潜伏期,收集阅读了大量佛教经典;德国尼采式积极能动的虚无主义亦是其思想的底色;俄国的虚无主义作品,是鲁迅翻译介绍中的偏爱对象;而老庄和魏晋,偏偏又深入到他骨髓里面。这四种思想相互呼应,在鲁迅的精神世界里面,构成了一种本体论意义上的虚无与绝望。

这种本体论意义上的虚无主义,就是所谓的黑暗与虚无的"实有"。世界的本质就是"无",人的生命本质亦是如此。黑暗并非仅仅来自外部的环境,而是内在于宇宙与人心之中。鲁迅有清醒的自我意识,意识到自己内心里面挥之不去的"鬼气"与"毒气":"我自己总觉得我的灵魂里有毒

---

① 陈独秀:《随感录》,《新青年》第 8 卷第 1 号,1920 年 9 月 1 日。

气和鬼气,我极憎恶他,想除去,而不能。"①周作人也是一个
虚无主义者,但他对人与对自己,都比较宽容,可以超脱潇
洒地活着。而鲁迅,无论对人对己,都过于严苛,反而活得
很累。这个累,最不堪负担的,是心累。在黑暗中待久了,
他竟然迷恋于夜的本身,他说:"爱夜的人要有听夜的耳朵
和看夜的眼睛,自在黑暗,看一切暗","爱夜的人于是领受
了夜所给予的光明"。②

这个在心底里面迷恋和把玩黑暗的爱夜人,为什么终
于领受了"夜给予的光明"? 这就要回到《野草》中那句著名
的"绝望之为虚妄,正与希望相同"③。虚妄,无论对于宇宙
还是个人的生命,都是一种本源性的存在。然而,人的终极
性意义,不是屈从于命本身,而是反抗宿命。正如鲁迅所
言:"因为我常觉得惟'黑暗与虚无'乃是'实有',却偏要向
这些作绝望的抗战。"④

"绝望的抗战"之对象,不仅是外在的黑暗,也是内心中
的虚无。鲁迅至死都是尼采的信徒,秉持一种能动的虚无
主义精神,以一己之生命意志,反抗一切权力与压迫,也抵

---

① 鲁迅:《致李秉中》,《鲁迅书信集》,上卷,人民文学出版社 1976 年版。第 61 页。
② 鲁迅:《夜颂》,《准风月谈》,人民文学出版社 1980 年版,第 1 页。
③ 鲁迅:《希望》,《野草》,人民文学出版社 1973 年版,第 17 页。
④ 鲁迅:《两地书·四》,第 17 页。

抗自己内心中的黑暗。鲁迅充满激情地说：

> 我自己是什么都不怕的，生命是我自己的东西，所以我不妨大步走去，向着我自以为可以走去的路；即使前面是深渊，荆棘，峡谷，火坑，都由我自己负责。①

这正是一种鲁迅式的过客精神，不知道前面有什么等待着自己，依然前行。这与周作人的姿态大异其趣。知堂老人是隐士，而鲁迅是战士，但这是一个没有憧憬、不再有理想的战士，因为他对未来不确定，时刻在怀疑、审视目标的合理性。自己走向深渊也就罢了，万一向青年指错方向，"盲人瞎马，引入危途，我就该得谋杀许多人命的罪孽"②。他嘲笑说："中国大概很有些青年的'前辈'和'导师'罢，但那不是我，我也不相信他们。我只很确切地知道一个终点，就是：坟。"③

由此我们也可以理解为何鲁迅是如此地多疑。他拒绝为青年读者开书单，不愿当指点人生方向的青年导师，"因为连我自己还不明白应当怎么走"④。即使后来他找到了抵抗黑暗的同盟，却又不断地质疑革命之后会否循环往复，陷入更大的黑暗。将鲁迅与《新青年》的同事陈独秀相比，就

---

①② 鲁迅：《北京通信》，《华盖集》，第39页。
③④ 鲁迅：《写在〈坟〉后面》，《坟》，第233页。

可以看出启蒙者之间的微妙差别。陈独秀是自信的,放出豪言:"让我办十年杂志,全国思想都全改观。"①陈独秀像康有为一样,有主见,敢下决断,充满领袖魅力,是启蒙的传教士,因而能掀起五四的思想狂澜。而胡适,则是一个乐观的理性主义者,相信只要通过不断的努力,社会总会向着确定的光明,点点滴滴地进步。

如果说陈独秀是火热的,胡适是温情的,那么,鲁迅则是出奇的冷峻。他怀疑基于理性的盲目乐观,更拒斥传教士般对未来天国的虔诚。鲁迅在情感与理性之外,突出的是意志的力量。这种破坏性的战斗意志,用伯恩斯坦的话说,运动就是一切,目的是微不足道的。或者换一个比喻,接近卡缪式的西西弗斯精神——当你意识到人的命运存在的荒谬性,还依然反抗虚无,努力推石上山,于是,就成了战胜荒谬的英雄,在虚无中获得实在。毫无疑问,这是一种悟透了终极的虚妄,但依然积极能动的另类虚无主义。这是绝望的抗战,是基于虚无的反抗。

因为对终极的天国不再迷恋,也就没有了执著,放弃了功利的目的,鲁迅的抵抗性人生反而变得潇洒起来。他对许广平说:"你的反抗,是希望光明的到来罢?""我的反抗,

① 唐宝林:《陈独秀全传》,社会科学文献出版社2013年版,第135页。

不过是与黑暗捣乱而已。"①他承认自己思想的矛盾性，"做事的时候，有时确为别人，有时却为自己玩玩"②。捣乱也罢，玩玩也罢，都是一种魏晋式的洒脱。他公开承认，自己的思想"何尝不中些庄周韩非的毒，时而很随便，时而很峻急"③。但他与同样继承了魏晋精神血脉的周作人不同，后者更接近阮籍，而鲁迅，则是民国的嵇康，有儒家的认真执著，更有老庄的玩世不恭。

在柔石的日记里面，记载了鲁迅教他的生存之道："人应该学一只象。第一，皮要厚，流点血，刺激一下，也不要紧。第二，我们强韧地慢慢地走去。"④对于鲁迅，皮厚，有老庄的成分所在，而强韧地、慢慢地走，则继承了孔子的"知其不可而为之"的精神。人生当如大象。洒脱与执著、消极与进取、虚无与奋斗，竟然奇妙地融合在鲁迅的精神世界深处，成为他的双重逻辑。

因为有了这两面，鲁迅很反对那种"赤膊上阵"的鲁莽，再三提倡"韧性战斗"，"战斗当首先守住营垒，若专一冲锋，而反遭覆灭，乃无谋之勇，非真勇也"⑤。他对许广平说："对

---

① 鲁迅：《两地书·二四》，第68页。
② 《鲁迅景宋通信集：〈两地书〉的原信》，第69页。
③ 鲁迅：《写在〈坟〉后面》，《坟》，第235页。
④ 赵帝江、姚锡佩编：《柔石日记》，山西教育出版社1998年版，第119页。
⑤ 鲁迅：《致榴花社》，《鲁迅全集》第12卷，人民文学出版社2005年版，第408页。

于社会的战斗,我是并不挺身而出的,我不劝别人牺牲什么之类者就为此。欧战的时候,最重'壕堑战',战士伏在壕中,有时吸烟,也唱歌,打纸牌,喝酒,也在壕内开美术展览会,但有时候忽向敌人开他几枪。"①他告诫年轻人,假若设定了人生的目标,大可不必像墨家那般摩顶放踵,过苦行僧日子,"与其不饮不食的履行七日或痛哭流涕的履行一月,倒不如也看书也履行至五年,或者也看戏也履行至十年,或者也寻异性朋友也履行至五十年,或者也讲情话也履行至一百年"②。黑暗是没有尽头的,即使是与恶势力捣乱,也全然不必将自己的生命全部搭进去,你不是为你的敌人活着,你有你的生活,有你的快乐。尼采说:与恶龙缠斗过久,自身亦成为恶龙;凝视深渊过久,深渊将回以凝视。当与黑暗纠缠不清,内心只剩下愤怒的时候,差不多就已经被黑暗吞没,失去了真正的自我。

　　回到文首提到的纵欲与虚无四种类型,鲁迅所展示的,不正是一种积极能动的虚无主义?他的人生姿态,不是前瞻的,更不是复古的,而是立足于此刻与大地的持久抵抗。他讲过这样一段话:

---

① 《鲁迅景宋通信集:〈两地书〉的原信》,第 6 页。
② 鲁迅:《补白》,《华盖集》,第 86 页。

仰慕往古的，回往古罢！想出世的，快出世罢！想上天的，快上天罢！灵魂是要离开肉体的，赶快离开罢！现在的地上，应该是执著现在，执著地上的人们居住的。①

五四时期的知识分子，有像康有为、章太炎那样想复古的，有像弘一法师那样决然出家的，有像陈独秀、胡适那样憧憬着未来天国的，也有像梁济、朱谦之那样想着自杀的。但鲁迅，尽管内心充满了虚无与绝望，依然不离不弃，依附于大地，执著于现在。他不对未来负责，也与过去一刀两断，他的心中只有当下。

从某种意义上说，这正是一种马克斯·韦伯说的"责任伦理"。在一个祛魅的时代，各种古老的神魅与眼花缭乱的主义已经失去了光彩，价值的冲突使得不再有绝对的存在。不再有上帝，不再有天国，不再有信仰。当信徒所依恃的"信念伦理"陨落之际，另一种对现在担当、对此刻负责的"责任伦理"成为严肃生活的价值尺度。而鲁迅，似乎正是以这样一种新的伦理价值重新衡量人世、要求自己。

他舍弃了天国，却获得了大地。

---

① 鲁迅：《杂感》，《华盖集》，第37页。

09

『我是十九世纪之子』

2008 年 5 月 9 日 22 时 40 分,在上海瑞金医院的病房,元化先生静静地走了。三天以后,天崩地裂,神州哭泣,为无数死难的生命。先生晚年挣扎于痛苦之中,没有看到身后的巨大噩耗,可谓不幸之幸。遗体告别仪式上,先生静卧于鲜花丛中,神态依然是那样的从容,我很难相信,先生已经去了,再也不回头了。不由悲从心头涌出,无法自已。

　　余生也晚,认识先生的时候,他已步入晚年。二十年岁月,世纪相交,风雨如晦。我有幸近距离见证了他生命中最后的岁月。先生在世之时,评点江山,坐而论道,感觉他是再平常不过的人。一旦先生远去,熟悉的身影消失在苍茫的地平线,骤然感觉到内心中塌了一大块,个中残缺,再也无法弥合。这种崩塌,不仅属于个人,也属于整个中国文化。

　　在这些令人悲哀的日子里,我重新阅读先生的遗作,试图将平日那些零碎的记忆,整理出一个大致的脉络,以还原先生晚年的思想、精神与意境。

先生离去的时候,身上披盖着锤子镰刀的中共党旗。他18岁加入共产党,那是烽火连天的1938年,还是在充满血腥的上海沦陷区。先生与李慎之先生一样,都是在一二·九运动中,怀着一腔救国热忱卷入革命,对党之荣辱、理想之执著,难以为后人所理喻。

先生不仅有滚烫的理想,而且有独立的意志和理论的思考。新中国成立前的中共队伍,基本由知识分子与农民阶级组成。知识分子入党,在党的历史上有过两次高潮。一次是20世纪20年代建党之初,那些创党领袖,个个是知识中人,乃至名流精英。第二次是30年代的一二·九运动时,为救国激情裹挟的青年知识分子,纷纷投身革命。先生从属的中共地下党江苏文委,是一个特殊的知识分子群体。看看群龙之首吧,文委书记孙冶方,副书记顾准,有理论,有思考,皆是领先时代的党内大知识分子。先生是幸运的,一加入革命,便在这样一个充满理论修养的氛围中熏陶成长。江苏文委,对于年轻的他来说无异于一所大学,塑造了他一生的人格。先生诚然是共产党员,但在他看来,自己首先是一个知识分子,是具有知识分子气质的共产党人。他在晚年写给李锐的一封私人通信中感叹:"入党已逾半世纪,自愧未尽一个知识分子的使命和责任。在今风雨飘摇世势中,没有做出自励励人的工作,以至每当梦回之际，难以入寐。"①

年轻时候的先生，有一种英雄情结，喜欢读尼采、鲁迅、罗曼·罗兰，他相信，这个肮脏的世界要由具有超强意志力的摩罗斗士来拯救。当年他喜欢的人物是鲁迅，从沦陷的北平出逃，什么东西也来不及带，唯独藏着一幅自描的鲁迅小像，那是他心中的偶像。他最喜欢读的书是罗曼·罗兰的《约翰·克里斯朵夫》，倾倒之至，觉得这位理想主义者的言行举止，都代表了批评的正义和艺术的真理。先生青年时期文章就写得很好，书生意气，挥斥方遒，在党内小有名气。他少年得志，恃才而骄。新中国成立初期与他共事的夏衍秘书李子云这样形容他：有一股凌人的盛气，很飙。②

1955 年的一场政治风波中，先生不幸被卷入其中。他后来回忆说："我的内心发生了大震荡，过去长期养成的被我信奉为美好以至神圣的东西，转瞬之间被轰毁了。"③在隔离审查期间，他读了很多书，不再是英雄列传，而是哲学名著，从毛泽东、列宁到马克思、黑格尔，逐一回溯，返归原典。

---

① 王元化：《清园书简》，湖北教育出版社 2003 年版，第 153 页。
② 李子云：《我所认识的王元化》，《天涯》杂志，2000 年第 7 期。
③ 王元化：《记我的三次反思历程》，载王元化：《清园近作集》，文汇出版社 2004 年版，第 13 页。

人生的挫败与哲人的智慧,让他变得沉静好思,从一个激进的文学青年蜕变为具有深邃反思力的思想者。

先生一生经历过几次大的反思。这些经历使先生的内心世界受到了显著的触动。他在相对沉静的环境中,对自己曾经所秉持的理念与认知,进行了理性的审视与思考。50年代的中国,先生在特殊处境中,逐字苦读黑格尔的《小逻辑》,终于抓住了教条主义的认识论根源所在:在所谓的从感性认识到理性认识之中,还有一个知性认识的阶段,即对事物的抽象概括。一旦将知性绝对化,取代辩证的理性认识,便会陷入僵化的教条主义,比如只承认人的阶级性而否认一般的人性和丰富多样的个性,只谈事物的普遍性而忽视各自的差异性。这些来自德国古典哲学的反思,在当时无疑是异端邪说,一直到80年代初思想解放运动,方有条件公诸于世。1982年,他参与起草了周扬在纪念马克思逝世一百周年学术报告会上的讲话《关于马克思主义的几个理论问题的探讨》,这篇报告不仅重新阐发了马克思的异化理论,而且也写进了先生对知性问题的思考。在80年代的思想解放运动和新启蒙运动当中,先生作为思想界的领袖,都走在时代的前列,不过,当时的他思想反思还不算彻底,还残存不少习以为常的流行观念。

90年代初是先生一生中最重要的转折点。那段时间,原本热闹非凡的客厅冷寞了许多。先生远走南国,在珠海白藤湖畔隐居了一段时间。那段日子,先生在给我的信中描绘了他的心境:"我在此与外界隔绝,如居世外。我还是童年时享受过这种宁静。住处前有一小庭园,铺着草地,种着花木。在风和日丽之际,坐在草地上,仰望上空,白云苍狗,使人的心也去掉了浮嚣,变得宁静起来。"

经历了刻骨铭心的时代创伤,先生痛定思痛,开始了一生中最重要的反思。后来他经常这样自白:"我在青年时期就开始写作了,但直到九十年代,才可以说真正进入了思想境界。……九十年代是我的反思时代,直到这时我才对于自己长期积累的思想观念,作了比较彻底的全面检讨。"①先生晚年发表的著述,偏爱用"思"与"反思"二词。有些人不愿反思,相信自己永远正确。他的一位学界同辈,一听到他提反思,立即神经绷紧,正色答曰:"我有什么要反思的? 没有,我没有反思。"但先生将反思视为知识分子的忧患意识,视为自己的生命本性。② 诚如林同奇先生所言,反思对于他而言,不仅是一种思考方式,还是一种生活的方式。这种方式未必不是痛苦的,因为反思的对象,不是别人,正是曾经

---

① 王元化:《九十年代日记》,浙江人民出版社 2001 年版,第 528 页。
② 王元化:《九十年代日记》,浙江人民出版社 2001 年版,第 78 页。

自以为是的自己。

先生对五四充满了感情,他曾经说过:我是五四的儿子。作为后五四一代知识分子,他喝着五四的乳汁长大,在其思想和人格深处,充溢着启蒙的精神。不过,在 90 年代之前,他并未意识到,五四启蒙思想之中,还隐藏着一些负面的因素。当 80 年代末海外学人对五四反思的声音传回大陆,他还慷慨激昂地写过一篇《论传统与反传统:为五四精神一辩》。白藤湖畔的孤独沉思,令他对 20 世纪激进主义造成的时代悲剧产生了警觉,并苦苦寻求其历史上的思想渊源。从南国回来不久,我受命请先生为《杜亚泉文选》写序。不久他给我打来电话:"小许,那个杜亚泉不得了啊!我们今天正在思考的问题,他那个时候都想到了。"1993 年的夏天,沪上酷热,先生打着赤膊,逐字细读杜亚泉与五四时期的思想文献。三个月以后,拿出了轰动海内外的长篇论文:《杜亚泉与东西文化问题论战》。

这篇文章拉开了先生 90 年代反思的序幕,他发现,20世纪激进主义的思想根源,最早来自清末民初的无政府主义,而到五四时则潜伏于启蒙思想之中。在五四时期东西文化论战中的陈独秀身上,他发现了一种"唯我正确"的独断论性格。过去先生是那样热烈地守护五四,捍卫启蒙,如今他觉得启蒙心态中一些负面的观念需要反思,那就是:庸俗进化论、激进主义、功利主义和意图伦理。① 作为五四的儿子，又受到黑格尔思想的深刻影响，先生原来坚信人的理性可以达到全知全能。人们按照理性的指引，可以打碎一个旧世界，建立一个理想的新世界。然而，20世纪的人类和中国的悲剧，却无情地证明了：理性，多少罪恶假汝之名实行！先生幡然醒悟："理性精神和人的力量，曾经使人类走出了黑暗的中世纪，但是一旦把它神化，又自以为掌握了终极真理的时候，他就会以真理的名义，将反对自己和与自己有分歧的人，当作异端，不是去加以改造，就是把他消灭掉。"②他曾经是那样地服膺黑格尔，到90年代，先生从事的反思工作之一，就是自我清理黑格尔思想中绝对主义和独断论的毒素。与此同时，又花费大量的精力，苦读卢梭的《社会契约论》，反思卢梭的公意说与极权主义思潮的内在联系。

先生多次提到，只有到了90年代，自己才真正"悟道"，他的反思工作才刚刚开始，有太多的研究要做。他的一生波澜起伏，亲身经历过多次重大事件，是历史的重要见证

---

① 王元化：《对"五四"的思考》，载王元化：《九十年代反思录》，上海古籍出版社2000年版，第127页。
② 王元化：《人文精神与二十一世纪的对话》，载王元化：《清园近作集》，第8页。

人。我好几次劝他写回忆录。他给我回信说:"我自省不行,但老了,僵化了,也还是得学,要学。苟一息尚存,此心不死。目前我仍在写些杂七杂八的东西。回忆录尚未考虑。估计手中还有些杂七杂八的文章要写。你们也许责我舍本逐末,但每人有每人想法。我也知这些文字没什么大价值,但我从不存文章名世之心,我也不想用文章为自己换取什么(甚至别人的尊重)。虫鸣鸟叫都是发乎不得不然耳。自问我所要写的既非纯学术,更非以学术议政。但也不是为好玩,自遣,或标榜什么自然主义。我始终相信知识是力量的箴言。"先生过谦了,他信上所提的那些"杂七杂八的东西",正是 1993 年以后陆续发表的重要反思文章。

可惜的是,先生的"悟道"有点晚了!90 年代以后,他的精力大不如前,写一篇文章,常常要耗费太多的心力体力。特别是过了 80 岁生日,身体更是每况愈下,经常住院,各种疾病和痛苦折磨着他。虽然思路还是那样地敏锐,记忆还是那样地清晰,思考还是那样地深邃,但日益衰老的身躯却拖累了他。先生再也无法写出大块的文章,只能通过随笔、访谈、口述的方式表达自己的最新思索。他又是一个完美主义者,每段文字都要逐字推敲,反复斟酌,寻找最恰当、最完美的表达,近乎达到苛刻的程度。他的晚年,文字不多,但字字珠玑，凝聚着全部心血。

晚年的先生，心境常怀苦痛。身体的痛苦尚在其次，真正折磨他的，是精神上的忧患。他在给自己学生的信上说："记得鲁迅晚年曾给一位青年写信说'人生实在痛苦'，诚哉斯言。"①先生的苦痛，源于中国士大夫的忧患意识。他曾经是一位充满乌托邦幻想的理想主义者，相信历史进化论，相信文明总是在进步，自认是过渡一代的人物，将全部的希望寄托在青年一代身上。然而，在生命的最后二十年，他在理性上看破了历史进化的神话，也不再轻信各种主义的乌托邦。先生目睹 90 年代以后中国发生的巨变，一则欣喜，二则心忧。晚年他看到的世界，不再是他所期望的世界，现实变得格外的功利、支离和媚俗，这世界不再令人着迷。

以我近距离的感受，先生晚年最忧虑的、谈得最多的，莫过于三件事：思想与学术的分离、知识界的党派林立与人类古老文明的衰落。

思想与学术的分离，乃 90 年代以后的学界景象。这个问题在 80 年代并不存在，新启蒙运动之中，思想与学术混沌一片，互为镶嵌，只要读读当年的《读书》，便可体会。80

---

① 王元化：《致吴琦幸》，载王元化：《清园书简》，第 117 页。

年代的新启蒙,既是一场理性运动,又是一场狂飙运动。比较起理性,激情还更占上风。若从中国历史的学术脉络梳理,80年代是又一个宋学时代,各路人马放言义理,高谈阔论,充满了传统士大夫的淑世情怀。虽然"尊德性"(理想主义)与"道问学"(知识主义)并重,但"尊德性"在"道问学"之上。90年代以后,学界形势巨变,一部分启蒙者退回学院,以考据取代义理,"道问学"压倒"尊德性",知识主义替代理想主义,又进一步蜕变为文献主义。清学时代到来了,遂有"思想家淡出、学问家凸出"的说法。但重大义理问题并未解决,反而以更尖锐的方式表现出来。义理与考据分裂,思想与学术二分,汉宋之争不绝于耳。一方面是借助体制和专业化力量,清学大兴;另一方面,80年代形成的启蒙阵营也内部分化。季羡林与李慎之,这两位德高望重的学界大儒,可谓"道问学"与"尊德性"两歧路向的精神象征。季羡林作为一代国学大师、公认的清学代表,为学术而学术,为求知而求知,成为当今博学鸿儒们的为学楷模。李慎之继承"五四"狂飙传统,深感90年代士林人格萎靡,失去批判激情。为鼓舞士气,指点方向,撑起自由主义的意识形态大旗,以一己之道德实践,试图身体力行,杀出一条通向理想世界的血路。

面对考据与义理的二分格局,元化先生颇为忧虑。汉宋相争,先生居中,就学术风格而言,他偏向"道问学";若从精神关怀来说,又具有"尊德性"的气质。先生深知,思想与学术,合者两美,分则俱伤。缺少思想关怀的学术,无异工匠手下的雕虫小技,而匮乏学理基础的思想,又会流为游谈无根的概念口号。几经思虑,先生提出了"有学术的思想与有思想的学术"的主张。晚年的他,最为敬佩两位学界前辈。一位是顾准,充满知识学理的理论大家,无愧"有学术的思想"之楷模;另一位是陈寅恪,大学问背后有穿破时代的深邃关怀,堪称"有思想的学术"之典范。思想与学术合而为一,可谓学人的最高境界。先生本人身体力行,知识学养文史哲贯通,义理、考据、词章,无不具有一流成就。学术界有"南王(元化)北钱(锺书)"美誉,思想界也有"南王(元化)北李(慎之)"之称,这两种说法虽然不为先生所接受,却证明了其学思双修的最高境界。

在这个清学的时代里面,先生究竟代表着什么样的形象?李慎之可谓阳明学后裔,季羡林更接近乾嘉大儒钱大昕。相比之下,先生可以说是当代学界的戴震。余英时先生说:戴震治学,贵精而不务博,以闻道为归宿。他由故训以明义理,义理背后又有功力。清学之中有博约之争,乾嘉考据,有博无约,陷入支离;宋明遗风,先立其大,又流于空疏。戴震之所以卓越于时代,乃是因为他是一头狐狸时代的刺猬,有狐狸的本领(考据之博)而以刺猬(义理之约)著称。① 先生之成就,颇近清季的戴震。2006年夏天,我在安徽屯溪开会,拜访戴震纪念馆,发现先生当年为纪念馆所题的词:"博大精深",左联是"训诂经义发幽思",右联为"公意渊深耐细思"。这,或许也是先生的自励罢。

让先生经常心忧的另一件事,是90年代以后的学界山头林立,党派意气。80年代的启蒙阵营,志士同仁胸怀共同的理想,面对共同的敌人,虽然时有内争,却彼此坦诚相待,携手奋战。90年代中期以后,启蒙阵营分化,知识背景各殊,意识形态纷争,各种利益也渗透其间。先生很关心学界动态,常常为各种意气之争和相互伤害痛心不已。半夜醒来,他也在思索:为什么一些中国知识分子之间不能形成合理的正常关系? 为什么他们不是像互不理睬的豪猪,就是像你死我活的豺狼?② 他最反感的,是拉山头,扯大旗,结成一己党派,排斥打击异己,还要以某种神圣的名义;或者动辄将人划为什么主义、什么派,以小群衡量天下士林。先生超越党派立场,超乎意识形态的混战之上。他的"中道"和反思,常常引来一些议论,被外人误解为"转向",或被划入国学

---

① 参见余英时:《论戴震与章学诚》,东大图书公司(台北)1995年版,第124—162页。
② 参见王元化:《九十年代日记》,第474页。

派、保守主义等,不一而足。先生对此感到气愤,常常郑重声明:"现在学术界也有拉帮结派之风,但我不参加互助组,也不参加合作社,准备单干到底。"①

痛感于学界的分裂,先生犹如胡适之晚年,愈来愈认识到容忍比自由更重要。容忍不是乡愿,不是放弃自己的立场,迁就别人的观点,而是倾听对方的声音,寻求彼此的理解。1993年,他在给我的信中,提到学界中各种激进与保守之间的冲突时这样写道:"请听一个老人的真话吧,我们都应有学术上既虚怀若谷(能容别人观点)又坚持不挠(不放弃自己自以为是的真理)的民主作风。"先生的为友之道,不在乎立场一致或观点相近,他更看重的是彼此间的心灵相契。他与林毓生、余英时两位先生的情谊,便是由论敌化为挚友的佳话。林、余两位,原先对先生1988年写的《论传统与反传统:为五四精神一辩》一文都有过批评,先生与他俩还有过笔战。待后来在夏威夷国际学术研讨会上见面,却一见如故,惺惺相惜,从此成为学术上的挚友。先生在提到这段往事时说:"我想能够出现这种情况,首先在于双方都必须具有追求真理的热忱和对于学术民主和自由讨论的原则的尊重,这才能够虚己复善,平等待人,而不是居高临下,

---

① 王元化:《九十年代日记》,第452页。

意在求胜。"①

先生生前的时候,客厅永远是高朋满座,三教九流,无所不有。先生有容纳的胸怀,有凝聚人气的魅力。无论何种声音,只要言之有理,持之有故,他都愿意倾听。但与他接触多了会发现,在理性的温雅背后,先生也有狂狷的一面。他常常讲:"我是湖北人,性格中有楚蛮之气。"他的内心燃烧着岩火,碰到某些大是大非,会突然爆发,情绪激烈。对他了解不深的朋友,常常会吓一跳,这是读他的文章感觉不到的。为什么他的文字与性格有如此反差?先生生前曾向我透露作文的心得:"写文章的时候,千万不要在情绪激动的时候动笔,这个时候写出来的东西,肯定是气胜于理。等到心情平复下来,运用自己的理智,才能有公允之论。"先生笔下的文字平和而含蓄,力量都收敛在里面,在看似理性的文字背后,蕴含着暗潮汹涌的情感。外柔(和)而内刚(烈),或许是先生的本来面目。

先生给人最深刻的印象,是他的眼神,非常明亮,有一种威严和犀利,常常透过事物的表征,洞穿人世的真相。在生命的最后几年,他已经看破尘世,看透各种无聊的把戏。七十年的政治生涯和跌宕起伏,再加上熟读古书,饱阅历

---

① 王元化:《九十年代日记》,第85页。

史,深谙人性,先生不再轻信,不再挂念时政。舞台上各路
英雄豪杰人来人往,但历史骨子深处的东西丝毫未变。瞻
望未来,他常常流露出莫名的焦虑。他的视野早已超越了
一朝时政,也不相信制度可以改变一切。在他看来,即使实
现了民主制度,假如制度背后缺乏人文精神和公共伦理,民
主制度也会变质。① 先生时时牵念于怀的,是古老文明的衰
落,特别是人文精神的式微。他最初忧虑的,是泛滥成灾的
大众文化。作为一代学界精英,他不是反对大众文化本身,
而是担忧其对艺术品位与精神生活的伤害。他多次说:"艺
术不能在古与今、中与外、新与旧之间作出高下之分,而只
有崇高与渺小、优美与卑陋、隽永与平庸的区别。"②大众文
化之中有好东西,但作为强势文化,它消解了艺术本身的标
准,一味追求流行与时尚,以市场的口味取代艺术本身。先
生最反对的是媚俗,他再三疾呼:"一个以时尚为主导的社
会文化中,是没有真正有深度的精神生活可言的。"③可惜,
先生的声音太微弱了,他无法挽狂澜于既倒,只能眼睁睁看
着古老的精英文化与文明遗产日渐衰落。

　　2002 年,经林毓生先生推荐,他读到了哈佛大学史华慈

---

① 参见王元化:《清园近作集》,第 52 页。
② 王元化:《九十年代反思录》,第 189—190 页。
③ 王元化:《清园近作集》,第 7 页。

教授的遗作《中国与当今千禧年主义》,这篇文章给他以很
大的震撼。史华慈教授以古老的先知精神,怀着对人类文
明的深刻隐忧,在临终之前告诫世人:技术进步和各种新科
学给人类带来的消费主义和物质主义,业已成为一种物质
性的末世救赎论,轴心文明时代累积下来的人文主义精神
正在衰落。① 先生意识到,人文精神的衰落,不仅是中国当
今的特殊现象,也是整个人类文明所面临的共同威胁。他
专门作了一篇短文,满怀忧心地指出:"中国今天实在没有
理由为西方以消费主义、物质主义为涵义的普世理念蔓延
感到兴奋。"②此后几年,先生的忧虑愈来愈深,紧紧地纠缠
着他,每次我去看望,他几乎都要谈到这个话题。我隐隐感
觉到,先生有一种王国维、陈寅恪晚年那种文明将倾的悲哀
与凄凉。先生步入了 21 世纪,但对人类的未来并不感乐
观。在给林毓生的信中,他忧心忡忡地说:"以赛亚·伯林
说二十世纪是个很糟糕的世纪,但从目前的趋势来看,二十
一世纪恐怕是文化崩溃的时代。"③"每一想及此事,真是令
人悲从中来。我已入耄耋之年一无所求,但是想到我们的

---

① 参见史华慈:《中国与当今千禧年主义:太阳底下的一桩新鲜事》,载王元
　化:《清园近作集》,第 142—150 页。
② 王元化:《关于〈中国与当今千禧年主义〉的几句话》,载《清园近作集》,第
　138—141 页。
③ 王元化:《致林毓生》,载《清园近作集》,第 204 页。

后代,想到我们悠久的文化传统,倘听其毁于一旦,实在是于心难堪此劫。"①

20 世纪是如此的不堪回首,新世纪又是那样的前景黯淡,在生命的最后岁月之中,先生开始怀恋并非遥远的 19 世纪。2001 年,他在一篇重要的访谈《人文精神与二十一世纪的对话》中,公开表示:"我对十九世纪比对二十世纪有更多的感情。直到今天,西方十九世纪文学仍是我最喜欢的读物。……我在精神上是十九世纪之子,是喝着十九世纪作家的奶成长的。"②

先生为什么如此留恋 19 世纪? 19 世纪究竟意味着什么? 对于他而言,19 世纪首先意味着博大。19 世纪是一个文化上的"广漠之野",③那时的人们心灵开放、海纳百川,兼容东西。先生的高足胡晓明在一次对话中对他说:"先生身上十九世纪文化精神的熏习极深。先生晚年的精神气质上恐怕更多回向五四的前一辈人,梁启超、严复、王国维……那时想的是如何昌明旧学,融化新知。想的是东海西海,心理攸同。五四以后就不是那样了,这几乎等于一种信仰。"

---

① 王元化:《致林毓生》,载《财经》杂志,第 143 期,2005 年 10 月 3 日。
② 王元化:《人文精神与二十一世纪的对话》,载《清园近作集》,第 2 页。
③ 王元化:《仍然有很长的路要走》,《财经年刊:世界 2003》,财经杂志社 2003 年版。

先生听了,深以为许。① 他曾经是五四的儿子,献身于启蒙大业,为五四精神一辩。90 年代,反思五四,意识到作为 20 世纪的精神代表五四运动,有其偏狭的性格。而返观上世纪之交,清末的启蒙士大夫,从梁启超、严复到王国维,不以中西为沟壑,致力于文明之会通。晚年先生所欣赏的杜亚泉、陈寅恪等人,无不具有 19 世纪的博大与包容。那是文化上的自信,是不亢不卑的文明大国风度。

先生喜欢 19 世纪,还有一个理由,乃是 19 世纪的启蒙理想充满着人文精神。抗战初期幽居在孤岛上海,无书可读,19 世纪的欧洲文学作品成为他唯一的精神养分。从英国的狄更斯、勃朗蒂姐妹,法国的巴尔扎克、罗曼·罗兰,到俄国的契诃夫、陀思妥耶夫斯基,等等,这些浸润着深刻人道主义精神的文学家,塑造了先生一生的灵魂。他说:"我喜欢十九世纪的文学处处渗透着人的感情,对人的命运的关心,对人的精神生活的注重,对人的美好情感的肯定。"②

人文精神的核心,乃在于将人视为目的,尊重每个人的人格与尊严。先生对尊严二字看得极重,在反胡风、"文革"

---

① 王元化:《清园近作集》,第 51—52 页、序第 2 页。
② 王元化:《清园近作集》,第 2—4 页。

等政治风暴中，他曾经被深深地伤害过，对人的尊严也格外敏感。他曾经说过："人的尊严是不可侮的。……思想是古怪的东西。思想不能强迫别人接受，思想也不是暴力可以摧毁的。"①人的尊严来自人之精神，源自人是有思想的动物。他在给自己的学生信中写道："我一生中——尤其在'文革'及运动中，经历了太多的残暴、冷酷、兽性。因此，我希望你们一代不再有人格的侮辱，能保持自己的人的尊严。"②人的尊严，在以往的运动中受到权力的侮辱，如今又在市场的媚俗之中丧失。这令先生十分痛心，他再三重申陈寅恪为王国维墓作的墓志铭中那句名言："独立之精神、自由之思想"，以鼓舞世人，自勉勉人。所谓独立与自由，不仅针对专横的权力，也是对市场的流行与金钱的抗拒。

在先生看来，19世纪的文学与哲学之中，充满了人的精神尊严。晚年的他，虽然清算了黑格尔，但黑格尔对人的思想与精神力量的重视，那句"精神的力量是不可低估和小视的"，依然成为他终身的座右铭。先生所处的时代云诡波谲，各种危险和诱惑接踵而来，他坦然地说："我是一个用笔工作的人，我最向往的就是尽一个中国知识分子的责任。

① 王元化：《九十年代反思录》，第355页。
② 王元化：《致吴琦幸》，载《清园书简》，第117页。

留下一点不媚时、不曲学阿世而对人有益的东西。我也愿意在任何环境下都能做到不降志、不辱身、不追赶时髦，也不回避危险。"先生的晚年，虽然无惊天地泣鬼神之壮举，但其言其行，有所为，有所不为。看似寻常，然而当今士林之中，又有几人能够做到？

先生为思想而来，又为思想而去。他是一个精神的存在。当最后一次住进医院，意识到生命无多的时候，他说：我是一个唯精神主义者，现在由一个精神人变成一个生物人，对这个世界已别无所恋。他再三叮嘱家属，并要求他们向他保证：到最后阶段，千万不可同意创伤性抢救方案。他认为：一个人临终之前，若是浑身插满管子，甚至开膛破肚，这不符合人性。人活着要有尊严，死的时候也要有尊严。

先生终于有尊严地走了，这位"十九世纪之子"，一生守住了为人的尊严。

10

另一种理想主义

一个世俗社会的来临，总是伴随着一场深刻的精神危机。在市场经济的背景下，个人如何获得生命的意义，重建人文关怀以及坚守理想主义的立场，成为中国知识分子关切的中心问题。从人文精神的讨论，到"二王"和"二张"之争，人文精神、理想主义、精神家园一直是争论的关键词。作为高擎理想主义旗帜的坚定旗手，张承志和张炜因为其激烈的反抗世俗立场几乎吸引了公众的所有视线，而那些更具思想价值和建设意义的人物却落入了被忽略的寂寞命运。而历史的经验经常提醒我们，在一场万众瞩目的文化思潮中，浮在表面的、风头最劲的，有可能是昙花一现的思想泡沫，而在波涛下面的沉静之处，倒常常可以发掘到跨越时代的精神金矿。

　　史铁生，就是这样一个被严重忽视的人物。

　　他一度被列入所谓"抵抗投降"者的行列，但这不啻是一种严重的误读，史铁生的姿态与其说是抗议的、批判的，不如说是沉思的、建设的。在理想主义重建的意义上，史铁生留给我们的,是比张承志、张炜多得多的东西。

从年龄上来说,1951年出生的史铁生属于特定历史时期成长起来的一代人。这是理想主义的一代人,他们后来的许多行为都可以在青春时代找到早年的踪迹。尽管在80年代初期这代人对自己青春期的幼稚、冲动和迷惘有过痛心疾首的忏悔,但尚未来得及进行更深入的历史清算和理性反思。到90年代初,面对市场经济的汹涌浪潮和一些社会思潮的兴起,张承志等一批同龄人就再度举起理想主义的旗帜,匆匆上阵应战。应战的姿态是悲壮的,但所用的武器却是那样的陈旧,几乎只是60年代青春期的翻版,以至于缺乏足够的思想魅力和现代价值吸引新的一代年轻人。人们敬佩的只是张承志的血性人格,但对他与张炜那种有些偏激的、带有早期年代色彩的道德理想主义或多或少持有某种保留的意见。

在他那一代人中,史铁生也许是极少数能够超越自身、具有现代意识的作家。他与张承志一样,始终是一个坚定的理想主义者。但与张承志不同的是,史铁生的理想主义不再以群体为本位,而代之以明确的个人立场;生命的意义不再与历史的或形而上的终极目标发生关联,而是对虚无困境的战胜和超越;他的理想主义也不再是咄咄逼人的、侵略性的,而是温和的、宽容的、充满爱心的。

当种种政治乌托邦、道德理想主义在人间播种下始料不及的罪恶以后,信仰上的虚无主义开始在青年一代中蔓延。虚无主义对理想主义的挑战,逼得我们在重建个人信仰的时候,必须回应这样的问题:如何避免理想的乌托邦在实践的过程中再次破灭,再次陷入虚无的循环? 张承志、张炜在重构自己的理想主义时并没有意识到这一问题,他们对抗虚无,却绕开了虚无所提出的问题,仍然将理想实有化,将信仰同一种历史的或形而上的具体目标相联系。在建构信仰的方式上,他们仍然是传统的。这样一种重建,并不能彻底战胜虚无主义,也无法为新生代提供重建信仰的示范。

史铁生就不同了,他所重构的理想主义整体上超越了同时代人的思想局限,回应了虚无主义的尖锐挑战。这种回应说来也很简单,首先是承认虚无,随后超越它,战胜它,在信仰的废墟上重建理想,获得生命的意义。

一种脱胎换骨的人生转变,往往肇始于一个偶然的事件。如果没有 21 岁时骤然降临的双腿瘫痪,我们很难设想史铁生能够比同时代人跨越得更远。生理的残缺使得生命的意义受到了质疑,是生,还是死? 只有当人被逼到考虑生死的时刻,才有可能在精神上获得新生。加缪说过:"真正严肃的哲学问题只有一个:自杀。"①这种纯粹个人性的精神危机,要比那些群体性的精神危机真切得多,也更有震撼力。

在深刻的绝望之中,史铁生发现生命的偶然和苦难的无常。残缺和苦难,就像人的出生一样,都是偶然的,无法自我把握的。人的命运被偶然之网所笼罩,人生充满了荒诞感和虚无感。在当代中国作家之中,史铁生是最具荒诞感的作家之一,这使得他与自己的同代人有了某种精神距离,而与新的一代发生了思想接榫。

史铁生感到,人有三种根本性的困境:一是孤独,人生来注定只能是自己,无法与他人彻底沟通;二是痛苦,人生来有无穷的欲望,而实现欲望的能力永远赶不上欲望滋生的速度;三是恐惧,人生来不想死,但总是要走向死亡。② 这些困境是永恒的,无法克服的,它们构成了虚无感的人生背景。每一种困境都意味着生命的残缺,人生注定是残缺的、荒谬的和不圆满的,即使我们人为地进行好运设计,最后也会沮丧地发现它并不存在。

在阅读史铁生的时候,常常会使我们想到加缪。加缪

---

① 加缪:《西西弗的神话》,杜小真译,生活·读书·新知三联书店1987年版,第2页。
② 史铁生:《自言自语》,载《好运设计》,春风文艺出版社1995年版,第46页。

认为荒谬是人与世界之间联系的唯一纽带，荒谬是不可能
被消除的，人只能带着裂痕生活。但是人必须超越荒谬，在
荒谬的生活中获得意义。① 史铁生也是这样。他意识到人
生的困境和残缺，却将它们视作获得生命意义的题中应有
之义。如果没有孤独，爱就失去了意义；如果没有欲望的痛
苦，就得不到实现欲望的欢乐；如果人永远不死，那么人生
就像波伏娃的名著《人皆有死》中那个死不了的福斯卡那
样，变得乏味透顶。生命的残缺，人生的虚无状态，反而为
人战胜自己、超越困境和证明存在的意义敞开了可能性
空间。

　　人的生存是荒谬的，没有任何理由的，但在一个理想主
义者看来，必须赋予它以意义，必须有东西证明它的意义。
"只有人才把怎样活着看得比活着本身更要紧，只有人在顽
固地追问并要求着生存的意义 。"②对生存意义的追问，是
人文精神的精髓所在，也是人区别于动物的主要标志。人
必须选择一种东西作为生存意义的证明。史铁生选择的是
写作。但是，写作以一种什么样的方式存在？如果作为一
种生存的目的，作为一种具体的、功利的目标，那么人就会

① 杜小真：《微笑着的悲哀》，载周国平主编：《诗人哲学家》，上海人民出版社
　　1987 年版。
② 史铁生：《康复本义断想》，载《好运设计》，第 79 页。

被写作囚禁起来,就会失去生存的意义本身。而在史铁生看来,写作无非是一种生命的存在方式,一种意义的证明,"只是因为我活着,我才不得不写作"。[①] 这犹如麦金太尔所说的实践活动中的"内在利益",它不是为了获得某种可以替代的外在利益,比如权力、金钱或地位等,而是旨在追求一种内在的、无可替代的生活的意义,而这种意义只有通过特定的实践过程才能得以实现。[②]

理想主义最重要的问题之一在于意义的确证。传统的理想主义总是将意义的确证与某种终极的或具体的目标相联系,张承志和张炜也是如此。一种目的论的理想主义不是容易滑向对人性和个人的侵犯,就是因为过于实质化而走向幻灭,导致意义的丧失。当传统理想主义终于走向其反面,而留下一片信仰上的废墟时,究竟以一种什么样的策略拯救理想主义,以回应虚无主义的挑战? 史铁生提出,意义的确证应该从目的转向过程,因为只要人们眼光盯着目的,就无法走出绝境。而一旦转向过程,即使"坏运也无法阻挡你去创造一个精彩的过程,相反你可以把死亡也变成一个精彩的过程"。"除非你看到了目的的虚无

---

① 史铁生:《我与地坛》,载《好运设计》,第 112 页。
② 参见麦金太尔:《德性之后》,第 14 章,中国社会科学出版社 1995 年版。

你才能进入这审美的境地，除非你看到了目的的绝望你才能找到这审美的救助。"他满怀欣喜地写道："生命的价值就在于你能够镇静而又激动地欣赏这过程的美丽和悲壮。……从不屈获得骄傲，从苦难提取幸福，从虚无创造意义。"①

当意义的呈现从终极目的转向实践过程的时候，当目的被消解而过程被空前地凸出的时候，理想主义终于立于不败之地，终于找到了自己的栖身所在。理想主义不再是实在的、功利的，它被形式化、空心化和悬置起来了，悬置在最具审美价值和非功利的实践之中。这又使我们想起了加缪，想起了他笔下的那个战胜了荒谬的英雄西西弗斯。也想起了具有现代荒诞意识的鲁迅，想起了他笔下的那个不知何处是归宿、却仍然要向前走的"过客"。同样，史铁生在理想的废墟上重建了理想的大厦，在虚无的命运中超越了宿命，他成了反抗虚无的英雄。

看透生活再热爱生活，这是史铁生的理想主义，一种过程论的理想主义。尽管它是从个人的苦难中得出的人生真谛，尽管它仅仅是一种个人化的人生哲学，然而，它的意义建构规则和理想落实方式，对于信仰危机以后虚无主义蔓

---

① 史铁生：《好运设计》，第136—137页。

延的世纪末中国,无疑具有普遍的启示。每个人的信仰对象可以不同,但是信仰的方式却值得反思。由目的转向过程的理想主义,很可能是经受过虚无主义思想洗礼的新生代更容易接受的一种信仰方式。

比较起信仰的方式,理想主义以什么为本位也许是一个更值得关注的问题。80年代中国的思想启蒙运动当时所欲解决的问题之一,就是如何在中国人的现代观念之中,注入以自由为核心内容的个人意识。中国传统的理想主义都很缺乏个人意识,它们总是以某种超验的或历史的终极之物为本位,要求人们为之献身和奋斗。可惜的是,对传统理想主义的反思尚未凯旋,在90年代的中国知识分子中又再次出现了传统理想主义的回归,即以张承志和张炜为代表的道德理想主义。理想固然是好东西,但是要看以什么作为理想的依归。在"二张"那里,我们看到的仍然是"民族""人民""贫苦民众"等一些神圣词汇。显然,他们的理想主义不是自我的精神拯救,而是救世的工具;不是以个人的内在信念和自我意识作为支撑,而是再一次将自我融化到群体之中。个人在理想之中消失了,个人成为无足轻重之物。我们很难设想这种非个人化的理想主义对现代人有什么持久的吸引力。

相形之下,史铁生的理想主义似乎是别有境界。从一开始,他的所有困境、所有痛苦都是很个人化的,因而那些苦难也显得更为真实。史铁生考虑的核心问题也是灵魂的拯救,但这仅仅是一种自我拯救,并没有赋予任何社会/道德的神圣使命。史铁生在他的名作《我与地坛》中坦然承认,他当初投身写作的动机仅仅是"为了让那个躲在园子深处坐轮椅的人,有朝一日在别人眼里也稍微有点光彩,在众人眼里也能有个位置"①。如此卑微的写作动机,在传统理想主义者看来大概是不屑一顾的,我却被它深深地感动,因为它是那样的真切,那样的诚挚,显示出生理残缺的史铁生作为一个人、一个理想主义者,反抗命运、争取自身尊严的非凡勇气,显现出一个生活中的强者所真正拥有的精神力量。

谁也不会否认史铁生的血是热的,他是一个富有激情和理想的人。但在他的激情背后,总有一种基于个人意识的清明理性。1995年的文坛是热闹而又不乏无聊的,似乎重新出现了一个只重立场、不重观点的时代,好像谁的立场最坚定、姿态最鲜明、口号最激烈,谁就拥有精神圣徒的资格。史铁生对此是有警惕的,他指出:"立场与观点绝然不同,观点是个人思想的自由,立场则是集体对思想的强制。立场说穿了就是派同伐异,顺我派者善,逆我派者恶,不需

---

① 史铁生:《好运设计》,第110页。

再问青红皂白。"①他厌恶群体性的"立场",而独重更富个人色彩的"观点",他的理想主义,与其说是激情的产物,不如说是理性思考的结晶。

　　比较起救世,史铁生更注重的是救心,对个人灵魂和精神残缺的拯救。但他并不认为自己手握终极真理,可以以救世主或思想先知自命。他以为生命的意义是一个永恒的问题,我们可以对终极发问,却不能赢得终极的解答。自由与爱,总是以问题的方式而不是答案的心态,存在于我们的心灵。② 史铁生习惯于以一种将心比心的平等姿态与读者对话,与他们进行真诚的思想交流。真正的精神圣徒是谦卑的,史铁生已经接近了这样的境界。

　　在如今甚为流行的简单的二元对立思维模式之中,似乎一讲到理想主义,就意味着抵抗世俗,似乎神圣与世俗是形同水火,势不两立。从精神气质来说,史铁生是最富宗教感的作家之一(尽管他不是任何意义上的教徒),然而他对世俗始终抱着宽容和理解的态度。在他看来,神圣是以世俗为前提的,"神圣并不蔑视凡俗,更不与凡俗敌对,神圣不期消灭也不可能消灭凡俗,任何圣徒都凡俗地需要衣食住

---

① 史铁生:《"足球"内外》,载《天涯》,1996 年第 1 期。
② 史铁生:《记忆迷宫》,载《好运设计》,第 284—285 页。

行，也都凡俗地难免心魂的歧途，惟此神圣才要驾临俗世"①。超凡而不脱俗，是一个圣者的自信和潇洒。正如史铁生所说，上帝安排了俗世，是为了考验人类，把他们放进龌龊里面，看看谁回来的时候还干净。就像放飞一群鸽子，看看最后哪只能回来。② 大概，只有惧怕自己抵御不住世俗诱惑的"圣者"，才会那般地仇视世俗。真正的圣者总是在俗世又超越俗世的。

史铁生的宽容和大度不仅体现在对世俗，而且也表现在对不同的价值观念上。他颇不赞成拉大旗的做派，建议"不如'少谈点主义，多研究点问题'，让所有的观点都有表达的机会，旗倒不妨慢举"③。他明确表示："很多严厉的教派，如同各类专横的主义，让我不敢靠近。"④宽容并不意味着乡愿，在关系到正义或正当的大是大非面前，史铁生的态度是不含糊的。然而，在一个现代多元社会中，价值已经与道德发生了分离，一个社会应该有共同的道德，但可以有多种的价值观。一种理想主义自然有其特定的价值观，但并不因此具有道德上的优越感，可以对其他价值观"不宽容"。

---

① 史铁生：《"足球"内外》，载《天涯》，1996 年第 1 期。
② 史铁生：《随笔十三》，载《好运设计》，第 200 页。
③ 史铁生：《"足球"内外》，载《天涯》，1996 年第 1 期。
④ 史铁生：《无答之问或无果之行》，载《好运设计》，第 307 页。

现代社会的理想主义者,大可不必是充满仇恨的复仇之神,不妨做一个洋溢着博爱的慈善笑佛。

史铁生所持的无疑是一种爱的理想主义。与张炜强调"恨"相反,史铁生的所有希望只有一个,让世界充满爱。爱的哲学,可以是浅薄的说教,也可以是深刻的生命体验。史铁生的爱心,并非如一般说教那般浅薄。因为他的爱是从虚无中升腾,经历过荒诞的洗礼。他的确在各方面很像加缪,那个"地中海的儿子"加缪。在他们两人身上,不仅有虚无的、悲观的阴霾,也有爱的、乐观的阳光;不仅有对荒谬命运的否定,也有对人类情感的赞美。史铁生总是在人的苦难中发现爱,他相信爱总是与命运的巨大灾难联系在一起。"爱,永远是一种召唤,是一个问题。爱,是立于此岸的精神彼岸,从来不是以完成的状态消解此岸,而是以问题的方式驾临此岸。爱的问题存在与否,对于一个人、一个族、一个类,都是生死攸关,尤其是精神之生死的攸关。"①

这就是史铁生的理想主义,一种个人的、开放的、宽容的、注重过程的、充满爱心的理想主义。它以虚无为背景,又超越了虚无,它是人生悲剧中的微笑,荒谬命运中的浪漫,俗世社会中的精神乌托邦。我相信,随着时间的推移,

---

① 史铁生:《无答之问或无果之行》,载《好运设计》,第316页。

史铁生将会被更多至今仍在虚无中探索的人们所了解和接受，并日益显现出其跨时代的思想魅力。是的，世纪末中国所需要的，应该是史铁生式的理想主义，一种温和的、自由的理想主义。

附 录

在刺猬与狐狸之间：我的知识分子研究之路

　　很多学者的学术道路都是自己选择的，但对我来说，从事知识分子的研究却纯属偶然，不是我选择了命运，而是命运选择了我。我中学毕业后就下乡，在上海城郊的农场一待就是三年。乡下的生活虽然枯燥，却给了我一个很好的读书机会。在乡下的三年里，我负责管理单位的图书室，看了不少书。1977年国家恢复高考，我高兴死了，赶快报名参加。复习的时候也是从从容容的，后来接到华东师范大学的通知书，成为恢复高考后第一届大学生。

　　为什么要考文科呢？实际上，我的理科成绩也不错，考试时数学还是满分。但我对文科有一种偏爱。我很喜欢文学，和那个时代的很多年轻人一样，对文学十分感兴趣。作家在那个时代是人类灵魂的工程师，这让我非常渴望从事文学创作。当时在填报志愿的时候，上海的文科生只有两个大学可以选择：复旦大学和上海师范大学（那个时候华东师大和上海师大合在一起，我们进校后才分开了）。我填报的志愿都是与新闻、中文、历史有关，但偏偏被华东师范大学政治教育系录取了，这是让我感到美中不足的地方。我在大学的时候并不知道自己该学什么，兴趣很广泛，很难说有一个明确的专业方向。大学三年级的时候选择专业，当时有三个方向可供选择：哲学、经济和政治。我选择了政治专业。大学毕业论文做的是关于苏联改革的研究。但在毕业留校后，组织上分配我到中共党史教研室，与陈竹筠老师一起从事中国民主党派史研究。我从事的第一个研究就是《黄炎培传》，接下来又做了一个《沈钧儒传》。我的研究生涯是从中国民主党派研究开始的。

一般民主党派研究专家都把民主党派作为政党史来研究。但我这个人常常想法比较特别，我喜欢文学，因为文学更多地涉及人的心灵和人性。别人从民主党派历史中看到的是政治，我发现的却是中国知识分子的心路历程。民主党派特别是中国民主同盟，它的成员大部分是知识分子，尤其是自由主义知识分子。我从事知识分子的研究纯属偶然，完全是兴趣的导引。我最早的两篇有关知识分子的文章，都是在1987年发表的。一篇是《中国知识分子群体人格的历史探索》，刊登在《走向未来》杂志第一期；另外一篇是《从中国的〈忏悔录〉看知识分子的心态与人格》，发表在

《读书》杂志第一期。前一篇文章我考察了古代的知识分子到现代知识分子人格的历史演变。后一篇文章我是从民国初年的著名记者黄远生写的《忏悔录》来看中国知识分子"灵与肉"之间的冲突。从此一发不可收，从1987到1989年我连续发表了数篇关于中国知识分子的系列研究文章。这些文章在当时的"文化热"中受到了普遍的关注，《新华文摘》在一年时间里三次转载。我几乎是一夜暴得大名，完全是我最初意想不到的。我一开始做这些研究没有任何功利的想法，只是出自内心的问题关怀和热情驱使。

这些文章为什么引起如此大的反响？现在回过头分析，应该有两方面的原因。我是一个很幸运的人，在20世纪80年代中期，中国思想界恰恰出现了"文化热"，现在被称为"新启蒙运动"。它的主题与"五四"新文化运动一样，所关心的是为什么中国的现代化充满曲折？问题究竟在哪里？当时的知识分子觉得，很重要的一个原因是文化，中国的传统文化对现代转型有着不可忽视的影响。因此，"文化热"中一个重要的思考方向，便是借助外来文化的视角，对中国传统文化进行审视与反思。反思传统文化，同时也反思文化的主体——知识分子本身。我的文章之所以能够获得较多关注，与当时中国思想界这个热点有关系，所以这里面有一些幸运的成分。当然，这也与我的思想比较敏锐有关。我并不是一个仅仅满足于专业兴趣的人，对于当下思潮的变迁常常有一些观察和思考，从中发现一些问题，并将当下的问题意识转化到历史研究中去。当时我提出的一个主要观点是：中国知识分子在独立精神的培育上尚有提升空间，这在一定程度上对现代化进程构成了制约，也是中国文化发展中值得深入探讨的议题。这一看法在当时的思想界引发了一些共鸣。

这是我学术生涯的第一段，是我学术研究的起步，主要以知识分子研究为中心，涉及中西文化的比较研究。我在研究生阶段专业是中国近现代政治思想史，于是思想史就成为我的第二个研究方向，它与知识分子研究又是交织在一起的，或者说，我是从思想史的角度切入知识分子研究的。这一段的研究可以说是激情式的，提出了一些敏锐的时代问题，但没有把理念流于空洞的口号，而是把它放到中国知识分子的心态史里面加以展开，用历史的经验来论证。敏锐的思想离不开扎实的史料，我对五四以后的知识分子史料还是比较熟悉的。从1982年留校到1987年出山，我闭门苦读了五年现代中国知识分子的史料，至今还很感谢华东师大有那么好的一个图书馆。不过，现在回过头来看，当时的我也有80年代"文化热"中许多启蒙者的普遍毛病，也就是说在研究背后有一个基本的理论预设：将传统和现代作为两个对立的因素，用这种二元思维的方式来加以比较，得出的结论就是中国的传统都是负面的，而凡是西方的，都是现代的，都是好的。这里面有一个很强的价值褒贬取向。这是当时的学术风气使然，我也受到了这样一种二元思维的影响。后来到90年代，我开始对这个二元思维进行反思。

当时我写作落笔很快，约稿不断。但是到1988年底到1989年初，在最风光的时候，我突然觉得有一种前所未有的危机感。那个时候，我自身的学术积累是很有限的，从1982年到1987年不过五年时间，而在1987年到1989年连续发表了近十篇文章，而且还写了一本书，就是我的处女作：《无穷的困惑：近代中国两个知识者的历史旅程》。这些把我所有的积累给耗尽了。虽然各种各样的约稿不断，但我有很强的危机感，觉得自己在重复自己，没有突破。我发现我对传统文化和西方文化缺乏深入的理解，很想停下来，到国外充实一下，以此摆脱这种约稿不断的困境，进行第二次学术积累。

90年代初期，中国思想界发生了很大的变化。在那段沉寂的岁月里，大家退而结网，开始冷静地反思。由于我对读书很感兴趣，而在前两年忙于写文章，几乎没有读书的机会，90年代初那个环境刚好给了我第二个读书的机会。80年代，在研究知识分子独立人格的时候，除了借助我比较熟悉的文化学和思想史知识之外，用得较多的是心理学的分析方法。80 年代"文化热"的时候，心理学是很热门的，我当时读了许多西方心理学的著作，能找到的译本都读了。所以我 80 年代的文章中有大量心理学的痕迹，从心理分析的角度研究知识分子的心态与人格。但了解多了，我慢慢发现心理学是一门行为科学，它所能达到的层次是很浅的，许多问题是无法用心理学来回答的。所以我觉得要拓展知识背景，需从两个方面来努力：一是把知识分子置于现代化的变迁里面来加以考察；二是从哲学和宗教的角度来分析中国知识分子。

关于知识分子与现代化的变迁，涉及现代化理论。现代化理论从 80 年代末开始慢慢影响到中国知识界。当时我觉得，要理解中国知识分子，必须对整个中国现代性的变迁有一个宏观的理解。当专业研究到一定阶段无法再深入的时候，我通常会暂时退出来，从更大的空间，从一个新的角度，重新来审视这个问题。退一步海阔天空。于是我在 90 年代初暂时告别了知识分子研究。当时我碰到了学林出版社的陈达凯先生。他是我华东师大的校友，我们两个有一个共同的想法，觉得中国近现代史像文学史一样面临着重写的问题。过去对中国近现代史的理解都是用所谓三个革命高潮或反帝反封建的思路。而我们当时认为，鸦片战争以来，中国的变迁都是围绕着现代化这一主题来展开的，这是中国近现代史的轴心问题。但在当时的环境下，我们不能说要重写中国近现代史，所以决定编一部《中国现代化史》，以现代化作为核心，重新叙述这段历史。它涉及政治、经济、文化、社会各个方面。这样全面的研究，显然不是我们个人所能完成的。当时我们很欣赏剑桥史的编史方式，由主编设计一个整体架构，然后每一章、每一个专题都聘请当时学术界比较有影响的学者分头撰写，形成一个既有联系、又相对独立的叙述体系。我们决定也采取这种方式。从 1990 年开始筹备，在全国范围里面，特别是从北京邀请了 20 多位思想有突破、也有一定学术积累的中青年学者参与。这些学者大部分是做历史研究的，也有经济学、社会学方面的学者。在 90 年代初相对沉寂的环境下，本来大家都有一种彷徨的感觉，而现在突然有了一个共同的事业，找到了一个兴奋点。这本书我们进行得很顺利，1993 年初稿完成以后，1995 年在上海三联书店出版。

这本书的特色在于它是国内第一本从现代化变迁的角度系统地研究中国近现代史的著作。不过，我们并不迷信现代化理论，虽然用了一些现代化的分析理念，但是我们在编写这本书的时候，已经对现代化理论的偏颇有所反思。现代化模式是 60 年代从美国开始的，它有一个基本的假设,认为全球的现代化模式大同小异,后发展国家的问题在于如何从传统过渡到现代。到 80 年代,国外对现代化模式已经有许多批评,当时有一本书对我们影响很大,就是柯文教授的《在中国发现历史》。柯文批评了当时流行的两种模式:费正清的冲击/反应论和列文森的传统/现代论,在他看来,这两种模式至少都抹煞了中国历史本身现代性发生的内在渊源。我在为《中国现代化史》撰写导论的时候,特别分析了中国现代化虽然受到了西方挑战的影响,但明代以来中国社会、经济、思想文化的变化构成了近代中国变迁的内在渊源,恰恰是这些内在联系回应了外来的冲击,所以才使得晚清以后中国所发生的变化,具有某种与西方不一样的独特性质。为了表达中国现代化的这一内在起源,我们没有将中国现代化发生的时间定在通常的 1840 年,而是取了一个很模糊的时间 1800 年。这并不是说 1800 年这一年真正发生过什么事,而是意在强调中国现代化的发生是一个长期的历史演变过程。当时我们已注意到这个问题,并通过导论表达出来,对现代化理论既有吸取,又有反思。这是这本书的一个独特之处。现在看来,《中国现代化史》搞得比较匆忙,有一些不足的地方。比如说,我们已经意识到现代化有中国历史的内在渊源,并在我们的总体理念中表达出来,但是没有把这样一种总体理念贯彻到我们的具体

研究中去。另外就是我们主要还是从政治、经济、文化三个
方面来做研究，由于当时社会史的研究比较薄弱，所以社会
变迁的层面几乎没有涉及，这是一个很大的缺憾。还有就
是我们对国外的同类研究涉猎得还不够。在 1998 年的时
候，我们想做一个修订版，同时着手编第二卷（1949 年—
1978 年）。第二卷的整体框架都已设计好，作者人选也已确
定。但是这个工作后来未能完成，主要是因为我们选择的
作者可能都太优秀了，也太忙了。

对中国现代化的研究，为我研究中国知识分子提供了
一个更为广阔的舞台，不再是就事论事地看知识分子，而是
获得了一个深厚的背景。我觉得专业的研究应该是间断性
的，到一定阶段后应该跳出来，做一些背景性的研究，然后
再回过头来，你会觉得又上了一个台阶、达到一个新的境
界。这也是我自己研究的一个习惯，每当某一个问题的思
考陷入困境的时候，我就会把这个问题扔掉，阅读一些相关
的书，最后往往"柳暗花明"，找到了重新思考这个问题的
途径。

另一方面，在 90 年代，我也读了相当多的哲学著作。
这是因为我在研究中国知识分子的时候，已经注意到其中
的"精神危机"问题。中国现代知识分子有一种忧患意识，
它是与整个现代中国的思想危机联系在一起的。按张灏先

生的看法，这种危机体现在两个方面：一个是社会政治秩序危机，另一个就是心灵秩序危机。心灵秩序的危机指的就是思想危机和精神危机。其中一个很重要的方面，就是到了晚清以后，中国人出现某种精神的迷失，儒家所提供的那套赖以安身立命的价值体系崩溃了，整个知识分子所赖以生存的价值系统崩溃了，这就面临着重新寻找自身价值和意义的问题。90 年代初，我读了丹尼尔·贝尔的《资本主义文化矛盾》，特别注意到他提到在资本主义发展的过程中会出现价值迷失，特别是终极价值失落的问题。当时我就强烈地感觉到，这也是现代中国面临的一个重要问题。为此我写了几篇文章，提出了关于终极价值的问题，引起了一些争论。有些读者觉得终极价值这个问题带有宗教的色彩，与现代化的世俗发展方向相悖，觉得许纪霖怎么变保守了。事实上，现在回过头来看，随着 90 年代中期市场社会的出现，终极价值问题日益成为一个尖锐的问题，无法回避。1994 年上海学者发起的人文精神的讨论就是与此相关。虽然我较早地用现代化理论研究中国历史，但我从一开始就对现代化的负面因素十分警惕，这就造成了我在 90 年代整个思考的重心，渐渐地从拥抱现代化转向反思现代性本身。

经过 90 年代初两个方面的背景性清理，到 90 年代中期以后我重新投入到知识分子的研究中，连续进行了一些个案研究,包括金岳霖、朱自清、闻一多、吴晗,还有傅斯年、蒋廷黻、翁文灏、叶公超等人。90 年代的知识分子研究与 80 年代的有什么区别呢? 虽然说在关怀上一脉相承,但在对问题的理解上更深了一步。我一直对 50 年代知识分子的思想改造问题有兴趣:为什么现代中国知识分子包括自由主义知识分子,会接受马列主义的思想改造? 对于这个问题,外界有一个普遍的看法,认为中国知识分子接受思想改造是被迫的,是政治运动强制的产物。但按照我对中国知识分子的理解,发现这种说法把问题大大简化了。实际上,中国知识分子接受思想改造与当年苏联和东欧的知识分子不一样,有很复杂的因素,我称之为"自觉而不自愿"。用冯契先生的话说,自觉是理性的品格,自愿是意志的品格。知识分子在思想改造中意志上是不自愿的,但是在理性层面,大部分知识分子又是自觉的,他们觉得应该被改造,愿意接受改造。这是为什么呢? 我发现,虽然思想改造运动发生在 50 年代,但是问题的答案可以追溯到 50 年代以前,与 1949 年前中国知识分子的心路历程有关系。我在 90 年代后期所做的个案研究,都是从不同的角度来反思这个问题。比如金岳霖这一个案,我是从民族主义的角度来讨论的。作为一个自由主义知识分子,他之所以心悦诚服地接受马列主义,其中有一个很重要的原因是 1949 年以前，他一直担心中国会被瓜分。正是这样的"瓜分情结"，使得他认为共产党解决了国家的独立问题，所以国家获得了自由，个人自由稍作让步也就认了。对于闻一多，我是从浪漫主义的角度研究的。五四运动既有理性主义的传统，也有浪漫主义的传统，拥有浪漫主义情怀的知识分子很看重人生的价值归宿，而自由主义要么认为科学可以解决价值问题，要么将这一问题搁置起来。因此，闻一多的浪漫主义情怀无法在自由主义那里得到满足，而马列主义作为"整全性"的意识形态，它既有现实的性格，同时又提供了某种终极性价值，能够满足像闻一多这样的浪漫主义者的需要，闻一多是从这个角度接受新思想的。而朱自清在我看来又是属于另外一种个案，他是一个具有传统民粹主义倾向的知识分子，更多的是从"民众"的立场接受了新意识形态。

在知识分子研究中，我特别喜欢个案研究。个案研究是整体研究的基础，整体研究假如缺乏个案研究的基础，通常会流于"知性化"、教条化，无法处理各种很复杂的问题。而个案里面通常各种复杂的思潮、观念、心态交织在一起，更有一种逼真感，更能达到某种分析的深度，历史的还原性更好。我对自己在 90 年代后期做的这些个案研究是比较满意的，至少通过这几个个案，部分解决了我一直在思考的问题。不过，这些个案研究只是我整个知识分子研究的阶段性成果。我个人的愿望是，在有生之年写一部现代中国知识分子的历史，一部属于他们的心灵史或者精神史。但是我现在不忙于马上把它写出来，而是希望通过更多的个案积累和重要问题的思考，最后再来写这部历史。唯有如此，它才是真正属于我自己的，不是人云亦云的。这是我的一个心愿。现在已走了两步，80 年代后期是第一步，90 年代后期是第二步，接下来还有第三、第四步。我希望最终能够完成这样一部"史诗"，通过一幅简洁、独特的画面，把现代中国知识分子的整个心灵和精神面貌勾勒出来，就像别尔嘉耶夫的《俄罗斯思想》那样。慢工出细活，我现在的心态很从容，一个问题接一个问题地解决，不着急，用林毓生先生的话说，就是一种"比慢"的精神吧。

在 90 年代后期，我发现自己的知识结构有一个弱点，就是从思想史的角度来说，我的研究在学理上深度不够。我研究的主要是中国现代政治思想史，这就需要有一个很好的政治哲学的基础。否则的话，会停留在很肤浅的理解上，缺乏深厚的学理作为分析的基础。1999 年我到香港中文大学访问一年，利用香港中大图书馆优越的条件，一方面找了很多的史料，另一方面阅读了不少西方和港台地区的相关研究成果，特别是研读了一批西方政治哲学的著作。这些阅读对我帮助很大。我着重研究的是中国自由主义与自由知识分子，那么究竟什么是自由主义？自由主义之中有哪些主要的流派和思潮？怎样处理自由主义中复杂的自由与平等、多元价值与社会秩序之间的关系？关于这些问题，西方政治哲学有很丰富、很深入的讨论，有大量经典性的研究成果。假如对政治哲学一无所知的话，研究既不可能深入，也不可能站在中国思想界的前沿，更不可能对中国思想史有一个深入的理解。

就这样，从2000年到2002年，我花了近三年的时间，进入了第二期的背景性研究，重点转向对西方政治哲学的研究，阅读了西方启蒙运动以来最重要的自由主义政治哲学著作，特别是康德、罗尔斯和哈贝马斯的作品。以前我书读的不少，但原著读得不精，一般都是泛读，只知其然，不知其所以然。很少像研究哲学的学者那样去精读一本本原著，去搞清楚康德、罗尔斯、哈贝马斯的内在理路究竟如何。这两三年我精读了几本原著，竭力把这些大思想家的思想脉络搞清楚，我觉得我的思想变厚实了。以前做研究时，更多凭借的是自己思想中的悟性和敏锐，但现在更多的是凭借学理。研究中国现代思想史的学者，对西方思想和中国思想特别需要有深入的了解。正如李欧梵所说，是要背"十字架"的，这个"十字"由两种大不相同的思想交叉而成：一个是西方的思想，另一个是中国传统思想。如果西方思想的源头你搞不清楚的话，会大大影响你对中国现代思想家的理解。

　　通过阅读西方的原典，我们会了解到西方的自由主义不是只有一种，而是有好几种。最简单地说起来，从英国的洛克，一直到现在的哈耶克，所代表的是古典自由主义传统或保守的自由主义传统；另外还有一个传统是新自由主义和左翼的自由主义，从英国的约翰·密尔、格林，一直到现在的罗尔斯；而拉斯基和哈贝马斯更多的是内化了自由主义的社会民主主义。自由主义里面的传统是很丰富的，我们不能简单地说现代中国就是受到自由主义的影响，我们要问的是究竟是哪种自由主义？胡适接受的是哪种自由主义？张东荪、张君劢接受的是什么主义？过去由于我们对西方的学理不甚了了，所以在这些问题上都是语焉不详。在现代中国，一直缺乏从洛克到哈耶克的古典自由主义传统，这个传统一直到50年代以后被殷海光和张佛泉他们注意到，在1949年以前这路传统在中国基本上没什么影响。中国的自由主义主要是两路：一个是胡适、傅斯年所代表的新自由主义传统；另外一个则是张东荪和张君劢所代表的社会民主主义传统，他们都受到拉斯基的影响。在现代中国，对中国自由主义影响最大的，不是杜威，也不是罗素，而是从来没有来过中国的拉斯基。这个人物过去很少有人注意到。他是英国著名的费边社会主义思想家，英国工党的思想领袖，他对现代中国自由主义的影响太大了，我们必须把拉斯基的思想梳理清楚。而你要理解拉斯基的话，又要对西方的整个自由主义传统有很深入的了解。中国的现代思想史，一半的根是在西方。

在 80 年代，就像五四时期一样，中国知识分子很喜欢谈中西文化比较。不过，如果我们今天对西方文化或自由主义的了解还是整体式的、化约主义的，这样的水平实在是太浅薄了，老实说不是学术研究，而是一种意识形态。今天我们所要解决的，是西方文化中有多少思潮、哪些思潮？它们来到中国以后发生了什么样的变化？与中国的文化传统又发生了怎样的关连？而不是停留在中西文化比较这些笼统的层面，或者仅仅注意激进主义、自由主义和保守主义几个主义之争。我们要研究主义背后真正的问题，这要通过对西方思潮的研究，以及中国不同的文化传统研究，一一梳理。要细化到具体的思潮和学派层面，才能对中国现代思想的源流有真正的了解。

关于所谓细化的问题，我再举个例子说明。我最近在做关于林同济的研究，以前大家都知道他是一个战国策派的代表人物，我因为要编他的文集，仔细阅读了他的文献之后，发现这样一个人物的思想层次是很复杂的，至少有三个境界。过去我们所了解的仅仅是第一个境界:"国"的境界,这是他的最浅的一个境界。第二个境界是所谓"力"的境界,在民族主义的论述背后有一个宇宙论的基础,他认为这个宇宙就是一个"力",他不仅把这种"力"作为宇宙论的本原,而且也认为它是中国国民人格塑造的基础,所谓的战士型人格。这个思想是从尼采那里来的。但我仔细地把他的思想和尼采做了比较,我发现他和尼采又很不一样。虽然他吸取了尼采的很多东西,但他特别强调"超人"中"合乎自然"的一面性格,他把尼采进行了庄子式的改造,把尼采庄子化了。这又形成他的第三个境界,所谓"超越的境界"。对林同济来说,最高的境界既不是国家民族,也不是"力",而是中国传统的"天人合一",人格的最高境界就是与宇宙合一,对"绝对"的宗教般敬畏。这与尼采很不一样,尼采是没有超越意识的,上帝死了,意思是说古希腊以来维系欧洲传统的逻各斯中心主义这个"绝对"之物死了,一切都取决于自身的意志选择。所谓的"超人"是紧贴着现实生活的,但是林同济就不一样了,他有一个"天"的超越观念,而且在"天"与"地"之间有一种紧张。所以,中国知识分子的心灵是紧张和复杂的,西方思想和中国的传统相互渗透、相互改造,而且内部常常无法融洽,充满了冲突。不是一个简单的将西方思想移植过来的过程,这要求我们在具体研究的时候加以细致的梳理,进而发现现代中国思想的丰富性和复杂性。

　　而这种丰富性和复杂性,又是建立在我们对西方和中国的思想细致了解的基础上,而不是一个笼统的印象上。否则的话,你就无法了解现代中国思想和现代中国知识分子,我们只会把他们脸谱化、简单化,把他们描绘成我们所希望的那样,而不是它原本的样子,我们会把一些很复杂的问题简单地处理成一个意识形态的脸谱。如果说我们无法理解他们思想复杂性的话,那仅仅只能证明我们自身的思想还不够丰富,我们的心灵还太单纯,要使我们的思想变得与古人一样丰富,不是拍脑袋就能拍出来的,也不是凭激情、凭灵感、凭豪情,而是要凭自己的学理。你的知识越多,你了解得越多,就越能与那些过世的人物有真正的心灵对话,你就越能了解他们所有的烦恼、痛苦、内心的紧张和不安。假如你的思想是空的,只有几个教条式的观念,你又如何与他们对话呢?

　　现代中国思想还有另外一个渊源,就是中国自身的文化传统,这与西方思想一样重要。我希望自己在今后还有机会作第三次"背景性研究",像我这两三年苦读西方政治哲学一样,也有两三年的时间把与现代中国思想有关的中国传统经典特别是政治思想精读一遍。通过这两个方面的训练,我将对现代中国思想的理解有一个质的突破。目前研究中国现代思想史的学者,可能就是因为这两方面都有所欠缺,所以研究出来的东西深度总是不够。

从 2003 年开始,我带着新的思路,重返中国现代思想研究的领域。今后的研究我想通过问题史的方式把它展现出来。问题史的思考方式主要涉及自由主义与民族主义、现代中国如何解决政治正当性、如何处理多元文化价值以及终极关怀等问题层面。这些问题都不是散漫的,而是以现代性为中心。我想探究的是,现代中国思想是如何建构自己的现代性的? 现代中国知识分子是如何理解和解决这些问题的? 我想通过思想史的阐述方式,将自己对现代性问题的理解表达出来。

另一方面,关于现代中国知识分子的研究,特别是 50年代知识分子思想改造的研究依然没有完成,我期待有一个机会可以全面研究一下这个问题。最近我读了法国思想家布迪厄的著作,从他对知识场域和文化资本的理论中,受到很大的启发,我想以这一理论为背景,做一个新的课题:将思想史和社会史打通,研究一下现代中国知识分子是如何形成的? 他们是如何实现公共交往的? 其场域分布和文化资本是如何形成的? 其内部的权威结构和知识等级是如何形成的? 彼此之间又是如何互动的? 文化资本又如何与社会资本交换，并转换为象征资本的？——通过这样的研究，也许我们可以从知识社会学的角度，对现代中国知识分子与知识权力的关系有一个深入的了解。

英国大思想家以赛亚·柏林在分析俄国思想家的时候提出了一个著名的观点。他引用了古希腊一位诗人的话："狐狸有多知，刺猬有一知。"以赛亚·柏林引用古希腊这个寓言，是说历史上有两种思想家。一种思想家称为刺猬型，这是创造体系的思想家，刺猬只对自己所关心的问题有兴趣，他把所有的问题都纳入到他所思考的一个中心架构里面，最后创造出一个很严密的理论体系。像柏拉图、亚里士多德、黑格尔、康德以及罗尔斯、哈贝马斯，这些都是刺猬型的思想家。另外一种是狐狸型的思想家，狐狸对什么问题都感兴趣，东张西望，没有一个中心点，没有兴趣去构造一个严密的体系，他的思维是发散型的，他的思想在很多领域都有光彩，虽然彼此之间可能有点矛盾。帕斯卡尔、尼采，包括以赛亚·柏林本人，都是狐狸型的思想家。思想家的这两种气质，没有高下之分，但彼此间存在着张力。以赛亚·柏林在分析托尔斯泰时，说托尔斯泰本人按其本性是只狐狸，但他老是想做刺猬，想创造一个体系，一生追求的是刺猬，但最后毕竟还是一只狐狸。

我虽然不是什么思想家，只是一个思想者，但我发现在自己身上也有一种刺猬与狐狸之间的张力。从我个人的气质来说,应该更接近狐狸,对很多问题都感兴趣,过去也安于当狐狸,对知识分子、思想史、中西文化比较、现代化以及当代中国文化评论等均有涉猎,也小有成就。近年可能是我读了太多刺猬型思想家的书,像罗尔斯、哈贝马斯他们的著作都是以思维严密、逻辑严谨而见长,我就特别羡慕和敬佩这些刺猬们。这个时代是一个理性化的时代,你要说服别人接受你的观点,你就必须有一套理,而且将它表述清楚。虽然我就兴趣而言更接近狐狸型,但是我的思维是以理性见长,通常喜欢把道理说得比较清楚。即使思考过程当中有矛盾,我也希望清清楚楚地将自我的困境表达出来,而不是像有些人那样用文学的语言、修辞的方式将这些逻辑上应该说清楚的问题跳过,模糊地处理掉。在这几位思想家的影响下,我近年来开始有意识地摆脱狐狸式的研究方式,但这并不是说我要创造一个体系。我不是一个有原创性的学者,所追求的只是一套严密的逻辑论证,一种规范的表述。过去,我通常用一种经验的或个人的方式来叙述,虽然火花四起,但彼此之间多有矛盾,或者说意识不到内在的矛盾。如今,我对思维中逻辑上的自洽性有了相当的理论自觉。不过,我发现,这样一来也出现了另外一个问题,文章写出来不如过去那样好看了,可能也只有专业的读者才会有兴趣，一般的读者看起来会觉得比较头晕。另一方面，因为事先反复咀嚼，在写作的过程中自我感觉缺少以前那样的激情，飞扬的激情没有了，只剩下冷冰冰的理性。是否激情与理性本来就是内在冲突的？我不知道。但我的确感到其中有这样的紧张。

有一段时间，特别是在 90 年代中期，由于有很多杂志和报纸约稿，我写了大量的文化和学术随笔，这些文字给我带来了很多俗名。如今我们这个时代是一个快餐时代，即使你写得肤浅，但只要表达得好，有文采，有修辞，又稍稍有点煽情，迎合某种市场期待的话，就很容易获得喝彩。如果对这些东西缺乏自我警惕，是很容易自我陶醉、自以为是的。这两年我过多地迷恋于刺猬型的写作方式，现在已经不满足甚至也不会写这些狐狸型的文字了。首先我觉得，这些文字连我自己都通不过，不过瘾。如今当我思考问题的时候，总是把问题往深层去挖，不想个通透绝不落笔。我对我的一个很会写文章的学生再三说：千万不要落笔太快，学问是一股精气，要做大学问，平时要善于养气。假如稍有灵感就释放，自然养不成浩然大气。我一直记得王元化先生对我说过的一句话：文章不要在充满激情的时候去写，而是要放到心情平静下来以后再动笔。我理解他的意思是，冲动过后理智才会浮现，才有足够的能力自我反思，拥有长久的理性力量。

也许,会有人批评我说:过去的许纪霖是一个公众知识分子,如今已经变成"学院派"了! 从某种意义上说,我承认我有一些变化,就是开始注重厚实,注重专业的理性。在 80年代我们承担着启蒙的使命,是面向公众,背对学院发言。但到了 90年代,出版了那么多的翻译书,热爱思想的知识大众读的书,未必比自命为启蒙者的学者少多少,你从网络上的讨论中就可以看出来。那么,所谓的启蒙者凭什么再来担当思想导师的使命? 凭道德良知? 大众的良知未必就比你差,甚至在某些场合比你表现还好。凭得天独厚的知识? 如今是一个知识高度分化的时代,别说不再存在一种所谓普遍化的"元话语",即使有,也解决不了复杂的具体问题。因此,过去那种自认为掌握了全能知识金钥匙的启蒙者,到 21世纪已经日益显现出其虚妄性。要继续扮演公众知识分子的角色,首先必须是一位一流的专业学者,在专业领域有所建树。按照布迪厄的观点,知识分子必须从专业(知识)进入公共(空间),而不是像过去那样从公共(普遍的"元话语")进入公共(空间)。在我看来,要在专业领域成为一流学者,必须要有点刺猬的气质,在本专业之内拥有刺猬的建树。如果还有余力的话,在非专业领域,充当一只狐狸。这样说吧,刺猬为体,狐狸为用,在刺猬与狐狸之间保

持适当的张力；以专业的刺猬之道，在公共空间发挥狐狸的
功用。

之所以到了 21 世纪我开始反思狐狸气质，乃是我意识
到我们现在所处的时代是一个高度专业化的时代，学术已
经高度分工，现在不要说人文学科和自然科学之间这两种
文化不可通约，就是社会科学和人文学科之间也关系紧张。
很多人批评经济学有"经济学帝国主义"，似乎没有量化就
不成为科学；而也有人指责搞文学的人有"文学帝国主义"，
好像文化研究管的领域也太宽了，什么都敢发言。在这样
一个学科高度分工化的时代，作为一只狐狸是很不幸的。
因为学科化时代都是要求有"一知"的刺猬，而如果有"多
知"的话，可能哪个专业都不欢迎你。在我看来，在目前文
史哲学科分割的大趋势下，思想史的地位有点尴尬，几乎成
为一种蝙蝠类的学科。蝙蝠最大的一个困境就是：鸟类开
会，鸟类不欢迎蝙蝠，说你是哺乳动物；哺乳动物开会，哺乳
动物不欢迎蝙蝠，说你是鸟类。蝙蝠很孤独，缺乏归宿感。
思想史也是这样。从学科来说，思想史属于历史学科里面
的三级学科，但目前历史学的主流是社会史，特别注重史
料、论从史出。主流史学认为思想史应该是一个史料学思
想史，但我所理解的思想史却是一个阐释的思想史。史料
虽然很重要，但史料是死的，要激活史料，取决于如何理解

它，放在什么样的解释空间里面。阐释的思想史曾经在史学中风光过，一度占据主流。以美国为例，在六七十年代，研究中国的一流学者都在做思想史。诸如与费正清齐名的列文森是研究思想史的，接下来，哈佛大学领军的中国史研究权威史华慈也是这样，他的学生张灏、林毓生在思想史领域的建树众所周知。加州大学伯克利分校的魏斐德教授也曾研究过从王阳明到毛泽东的思想脉络。太多的一流学者都有思想史的研究经历。然而，十年河东，十年河西。2001年我在美国遍访全美十大名校，从东部的哈佛、耶鲁、普林斯顿、哥伦比亚、纽约大学，到西部的斯坦福大学、加州大学伯克利分校和洛杉矶分校，再到中部的芝加哥大学、威斯康星大学麦迪逊分校。与美国同行广泛地交流后，我悲哀地发现如今在美国研究中国思想史的学者真是凤毛麟角。中国也是这样。80年代思想史很热，现在很多人改行，不是做学术史，就是社会史，思想史在史学里面成为冷门。

那么思想史是否属于哲学？哲学学科中有哲学史，它与思想史在研究对象上多有交集，但二者在旨趣和方法上差别很大。倒是文学界的同行，特别是研究中国现代文学史的学者，这些年对思想史的兴趣大增，从文学史扩展到思想史，汪晖的研究就是一个成功的典范。阐释的思想史在某种意义上说，本身是跨学科的，它在气质上既与历史密切

相关,又与文学和哲学都有深层关联。可以说它是狐狸之
学。从表面来看,好像思想史既然是狐狸之学,谁都可以来
谈。虽说是冷门学科,但思想史这一行当清客的又很多,许
多人都在那里夸夸其谈。这是一个思想过剩的时代,但很
多清客对思想史都缺乏真正的深入研究。作为一门独立的
学科,按照布迪厄的说法,它应该有其学科的自主性。既然
有其独立性和自主性,我们就要思考:思想史的研究方法是
什么?目前已经形成了几种研究风格和传统?各自背后所
预设的理念又是什么?如果思想史要在历史学乃至整个人
文学科占据一席之地的话,我们必须面对这样的问题,要有
理论上的自觉,如此才能形成思想史多元的研究范式以及
内部的评判标准。